＼ 越前からのメッセージ ／

地域再生の未来像

南保 勝 著

晃洋書房

はじめに

私の家から5分ほど歩くと「えちぜん鉄道松岡駅」という小さな駅が見えてくる。福井県福井市の東隣、永平寺町の一角（松岡地区）にある私鉄の駅だ。子どもの頃から交通手段は1日数本走る公共のバスと、この電車だけだったことを覚えている。この駅、昔は「京福電鉄」と言ったが、今は「えちぜん鉄道」の名に変わった。地元の人々にとって福井県の北東部を意味する「えちぜん＝越前[1]」という呼び名は、福井県嶺北地方[2]をとらえた言葉としても馴染みやすく、何の抵抗もない。福井人にとって福井県の西側に存在する若狭（若狭国）と、この越前（越前国）の名は当たり前の地名なのである。

この越前という名はいつごろ名づけられたのであろう。日本大百科全書にはこう書いてある。「古代北陸地方の国名。のち北陸道の越前（福井県）から越後（新潟県）に至る地帯の汎称で、古志、高志とも書かれた。〝越す〟を語源とすれば、近畿から北方に渡るという地勢に由来するのであろう……。この地は、欽明朝に高句麗の使者が漂着したとか、律令時代に渤海使《ぼっかいし》が来航したとかというように対外交易上の要地でもあった……」。このように、大陸、特に朝鮮半島との歴史的関係が深いせいか、地元言葉のイントネーションがなぜか韓国語に似ている気がするのは私だけなのであろうか。

流れを本題へと戻そう。本書では、私のフィールドでもある越前をモデルに、地方圏における今後のあるべき姿を考えることが目的である。なぜなら、この越前という地は、古代より大陸とのつながりが深く、こうした大陸との往来の中で、地域ならではの歴史、文化、風土、産業、暮らしなどが醸成し今に息づいていること。そして、この地ではそうした地域資源を活かしながら、地域振興のための新たな取り組みが見られ始めたこと。そのため、こうした越前モデルを知ることは、地方圏において今後の新たな地域振興策を打つための先行事例にもなり得ると考えたためである。もっとカッコよく言えば、地域政策、地域振興策を考えるうえで越前モデルが有効であり、当該地域の有様を広く提示したい。そんな思いが、私をこの本の執筆に向かわせたのである。この本の副題である「越前からのメッセージ」とは、そんな想いも入っている。

日本において地域政策、地域振興策などが本格的に検討されるようになったのは、いったいいつのことだったのであろう。それは、戦後の高度経済成長の中で地域間での格差の問題が露呈し始めた1960年代からだといわれている。それ以降、日本では、地域間格差の是正による国土の均衡ある発展を目指し、地方への人口および産業の配置にかかる各種の施策が講じられた。一方、地方圏でも、こうした国の施策への期待とともに地域振興にまつわる様々な活動への関心が高まり、こうした動きは地域の発展に一定の役割を果たしたことも間違いない［日本政策投資銀行編 2011:4-11］。

しかし、1991年、バブル経済が崩壊すると、日本では〝失われた20年〟、〝失われた30年〟と呼ばれるように、今日まで実感のない経済成長と需要の低迷をもたらした。この間、時代も「平成」から「令和」へと移ったが、いまだ日本の進むべき方向性は見出せていない。早いものだ。この5月で「令和」の時代も5年目を迎える。参考までに、「令和」の出典は万葉集で、日本の古典から元号が採用されたのは初めてのことと聞いている。いずれにせよ、新元号への移行は、「平成」の幕開けとは違い、純粋なお祝いムードが強く感じられたし、それだけに日本中を明るいムードで包み込んだことも否定できない。

こうした中、「令和」の前の「平成」時代をふり返ると、1989年から始まった足かけ31年あまりのこの期間は、日本にとって戦争の無い平和な時代であったものの、私たちに政治、経済、社会、暮らしなど様々な面で多様な変化をもたらした時代でもあった。それをいくつかのキーワードで示すとすれば、①低成長時代、②自然災害の発生、③少子高齢化・人口減少、④情報ツールの技術革新、⑤グローバル化・ボーダレス化の進展といった、おおよそ5つの言葉で表すことができる。

とりわけ、1つ目のキーワード、バブル経済崩壊による低成長時代の到来は、これまで私たちが味わったことのない格差の問題を露呈させ、それまで私たちが保有していた価値観の変容をもたらした。それは、〝過度な経済成長〟と〝利便性の追求〟という日本人が抱いていた価値観からの離脱の必要性を意味する。こうした状況下、バブル経済崩壊後の日本企業では競争原理を基本とする欧米型の経営システムが導入される一方、政府は構造改革の名のもとで市場原理主義を導入し、これらが日本の経済、社会システムを傷つけ、実感のない回復の時代に突入した。そして、こうした中で、3大都市圏以外の地方圏では、それぞれの地域が独自に成長することによって日本全体の成長を引っ張るといった考え方が注目を集めるようになった。言い替えれば、国が一括して地域の成長をコントロールする時代から、地域活性化を中心的課題と位置づけながら、個々の地域が個性（地域力）を発揮することによって日本全体の持続的発展を維持しようとする考え方である。ちなみに、戦後の日本経済をふり返ると、高度成長期から安定成長期（1950年代〜1980年代）にかけては、景気が落ち込むたびに公共投資などで需要を増やし景気回復を図るといった需要者側の改革で一定の効果を上げることができた。しかし、バブル経済の崩壊以降は、ポスト冷戦とグローバル化・ボーダレス化の進展による地球規模での経済社会構造の大変革により、これまでの需要者側の改革だけでは十分な効果を上げることができなくなった。そこで政府が採った経済対策は、規制緩和や構造改革を中核とする市場原理主義の導入による供給者側の改革であった。確かに、政府による市場への介入や規制などを極小化し市場での自由な競争に任せておけば、価格・生産ともに適切に調節され、強いては生活全体も向上する。しかし、企業の99・7％、数にして380万9000社が中小企業で占められる日本において、行き過ぎた市場原理主義は産業社会に混乱を招き、十分な経済成長をなしきれない低成長時代を長引かせる原因となったのも事実である。これを克服するために、これからの日本企業には旧来型の日本的経営を現代型マネジメントに置き換えた新たなネオ日本的経営[3]への取り組みが求められるであろうし、生活者も身の丈に合った暮らし方を求めることが必要とされる時代になった気がする。また、この間に起きた2つ目のキーワード、1995（平成7）年の阪神・淡路大震災、2011（平成23）年の東日本大震災といった自然災害[4]の発生は、企業にはBCPなどの重要性を、私たちにも絆の重要性や防災意識の醸成を再確認させ、そのための「かかわりの連鎖」をどうつくるか、「備えることの重要性」を意識するきっかけとなった。また、3つ目の人口減少・少子高齢化社会の到来は、労働人口の確保の面で、女性活躍社会や高齢者活躍社会の創造、外国人労働者の増加による多文化共生社会への注目を集めた。とりわけ近年注目を集めるDX化への対応は、労働人口の減少を効率化によって賄い、強いては企業文化そのものを変革しようとする動きでもある。さらに、4つ目の情報ツールの技術革新は、デジタルツールをどのように使いこなすかが重要だが、この先にある前述したDX化の進展は、これまでの経済・社会システムを根本から変革するであろうし、人財面ではデジタルツールを使いこなすスペシャリストの必要性と同時に、それらスペシャリストを束ねるジェネラリストの必要性も求められるであろう。最後5つ目のグローバル化・ボーダレス化の進展は、私たちの暮らしの中に画一化したものの考え方から多様性という新たな概念を生み出し、今後、それとどう向き合うかが重要となっている。とりわけ企業では、高度化、複雑化、細分化する市場動向を読み取り、新たな需要の発掘・創造が求められる時代となった。また、生活者においても、国内にいながらグローバル化する時代（内なるグローバル化）に備えなければならない。

いずれにせよ、「令和」時代では、それぞれの地域或いは地域産業・企業がここで示した「平成」時代の出来事を冷静に受け止めながら、さらなる進化・発展へとどう結びつけていくかが問われている。これに加えて、2019（平成31年）年以降、とどまるところを知らない新型コロナウイルス感染症の蔓延は、私たちに新しい働き方、暮らし方を、企業においてもニューノーマル時代の新たなマネジメントのあるべき姿を求めているような気がする。

本書では、こうした状況に着目し、これからの地域振興策がいかにあるべきかをテーマとしながら、地域或いは地域産業・企業のそれぞれについてあるべき姿を提示することとした。本書の主な内容は、これまでに私が出版した『地域経営分析』（2019年）『福井地域学』（2016年）をベースとしながらその発展版と位置づけ、これからの地域振興策の具体的内容を私がフィールドとする越前をモデルに展開することとした。参考までに、『地域経営分析』では、これからの地域振興策として3つの視点を提示した。第1の視点は、現代の経済社会を創り上げたそのベースでもある、地域の歴史、自然資源、景観、生活文化、地域風土、伝統産業など、地域固有の資源に光を当て磨き育て、地域の自立的発展につなぐことで、日本経済全体の成長を下支えするということ。言葉を替えれば、地域の自立的発展を地域固有の資源から考え地域の再生、発展を図ることの意義について述べた。第2の視点は、〝文明〟の〝文化〟化の重要性について。文化とは「他とは異質なるモノ、地域固有のモノ、言語、地理的条件、気候風土、食……」、文明とは「広く共通しているもの、誰もが参加できる普遍的なもの・合理的なもの・機能的なもの」である。前述したデジタルツールなどは文明であり、地域はそれらを使って地域固有の文化に置き換えることができるかどうか、〝文明〟の〝文化〟化がこれからの地域振興の重要な課題であり、公のセクターのみならず、民のセクターもそれを実践できる施策を講じなければならないこと。そして、第3の視点は、多様な地域施策を実践するためには公民連携が重要であることを挙げた。これら3つの視点をいかに地域振興策として取り込んでいくかが求められているように思える。

また、『福井地域学』では、福井を日本における1つの地域再生のためのモデルとして取り上げ、どこにでもある地方圏の課題を明確にすると同時に、その打開策を探ることに注力した。福井が日本一幸せな地域、豊かさの面でも日本トップクラスといわれながら、それをなかなか実感できないでいる福井人が多いわけとは何か。こうした状況を打開するための方策について検討を加えた。これまでの福井地域の経済的発展を地域の歴史的・文化的側面から論じると同時に、その中に宿る地域の強みの抽出に努めた。いわば歴史的、文化的側面からみた地域経済学でもある。

したがって、本書の第Ⅰ部は、「地域力を確認する」（第1章～第3章）と題して、越前を中心とした福井地域の歴史、文化、経済などの地域特性を明らかにし、地域の誇り・プライドの醸成を図る。第Ⅱ部では、「地域の産業・企業の特徴」（第4章～第6章）と題して、地域を構成する産業や企業の特徴を整理。これまで地域にある地場産業の特徴の一つでもある系列化による垂直連携システムにおける受発注の地域内完結型からの離脱を各産業の経済活動の進化から確認する。最後の第Ⅲ部では、これまで述べた地域の特徴や地域経済を支える産業・企業のあるべき姿から「これからの地域振興策」（第7章）を考える。ここでは、現在進行中の福井型地域振興策を紹介すると同時に、福井ならではの未来型産業支援の在り方についても検討したい。

具体的には、第Ⅰ部の「地域力を確認する」では、第1章「越前を中心とした福井地域の特徴」で、本書のモデルでもある越前が有する自然・気候・方言、経済規模、人口、産業、保有する技術水準の高さ、労働、暮らしなどの面から地域特性を整理する。ここでは、生み出した産業空間を「閉鎖的産業空間」と定義し、論を進めることとした。第2章では、「地域発展のルーツを探る——越前を中心に——」と題し、地域産業の歴史経路に着目する。越国から越前の国へ、そして近世・明治期へと辿る中で、地域の産業がどのような化学変化を起こし、現代の産業へと進化したのかについて考える。第3章では、「歴史経路で辿る地域の姿」と題し、福井地域を構成する越前、若狭に存する17の市町から、観光、歴史、自然、産業、食、祭りなど特筆すべき地域資源の存在を確認する。第Ⅱ部の「地域の産業・企業の特徴」では、第4章で「地域産業の特質」をテーマに、地域を代表する繊維産業、眼鏡枠産業、そして古くから栄えた伝統的工芸品産業に絞り、産業生成の要因、これら産業の強み・弱み、産業特性を整理する。第5章では「地域企業の新展開」と題して、越前を中心に進化する企業モデルを紹介する。第6章の「地域企業の挑戦」では、最近のコロナ禍による企業経営の変化にも着目し、2020年に福井県立大学が実施した2回の「福井県企業のコロナ禍での事業活動に関する緊急調査」をもとに、ニューノーマル時代の地域産業・企業のあるべき姿を考える。第Ⅲ部「これからの地域振興策」では、第7章で「地域の振興策を考える」と題し、地域振興の中でも地域の産業政策の視点から、特徴ある地域振興策の実践事例を紹介し、「閉鎖的産業空間」からの離脱を目指した今後の地域振興策のあるべき姿を提示する。

最後に、本書出版にあたりご指導、ご教示いただいた福井県立大学名誉教授の中沢孝夫先生、金沢大学名誉教授の加藤和夫先生に深く感謝申し上げるとともに、そのチャンスを与えていただいた晃洋書房の丸井清泰氏、坂野美鈴氏に心からお礼申し上げたい。さらに、いつもながらこの研究を温かく見守ってくれた妻、家族にも感謝したい。

なお、本書は、公立大学法人福井県立大学より、出版助成を拝受しており、本学より特別のご配慮を頂いていることに感謝申し上げたい。

２０２３年２月

南保　勝

注

（1）正確には、越前とは現在の敦賀市を含んだ福井県の北東部の地域を指す。福井県は、現在、嶺南地域と嶺北地域に区分されるが、福井県の嶺北地域、いわゆる越前は経済力や人口面などでも福井県全体の8割程度を占めている。そのため、本書では、福井県＝越前という広義のとらえ方で論じることとした。

（2）福井県は、県中央部にある木の芽峠を境にして、北東部を嶺北地方、南西部を嶺南地方と呼んでいる。この呼び名は明治に入ってできた呼び名でもある。

（3）ここで言うネオ日本的経営とは、「企業別労働組合」、「年功序列・終身雇用」、「メインバンク制」など旧来の日本的経営の企業文化の一部を活かしながら、経済指標だけでなく、精神面や社会面をも満たすウェルビーイングな経営を目指す経営。これまでの利益重視経営から社員重視経営への移行をいう。

（4）ＢＣＰ（Business Continuity Plan）とは、事業継続計画のこと。企業は、常日頃からテロや災害、システム障害など危機的状況下に置かれた場合でも、重要な業務が継続できる方策を用意し、生き延びられるようにしておくための計画。

目次

第Ⅰ部　地域力を確認する

第1章　越前を中心とした福井地域の特徴

1　福井地域の自然・気候

▼自然環境、食に恵まれた福井

もう、かれこれ30年ほど前になろうか。私のサラリーマン時代、福井市中心部のビジネス街に勤め先があった私は、仕事の関係上、県外から赴任してくる転勤族とよく話をする機会に恵まれた。その時、彼らの話題となる話の多くは、地域の自然や食の豊かさに関する話が多かったことを覚えている。例えば、福井市内から西に向かって車で30～40分走れば海岸線に着き、そこでは様々なマリンレジャーが楽しめること。東に向かえば自然豊かな山間部でゴルフもよし、渓流釣りもキャンプもよし。そして、行く先々で地域固有の食文化も楽しめ、手短なところで充分すぎるほど好きなことを満喫できるといった趣旨の話であった。都会から来た転勤族にとって、福井はちょっと移動するだけで海あり、山あり、おいしい食べ物にもありつける。まさに福井全体がレジャーゾーン、食の宝庫として天国のように映ったに違いない。

こうした自然環境、食に恵まれた福井ではあるが、まずはその地形から眺めてみよう（図1-1）。そもそも福井は、本州日本海側のほぼ中央に位置し、北は石川、南東は岐阜、南西は滋賀、京都に連なり、北西は日本海に面している。

図1-1　福井県

資料：https://291jobs.pref.fukui.lg.jp/uiturn/search/recruit.php

東西70㎞、南北130㎞で、総面積4190㎢、全国34番目の広さを持つ地域である。私は、こうした福井の位置を日本の〝へそ〟と呼んでいる。また、中央部にある木の芽峠をさかいに嶺北地方と嶺南地方に別れ、嶺北北東部には1000m以上の高い山々が連なり、これら山々から流れ出る九頭竜川、日野川、足羽川などの河川が土砂を運び、大野盆地、勝山盆地をはじめ福井平野などの平地をつくった。特に、嶺北北東部には白山連峰がくっきりと見え、白山に感謝し敬った信仰心は、こうした壮大な景観がもたらしたことをあらためて実感することができる。しかし、北東部の高い山々も北西に進むにつれ徐々に低くなり、あわら市や坂井市の北側には標高30m程度の坂井北部丘陵地が広がる。ここは、福井随一の園芸地帯であり、野菜や果樹などの園芸作物の栽培や、畜産業が盛んである。野菜はメロン、スイカ、トマトなど果菜類を中心に様々な品目が栽培されている。

　これに対して、嶺南地方は、海岸線がのこぎり歯のように入りくんだ、いわゆるリアス式海岸が多く、まとまった平野は見られない。海と山の間に細長く続く平野が印象的である。また、日本海および若狭湾の福井海域には周囲0・1㎞以上の無人島が58あるといわれ、その中でも三方五湖の北側、常神半島の沖合500mほどにある御神島《おんがみじま》、小浜市加斗の若狭湾沖に浮かぶ蒼島《あおしま》、高浜町塩土の若宮海水浴場沖にある鷹島《たかしま》と稲島《いねしま》などは域内外の人々にもよく知られている。

▼温暖湿潤気候

一方、福井の気候は、一年を通して季節の変化が明瞭なことが特徴で、一般には温暖湿潤気候(1)と呼ばれる地域らしい。ただ、福井は北にあり、寒いといったイメージもあるが、福井市は埼玉県深谷市と同緯度にあり、気温も都市圏とそれほど差がない。しかし、冬の間は毎日のように曇り日が続き、夏は気温が高く、日照時間も長いといった特徴がある。なかでも嶺北の北西部にある奥越地方（大野市、勝山市）は、地域内でも特に雪が多く、日本でも有数の豪雪地帯となっている。これに対し、嶺北地方の海沿いや嶺南は、暖かい対馬海流の影響から冬でも比較的暖かく、雪の量もそれほど多くはない。ちなみに、2020年の福井県における年間降水量、年間平均気温、年間快晴日(2)をみると、年間降水量は2632㎜で、多い方から数えて全国5位、年間平均気温は15・3度で高い方から数えて全国35位、年間快晴日は22日で多い方から数えて全国33位となっている。したがって、気候的にはさほど住みやすい場所とは言いにくいような気がする。

こうした日本海側独特の自然・気候を持つ福井は、湿気が多い気候を活かした繊維産業や限られた場所で地域内分業一貫生産体制を構築した眼鏡枠産業、そして、漆器、和紙、打ち刃物など7つにも及ぶ伝統的工芸品産業を創出した。つまり、地域が保有する自然や気候は、どちらかと言えば関係する企業間での生産ネットワークや販売ネットワークがさほど広域化しない、まとまりのある地域完結型の経済・産業特性をつくり上げるために一定の役割を担ったと考える。こうした環境を、本書では「閉鎖的産業空間」と呼ぼう。

2 福井地域の方言(3)

▼多くの種類のアクセントが混在する福井の方言

高校卒業後、福井を出て関西の大学に進んだ私は、地元の方言に悩まされた。学生仲間に何を言ってるのかわからないと言われたこともある。なんともかっこ悪い。無理して標準語を使っても、アクセントやイントネーションがおかしく、友達から笑われた。関西弁は私の性格上、まねができない。夏休みで地元に戻った私は、かっこつけてできもしない関西弁で話をすると、今度は地元の友達に笑われた。しばらく孤独感に苛まれたものだ。しかし、今はそんな福井弁が大好きで大学の講義の時も、講演の時も自信をもって話せるようになった。私もこの歳でやっと福井人になれた気がする。

福井の方言は、嶺北地方と嶺南地方で大きく異なり、嶺南地方が関西弁に近いのに対し、嶺北地方はいわゆる福井弁という言葉を使う地域である。私が知る限りでは、言葉や文の終わりに、〝ね〟、〝の〟をつけるところ。例えば、相手に同意するときは、〝そやね〟、〝そやの〟、〝そやざ〟となる。もっと正確に言うと、〝そ〟の発音は〝ほ〟に変わり、〝ほやね〟、〝ほやの〟、〝ほやざ〟という方が多い。言葉としては、〝うらかしま〟(表裏が逆という意味)、〝おちょきん〟(正座という意味)など、挙げればきりがない。越前市出身で日本語学を専門とする金沢大学の加藤和夫名誉教授によると、私たちが話す福井弁の基礎はすでに江戸時代には地域に定着していたそうである。では、その定着した方言はどこから来たのか。加藤名誉教授によれば、「都の言葉をまねしたい」という当時の人の気持ちが、千年の都だった京都から伝言ゲームのように耳から耳へ、口から口へと伝わり、少しずつ地方へ広がっていったようだ。そして、広がるにつれ各地で変化したのが方言なのである。つまり、福井弁のルーツは京言葉ということになる。これは全国的な傾向で、九州であれ沖縄であれ、日本で使われている方言の多くは、京言葉に由来するものが多いらしい。そのため「福井にある言葉は、京都を挟んで西のどこかにも存在するものが多い」と加藤名誉教授はいう。

表1-1　福井弁の地域別アクセント

① 嶺南の「京都式に近いアクセント」
② 坂井、福井、鯖江、越前市とその周辺の「無アクセント」
③ 奥越や今庄に見られる「京都式が単純化したアクセント」
④ 岐阜県に近いところにあった「東京式アクセント」

資料：fu プロダクション［2020a］.

では、福井弁が嶺北地方と嶺南地方、言い換えれば越前と若狭で大きく異なるのはなぜか。この件について、加藤名誉教授は次の理由を挙げた。「京都を出発した言葉がそれぞれ違う陸上ルートを辿って伝わったことによるものであり、行く手に大きな自然地理的な障害があると一旦伝播が止まり、そこで言葉の境界線ができやすい。福井は木の芽峠という地域を分断する障害物があったことで、そこが言葉の境界線となり、嶺北地方と嶺南地方で方言に大きな隔たりをつくった」と。さらに、その境界線は、福井という小さな地域にタイプが違うアクセントをいくつも生み出すきっかけとなった。福井県内の方言のアクセントは大きく分けると**表1-1**のように分かれ、1つの県でこれだけ違うタイプのアクセントが存在する例は全国でも珍しく、福井県は研究者の間で〝アクセントの銀座〞と呼ばれることもあるそうだ。その中で、最も福井弁を特徴づけるのが「無アクセント」で、福井県の人口の約7割が無アクセント地域に含まれるという。特徴が、文の切れ目で現れる「揺れるイントネーション」である。「揺れるイントネーション」は、〝〜〜したらぁ〞の最後の〝ら〞の前あたりからちょっと上がり、〝ら〞の後半伸びたあたりから下がり始めその後もう一度ちょっと窪ませる。そして、最後にちょっとだけ上がる。北陸地方以外の人には、非常に難易度の高いイントネーションである。

加藤名誉教授を含む研究グループが20年ほど前、全国14都市と北陸3県を対象に方言意識調査を実施した。その結果をみると、「自分の方言が好き」と答えた割合が北陸3県は低く、中でも福井市は最下位となったそうである。その理由は、福井の地域的な知名度の低さ、無アクセントという特徴による話し方に対するコンプレックス、関西弁などメジャーな方言と比較したときに抱く福井弁のマイナー意識などによるらしい。

▼多様性の時代、個性として尊重される福井の方言

話を日本において方言が発生した時代まで戻そう。そもそも方言はなぜ生まれたか。それは、前述のように京言葉が全国に拡散したことによるが、方言に細かな地域差が生まれたのは、400年ほど前につくられた徳川幕府の領国経営に由来するところが大きい。江戸時代、徳川幕府は300ほどの藩をつくったが、自然地理的な境界に加え、その藩の境界線によって地方の人々の行動範囲が限られ、全国で方言に細かな地域差が生じたようだ。藩の領域内で気兼ねなく方言が使えた江戸時代は、方言にとって幸せな時代であったと加藤名誉教授が話す。しかし、明治時代になると、領国経営から中央集権体制に移行する中で、情報の共有を図るには全国共通の言葉が必要となった。例えば、軍隊を組織しても、お国が違えば方言も違い兵隊同士の会話が成り立たない。つまり、標準語をつくることが必要となった。こうした中で、明治時代の後半から戦後の1960年代頃までは「方言は汚い、悪い言葉」と否定され、地方の方言を蔑視する、地方人に方言コンプレックスを植え付けた時代が半世紀近く続いた。勿論、地方の人たちの方言離れに拍車をかけた要因には、ラジオやテレビの普及という影響も大きかった。標準語のお手本がテレビ、ラジオから聞こえてきたことで、方言は恥ずかしいものという意識をさらに高めることになり、方言が急速に衰退に向かっていった。

ただ、1980年代以降、地方の時代が叫ばれるようになると、全国的な傾向として方言の見直しが始まった。いまでは、福井弁も「恥ずかしいもの」ではなく、「地域の特徴」と考える人々が増加している。ドラマや映画で福井弁が登場したり、施設名や商品名、キャッチコピーなどに方言が使用され、「方言の見える化」が進んだことも、方言を見直すきっかけにつながっていると加藤名誉教授は話す。いずれにせよ、方言は地域の文化であり、地域だけが保有する宝であり、これからも方言で思いっきり会話を楽しみたいものである。

それでは、この方言が福井地域の経済・産業特性とどう関係したかだが、これも前述した自然・気候が果たした役割と同じように、ややマイナー、内向きな方言のイメージが地域内で完結する産業特性の創出につながり、そうした産業内で自己完結する仕組み、言い換えれば、地域内で受発注や納品までもが完了する仕組み（「閉鎖的産業空間」）が、繊維

産業や眼鏡枠産業などの地域完結型産業を生み出すきっかけとなったような気がする。

3　福井地域の経済規模

ここからは福井の経済についての話に移ろう。本州日本海側のほぼ中央に位置する福井地域は、その地理的環境から、〝いにしえ〟より関西圏と中部・関東圏を結ぶ重要な役割を担っており、それだけに現在でも東西の文化、例えば、食や地域のしきたりなどの文化、経済、風土が混在した地域として、その特徴を有している。それは福井県の中央にある木の芽山地を境にして北（嶺北地域）と南（嶺南地域）で、その地域性に大きな違いがみられることからも明らかである。具体的には、北陸の一部を担う嶺北地域（越前）に対し、嶺南地域、特に若狭地方は歴史、文化、日々の暮らしぶりの面でもどちらかといえば関西圏とのつながりが深い。また、この２つの地域を規模の面から眺めてみると、人口、産業など多くの面でおおよそ８割が嶺北地域（越前）に集中しており、そのバランスに大きな隔たりがみられることも興味深い事象の１つといえよう。

▼０・６%経済圏

このように、福井地域は小さいながらも北と南で固有の地域性を持ち合わせている。しかし、福井全体でみると、経済力からみた地域特性として「０・６%経済圏」という言葉を挙げなければならない。この言葉は、全国と福井県を比較して、商業、製造業、建設業など各種産業を問わず様々な経済・社会指標の面で、その力関係が全国比０・６%となるケースが多いためである。例えば、福井県の県内総生産は３兆３７１０億円（２０１８年度）で、これは日本全体のＧＤＰ比０・61%（表１-２）にあたる。人口についても福井地域の76万６０００人（２０２０年国勢調査）は全国比０・61%（表１-３）となっている。このように「０・６%経済圏」という言葉は、福井県の経済力を端的に現しており、見方を変えれば全国の中で福井県は規模の面で０・６%を占めるに過ぎない小規模県であることを示している。

表1-2　都道府県別域内総生産（2018年度、実質）

RANK	都道府県	域内総生産		RANK	都道府県	域内総生産		RANK	都道府県	域内総生産	
		10 億円	構成比			10 億円	構成比			10 億円	構成比
1	東京都	105,846	19.3	18	長野県	8,396	1.5	35	山形県	4,200	0.8
2	愛知県	39,400	7.2	19	三重県	8,262	1.5	36	香川県	3,763	0.7
3	大阪府	38,983	7.1	20	岐阜県	7,687	1.4	37	奈良県	3,638	0.7
4	神奈川県	34,682	6.3	21	福島県	7,595	1.4	38	宮崎県	3,610	0.7
5	埼玉県	22,739	4.1	22	岡山県	7,546	1.4	39	山梨県	3,494	0.6
6	兵庫県	20,613	3.8	23	滋賀県	6,612	1.2	40	和歌山県	3,440	0.6
7	千葉県	20,097	3.7	24	山口県	6,159	1.1	41	秋田県	3,405	0.6
8	福岡県	19,102	3.5	25	熊本県	5,913	1.1	**42**	**福井県**	**3,371**	**0.6**
9	北海道	18,787	3.4	26	鹿児島県	5,326	1.0	43	徳島県	3,098	0.6
10	静岡県	17,051	3.1	27	愛媛県	4,801	0.9	44	佐賀県	3,032	0.6
11	茨城県	13,437	2.4	28	富山県	4,671	0.8	45	島根県	2,448	0.4
12	広島県	11,352	2.1	29	石川県	4,640	0.8	46	高知県	2,310	0.4
13	京都府	10,356	1.9	30	岩手県	4,548	0.8	47	鳥取県	1,868	0.3
14	宮城県	9,256	1.7	31	長崎県	4,505	0.8	全県計		549,588	100.0
15	栃木県	9,082	1.7	32	大分県	4,409	0.8				
16	新潟県	8,755	1.6	33	沖縄県	4,334	0.8				
17	群馬県	8,660	1.6	34	青森県	4,237	0.8				

資料：総務省統計局［2018］.

表1-3　都道府県別にみた日本の人口（2020年）

都道府県	総人口				都道府県	総人口				都道府県	総人口			
	総数	構成比	5 年間の人口増減数	増減率		総数	構成比	5 年間の人口増減数	増減率		総数	構成比	5 年間の人口増減数	増減率
	（千人）	（%）	（千人）	（%）		（千人）	（%）	（千人）	（%）		（千人）	（%）	（千人）	（%）
北海道	5,225	4.1	▲ 157	▲2.9	福井県	767	0.6	▲ 20	▲ 2.5	山口県	1,342	1.1	▲ 63	▲ 4.5
青森県	1,238	1.0	▲ 70	▲5.4	山梨県	810	0.6	▲ 25	▲ 3.0	徳島県	720	0.6	▲ 36	▲ 4.8
岩手県	1,211	1.0	▲ 69	▲5.4	長野県	2,048	1.6	▲ 51	▲ 2.4	香川県	950	0.8	▲ 26	▲ 2.7
宮城県	2,302	1.8	▲ 32	▲1.4	岐阜県	1,979	1.6	▲ 53	▲ 2.6	愛媛県	1,335	1.1	▲ 50	▲ 3.6
秋田県	960	0.8	▲ 63	▲6.2	静岡県	3,633	2.9	▲ 67	▲ 1.8	高知県	692	0.5	▲ 37	▲ 5.0
山形県	1,068	0.8	▲ 56	▲5.0	愛知県	7,542	6.0	59	0.8	福岡県	5,135	4.1	34	0.7
福島県	1,833	1.5	▲ 81	▲4.2	三重県	1,770	1.4	▲ 46	▲ 2.5	佐賀県	811	0.6	▲ 21	▲ 2.6
宮城県	2,867	2.3	▲ 50	▲1.7	滋賀県	1,414	1.1	1	0.0	長崎県	1,312	1.0	▲ 65	▲ 4.7
栃木県	1,933	1.5	▲ 41	▲2.1	京都府	2,578	2.0	▲ 32	▲ 1.2	熊本県	1,738	1.4	▲ 48	▲ 2.7
群馬県	1,939	1.5	▲ 34	▲1.7	大阪府	8,838	7.0	▲ 18	▲ 0.0	大分県	1,124	0.9	▲ 42	▲ 3.6
埼玉県	7,345	5.8	▲ 78	▲1.1	兵庫県	5,465	4.3	▲ 70	▲ 1.3	宮崎県	1,070	0.8	▲ 34	▲ 3.1
千葉県	6,284	5.0	▲ 62	▲1.0	奈良県	1,324	1.0	▲ 40	▲ 2.9	鹿児島県	1,588	1.3	▲ 60	▲ 3.6
東京都	14,048	11.1	▲ 532	▲3.9	若山健	923	0.7	▲ 41	▲ 4.3	沖縄県	1,467	1.2	34	2.4
神奈川県	9,237	7.3	▲ 111	▲1.2	鳥取県	553	0.4	▲ 20	▲ 3.5	全国	126,146	100.00	▲ 949	▲ 0.7
新潟県	2,201	1.7	▲ 103	▲4.5	島根県	671	0.5	▲ 23	▲ 3.3					
富山県	1,035	0.8	▲ 32	▲3.0	岡山県	1,888	1.5	▲ 33	▲ 1.7					
石川県	1,133	0.9	▲ 21	▲1.9	広島県	2,800	2.2	▲ 44	▲ 1.6					

資料：総務省統計局［2021a］.

4 福井地域の人口推移

▼明治以降、福井地域の人口の伸びは低かった

人口減少社会の到来は、域内需要の低下など地域経済にも様々な側面から多大な影響を与えることが予想される。

福井地域の人口の伸びを明治時代から眺めてみると、全国平均に比べかなり低い伸びにとどまっていたことがわかる。ちなみに、1872（明治5）年に内閣統計局が推計した「明治5年以降我が国の人口」によると、この頃の日本の総人口は3480万人であった。それが、今からおおよそ120年前の1904（明治37）年に4613万人となり、1912（明治45）年には5000万人を超えた。つまり、当時の日本の人口増加率は毎年平均して1％を超えていたのである。では、こうした人口増加の背景にはいったいどのような理由があったのか。一般には、明治以降の農業生産力の増大や工業化による経済発展に伴う国民の所得水準の向上と生活の安定、さらに保健・医療などの公衆衛生水準の向上、内乱がない社会の安定など様々な要因が挙げられる。確かに、現状では2010（平成22）年をピークに日本の人口が減少に転じている。しかし、たかだか150年あまりで1億2800万人まで膨れ上がり、明治初期の約3・6倍にも達したという事実を私達日本人はいったいどのように評価すればよいのであろう。

しかし、こうした日本全土の状況とは裏腹に北陸3県の人口の伸びは、全国平均とかなりかけ離れたものであった。参考までに、同期間の北陸3県における人口の伸びを独自推計すると、同期間、石川県が1・61倍、富山県が1・52倍、福井県については1・34倍とかなり低い（図1-2）。この要因は、明治以降、政府の国土利用策に日本海側と太平洋側で大きな差異があったためであろう。いずれにせよ、近年の日本における課題は地方創生と人口減対策である。この課題に応えるためにも、まずは国家的な戦略として均衡な国土利用策を検討すべきではないか。

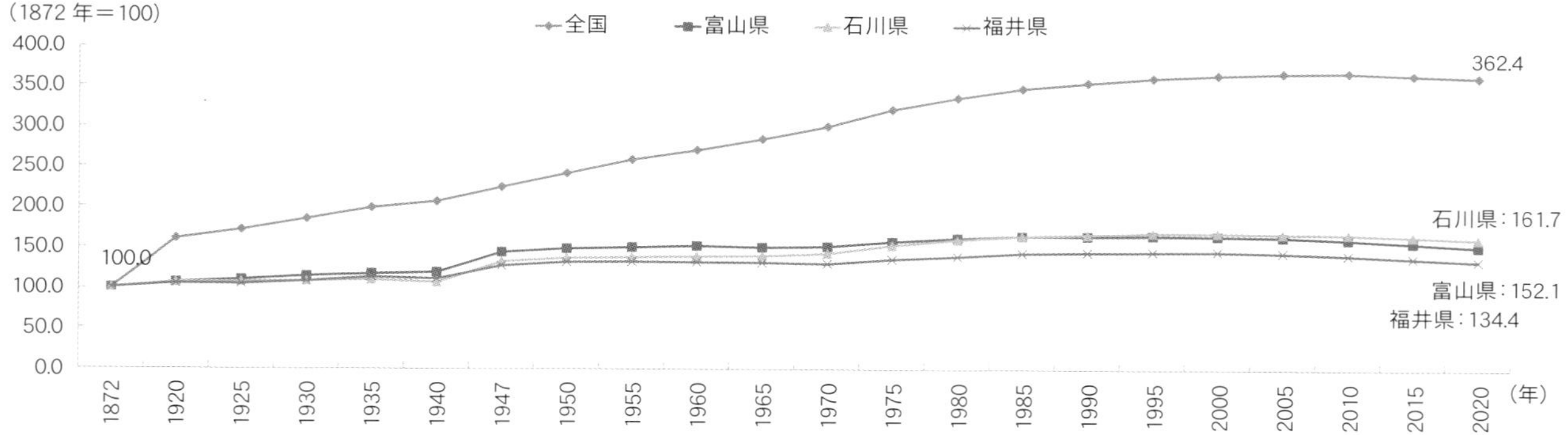

		1872年	1920年	1925年	1930年	1935年	1940年 1)	1947年 2)	1950年	1955年	1960年 3)	1965年	1970年	1975年	1980年	1985年	1990年	1995年	2000年	2005年	2010年	2015年	2020年
全国(千人)		34,806	55,963	59,737	64,450	69,254	71,933	78,101	84,115	90,077	94,302	99,209	104,665	111,940	117,060	121,049	123,611	125,570	126,926	127,768	128,057	127,095	126,146
北陸	富山(千人)	680	724	749	779	799	810	979	1,009	1,021	1,033	1,025	1,030	1,071	1,103	1,118	1,120	1,123	1,121	1,112	1,093	1,066	1,034
	石川(千人)	700	747	751	757	768	746	928	957	966	973	980	1,002	1,070	1,119	1,152	1,165	1,180	1,181	1,174	1,170	1,154	1,132
	福井(千人)	570	599	598	618	647	635	726	752	754	753	751	744	774	794	818	824	827	829	822	806	787	766
総計		1,950	2,070	2,098	2,154	2,214	2,191	2,633	2,718	2,741	2,759	2,756	2,776	2,915	3,016	3,088	3,109	3,130	3,131	3,108	3,069	3,007	2,932

図1-2　日本、北陸3県の人口推移（1872年=100とした指数）

資料：全国の場合，1972年の人口は内閣統計局［1930］による．1920年以降は，「国勢調査」による．1)国勢調査結果に基づく補正人口．2)沖縄県を含まない．3)長野県西筑摩郡山口村と岐阜県中津川市の間の境界紛争地域（73人）は，全国に含まれているが，長野県および岐阜県のいずれにも含まれていない．福井県の場合，1972年の人口は，中川［2014］より，福井県が誕生した1881（明治14）年の人口を用いた．富山県，石川県についても同じ．

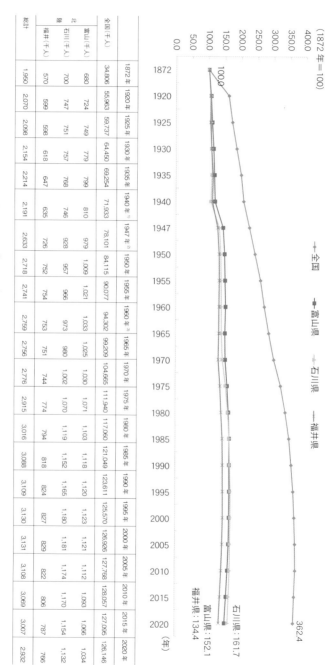

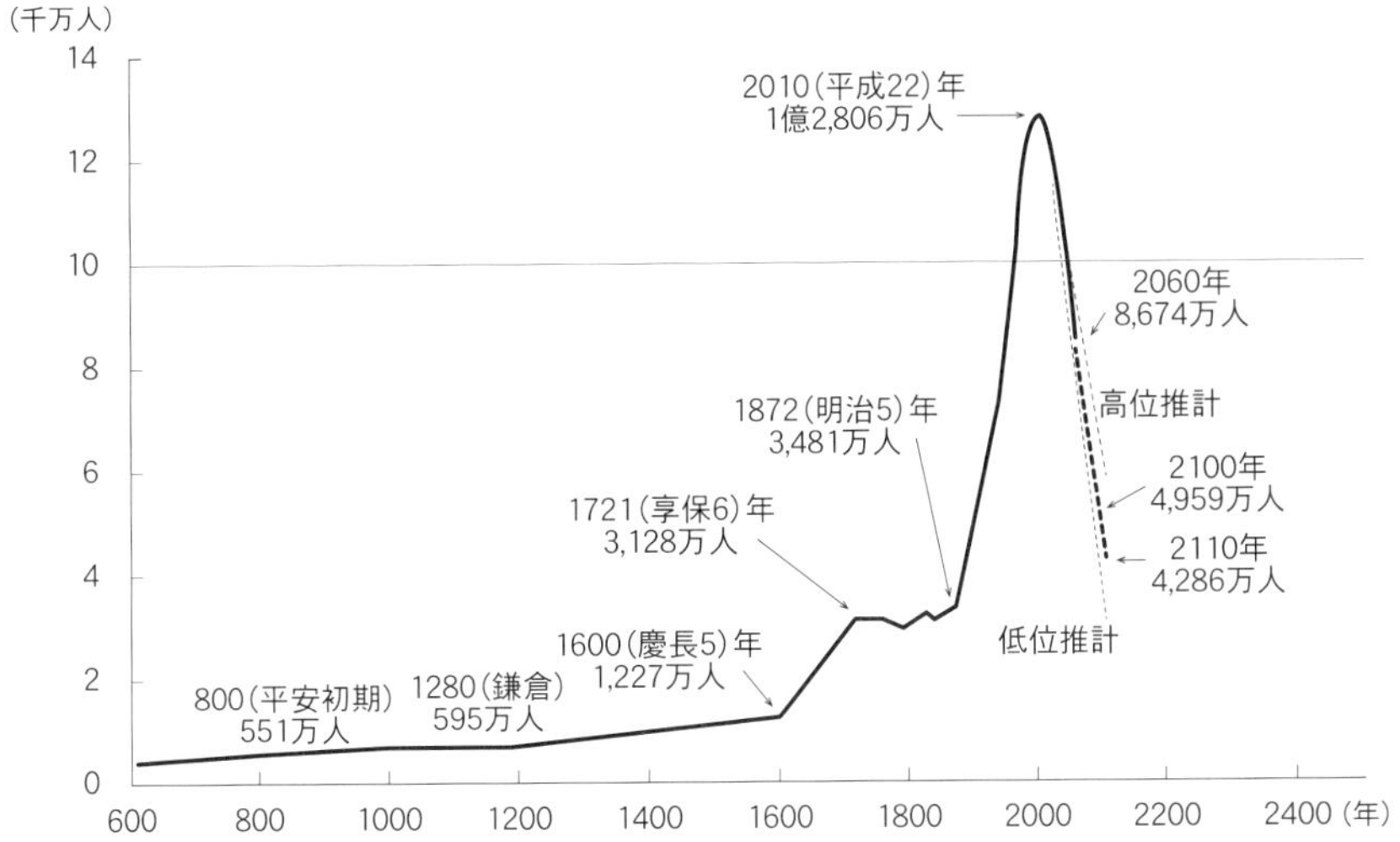

図1-3　日本人口の歴史的推移

資料：国立社会保障・人口問題研究所「人口統計資料集」（1846年までは鬼頭宏「人口から読む日本の歴史」，1847～1870年は森田優三「人口増加の分析」，1872～1919年は内閣統計局［1930］1920～2010年総務省統計局「国勢調査」「推計人口」）2011～2110年国立社会保障・人口問題研究所「日本の将来推計人口」（平成24年1月推計［死亡中位推計］）.

▼今後も全国水準を上回る人口減少が続く福井

国立社会保障・人口問題研究所のデータから日本の人口の歴史的推移（図1-3）をみると、平安時代が500万人強、関ヶ原の戦いの時で現在の10分の1の1200万人、江戸時代に3000万人を超えて、明治以降、急激に増えた。図1-3からもわかるように、2010年までは何とか上昇傾向で推移した。しかし、これからはそうはいかない。そもそも人口が増加するということは、地域の経済を成長させるために極めて重要な要素となる。経済学的にみれば、地域の経済を成長させるには1つ目にイノベーション（要素生産性）を上げること。2つ目は、投資活動を活発化すること。そして、3つ目が労働人口を増やすこと。人口が減少するということは、労働人口の増加もままならず、結果として、イノベーション、投資活動の停滞を招くというわけだ。ちなみに、福井の人口予想も極めて深刻で、2000（平成12）年の82万9000人をピークに福井の人口は減少傾向となり、国立社会保障・人口問題研究所の推計では、2045年には61万4000人ま

表1-4　全国及び北陸3県の将来人口推計

	全国		富山県		石川県		福井県	
	実数（人）	指数	実数（人）	指数	実数（人）	指数	実数（人）	指数
2015年	127,094,745	100.0	1,066,328	100.0	1,154,008	100.0	786,740	100.0
2020年	125,324,842	98.6	1,034,691	97.0	1,133,021	98.2	764,081	97.1
2025年	122,544,103	96.4	996,442	93.4	1,104,368	95.7	737,898	93.8
2030年	119,125,139	93.7	954,745	89.5	1,070,727	92.8	709,753	90.2
2035年	115,215,698	90.7	910,161	85.4	1,032,500	89.5	679,595	86.4
2040年	110,918,555	87.3	863,342	81.0	990,439	85.8	647,241	82.3
2045年	106,421,185	83.7	817,398	76.7	947,918	82.1	614,144	78.1

注 1：2015 年は国勢調査の集計データで，2020 年から 2045 年までのデータが人口推計．
注 2：指数は 2015 年を 100 とした時の 2045 年までの人口推計数の比率．
資料：国立社会保障・人口問題研究所「日本の地域別将来推計人口（平成 30 年（2018 年）推計）」．

で減少する見込みとなっている。この人口規模は、１９００（明治33）年当時や昭和初期の人口に匹敵するそうだ。ちなみに、全国は２０１５（平成27）年比で２０４５年は83・7であるのに対し、福井県は同78・1で5・6ポイントも低い（表1-4）。つまり、福井は今後も全国以上の人口減少傾向が続くということである。

ではこの先、人口減を少しでも緩やかにするために、どのような対策が必要なのであろう。何といっても若者の定着率を上げることだ。それには、高等教育機関の改善が重要で、例えば、福井県の場合、1年間に７５００人程度の高校卒業生がいて、このうち55～56％が大学へ進学している。しかし、その受け入れ体制はというと、県内大学全ての定員を合せても1学年当たり２５００人程度しかない。しかも文学部、芸術学部や法学部などがなく、若者が県内の大学へ行きたくても行けないわけがそこにある。また、せっかく大学を卒業しても学卒を受け入れる就職先にも限界がある。ちなみに、２０２１年3月に県内高校を卒業して大学、短大などに進学した４２２０人のうち、県外進学は64・5％に当たる２７２３人。同時期に県外の大学、短大を卒業した学生のUターン就職率は27・2％だった。福井県はモノづくりが強い地域で優れた企業が数多くあることは十分評価できる。しかし、これからは若者の地元定着率を上げるために彼らの好む観光、レジャー、ＩＴ、サービス業など都市型産業の創造、誘致にも力を入れることが必要となろう。さらに住環境の整備も重要である。若者が楽しめるレジャー施設の充実、若者が集えるコミュニティゾーンの充実といった場所の整備、空間整備も重要な課題である。

▼江戸の人口変動から学ぶ

時間を４３０年ほど遡ろう。１５９０（天正18）年、関東に入った徳川家康は江戸を本拠地とし、１６０３（慶長８）年に征夷大将軍となると、この地に幕府を開く。家康は、江戸を幕府の所在地にふさわしい都市とするため開発を進め、日本橋を中心に堀や道を設け、江戸城の周囲に武家や町人、寺社などの居住を定めた「町割り」を行った。現代風に言えば、ハード面でのまちづくりを実行したわけだ。しかし、江戸の中期から幕末にかけて人口の推移をみると若干の増加はみられるが、ほとんど変化がない。総人口50万人〜55万人で増減を繰り返した。ただ、この人口はおそらく町人のみの数であり、これに武家の人口や寺社関係人口を足しこむと、江戸中期以降の人口は約１００万人を超える大都市であったことが想像できる。また、男女の比率も江戸中期（女性比率：35・5％、男性比率：64・5％）には男性の人口が多いが、江戸後期には、町人の暮らし向きも安定したことによりほぼ半々（女性比率：49・9％、男性比率：50・1％）となり、住民の多くが江戸出身者となっていった。つまり、地元の人間中心にバランスのとれた人口構成を維持したのである［東京都歴史文化財団 2017:36］。

ではなぜ、江戸はバランスのとれた人口増加を果たせたのか。その要因の1つは、「江戸地廻り経済圏」の進化にあると考える。江戸時代の始め、江戸の日常的な消費物資は経済の先進地、上方（大阪）から輸送される下《くだ》り物《もの》に依存していた。しかし、18世紀にはいると人口が増加し、江戸の旺盛な消費需要を満たすために江戸周辺で生産される地廻《じまわ》り物《もの》が流入するようになり、次第に江戸と関東周辺の農村との間に流通ネットワークが形成されるようになった。とりわけ江戸周辺の農村では、野菜・魚介・薪炭・雑穀などを商品として出荷し、少し離れた関東近国の村では織物・醸造品を利根川や江戸川の舟運によって江戸市場に送り込んだ。なかには木綿や醤油のように、下り物の質・量を上回る地廻り物も登場してくるようになった［東京都歴史文化財団 2016:38］。江戸市場を中心とした活発な商品流通の展開は、生産加工技術や輸送機械の発展を促し、これをきっかけに多様な職業が生まれることで、様々な仕事を求める人々が江戸に移動したと考える。２つ目の要因は、前述の要因と類似するが、江戸幕府が開かれたことにより、江戸建設のために男性を中心として多くの労働者が江戸に集り、彼らには身寄りがなく、生活フリーである彼らがそのまま江戸に住み着いたこと。そのため、江戸の初期は圧倒的に男性人口が高い比率を占めた。ただ、江戸建設期の潮目が変わると、男性、女性それぞれバランスがとれる構成比となった。いずれにせよ、この２つの要因から言えることは、地元の産業・経済が活性化しなければ人は定着しないということであろう。

３つ目は、江戸は町人から税金を取らなかったこと。戦国時代、江戸以外の大都市では、土地を持たない町人でも税金を取られたと聞いている。例えば、京都では間口の広さに応じて地子銭《じしせん》という税金が掛けられたため、京都の町民は少しでも地子銭を安くしようと玄関の間口を狭くして奥行きを広くした。所謂、うなぎの寝床風の住宅づくりを行った。しかし、江戸幕府は江戸の人口を増やして商業を盛んにする目的から地子銭を免除、江戸２６３年間を通じ、町人は税金を支払うことはなかった。江戸は無税という噂はたちまち広まり、各地から土地を持たない町人が集まったという。現代社会においても、税制の在り方は重要であり、住民が心から納得いく税制の確保ということは安定した人口の伸びにも深くかかわることを示唆している。

４つ目は、消費地の江戸に向けて全国からの交通網が整備されたこと。東海道、中山道、日光街道、奥州街道、甲州街道の５つを指した陸上幹線道。これにより人口の江戸流入が進んだ。交通の便が良くなると、人やモノ、カネがよりスムーズに移動できるようになる。２０２４年の北陸新幹線敦賀までの開業は大都市へのストロー効果も懸念されるが、やり方次第では地域の人口増加にもつながるかもしれない。そのためには、地域の魅力をどう高めていくか、ハード・ソフト両面での対策を練りあげることが課題であることは言うまでもない。

表1-5　経済活動別県内総生産（実質）2018年

		福井県		全県計	
		実数（10億円）	構成比（%）	実数（10億円）	構成比（%）
産業	農林水産業	22	0.7	4,207	0.8
	鉱業	1	0.0	317	0.1
	製造業	866	**25.7**	122,408	22.3
	電気・ガス・水道・廃棄物処理業	75	**2.2**	12,122	2.2
	建設業	332	**9.9**	29,949	5.4
	卸売・小売業	338	10.0	69,384	12.6
	運輸・郵便業	127	3.8	26,084	4.7
	宿泊・飲食サービス業	87	2.6	12,994	2.4
	情報通信業	99	2.9	27,470	5.0
	金融・保険業	139	4.1	29,238	5.3
	不動産業	349	10.4	66,125	12.0
	専門・科学技術、業務支援サービス業	235	7.0	38,966	7.1
	公務	151	4.5	24,108	4.4
	教育	145	4.3	20,638	3.8
	保健衛生・社会事業	254	7.5	40,913	7.4
	その他のサービス	139	4.1	22,852	4.2
	輸入品に課される税・関税	39	1.1	5,815	1.1
	（控除）総資本形成に係る消費税	31	0.9	3,431	0.6
総生産		3,371	100.0	549,588	100
参考	第1次産業	22	0.7	4,207	0.8
	第2次産業	1,204	35.7	152,634	27.8
	第3次産業	2,142	63.5	390,467	71.0

資料：内閣府経済社会総合研究所［2021］.

5　福井地域の産業

▼主要産業は、製造業と建設業

次に、福井県経済の基盤となる産業構造をみてみよう。**表1-5**は、福井県が1年間に生み出す付加価値の合計額、およそ3・3兆円（2018年）をどのような産業が稼ぎ出しているか。つまり、産業別にみた付加価値の額と全産業に占める構成比を福井県および全国（全県計）で比較したものである。それによると、「公務」を除いて、全国水準を上回っている産業は、製造業（福井県25・7%、全国22・3%）、建設業（福井県9・9%、全国5・4%）、宿泊・飲食サービス業（福井県2・6%、全国2・4%）、教育（福井県4・3%、全国3・8%）、保健衛生・社会事業（福井県7・5%、全国7・4%）など5つの産業を数える。とりわけ製造業や建設業のウエイトは全国との差が大きく、したがって、これら2つの産業が福井県で特化集中する産業、言い換えれば、福井が得意とする産業分野ということになる[4]。こうした中、福井県内の全産業に占める製造業事業所数の割合は12・

7％で全国2位、建設業も11・4％で全国4位と高い水準にある。これとは逆に、不動産業・物品賃貸業の事業所数の割合は3・1％で全国最下位の47位、医療・福祉関連の事業所数も6・0％で全国最下位となっている。

その結果、1次、2次、3次の産業別では、2次産業比率が全国の27・8％に対し福井県が35・7％と福井の2次産業比率の高さを裏付けている半面、3次産業比率は、全国の71・0％に対し福井県が63・5％と大きく水をあけられた形となっている。今後、日本全体としても経済のソフト化・サービス化が進展する中で都市型産業、すなわち3次産業のウエイトが高まっていくものと思われる。その中で、福井県はあくまで2次産業中心でいくのか、それとも観光、レジャー、IT、サービス業などの都市型産業の集積を目指していくのか、今、まさに大きな岐路に立たされているように思える。

▼人口千人当たり民営事業所数は53・3事業所で全国1位

次に、『平成28年経済センサス─活動調査』［総務省 2018a］から、事業内容などが不詳の事業所を除いた民営事業所数をみると4万1644事業所で、人口千人当たりの事業所数（民営）では53.3事業所（全国：42.1事業所）、全国1位となっている。つまり、福井は、人口の割に事業所数が全国で1番多い地域なのである。

この要因として、よく言われるのが「福井県は起業家化精神が豊かな地域」だからといった大変嬉しい話も聞く。しかし、その理由をよくよく考えると、これだけではない。例えば、これまで福井の主要産業が繊維産業や眼鏡枠産業などの地場産業、さらに建設業などといった比較的分業化し易い産業が中心で、それだけに次々と独立開業し起業家が誕生したこと。さらに、福井の地域特性として、地域完結型つまり受注から生産、販売までをできるだけ域内で完結したいと考える人々が多かったこと。もっと言えば、福井人は出稼ぎ気質がなく、地域内での生活をこよなく愛する県民性が強かった。こうしたことが、人口千人当たりの事業所数日本1位という地域特性につながったものと思われる。

そのためか、福井地域内の事業所をみると、比較的規模の小さな事業所が多い。個人経営の事業所割合は42・3％を

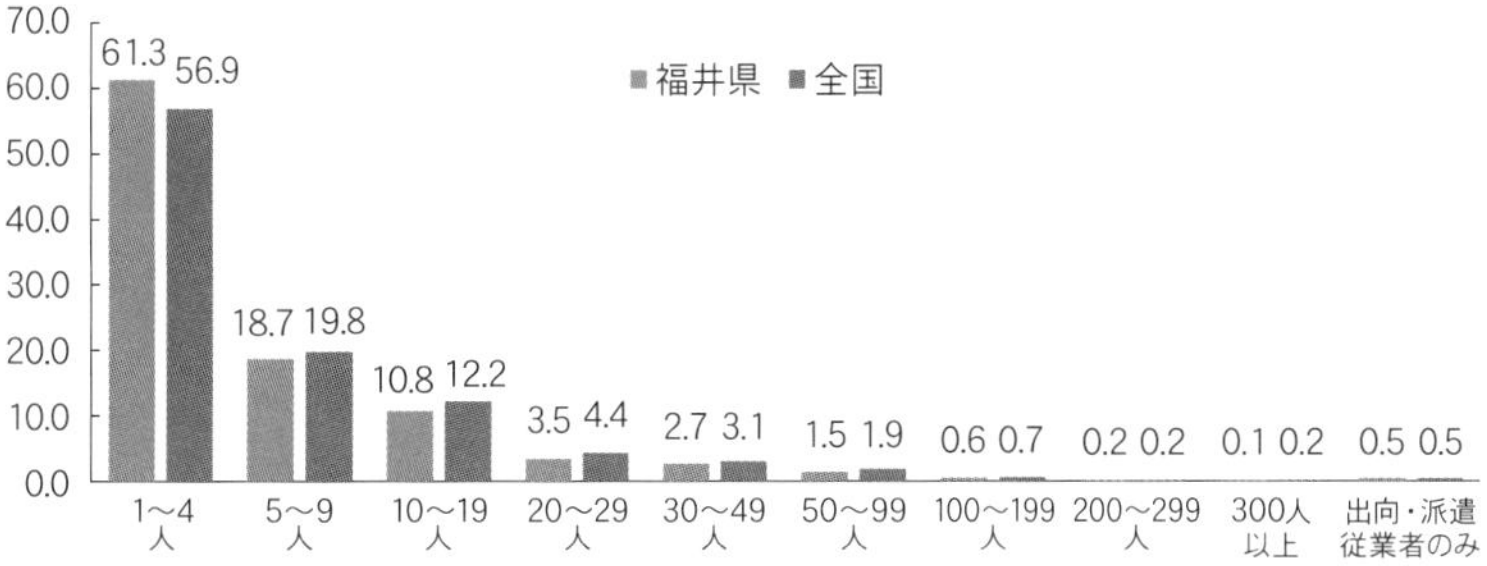

図1-4　従業者規模別民営事業所数の割合

資料：総務省［2018］.

占め、全国（37・6%）より４・７ポイントも高く（全国15位）、また、従業員10人未満の事業所については、全体の８割（全国11位）を占めているのも特徴的である（図1－4）。

▼製造業の主要産業は、電子・デバイス、化学、繊維、電気機械、輸送機械

最後に、福井県の主要産業である製造業について、業種別状況をみてみよう。**図1－5**は、製造業の業種別に事業所数、従業者数、製造品出荷額等（生産額）を示したものである。まず、事業所数ではやはり繊維産業（４８８件）がダントツとなっているほか、従業者数でも繊維産業（１万４６１１人）が最も多く、次いで電子・デバイス（９９８０人）、プラスチック（５１４９人）、食料品（４５７６人）、金属（４４８１人）の順。ただ、生産額の面では、電子・デバイスの３４１０億円をトップに化学の２４６８億円、繊維（２３０６億円）、電気機械（２０７０億円）、輸送機械（２０１４億円）と続いている。したがって、生産額を基準に考えれば、福井県の主要産業は、電子・デバイス、化学、繊維、電気機械、輸送機械といったところであろう。

ただ、今から30年ほど前、ちょうど日本がプラザ合意（１９８５年）により超円高が進み日本企業の海外展開が始まった頃を振り返ると、その頃の福井県の製造業は、地場産業である繊維が生産額で約４０００億円を確保し県内トップであった。しかし、その後徐々に生産高を落とし現在の２３００億あまりに低下している。また、眼鏡枠産業も１９９２年のピーク時には約１２００億円を

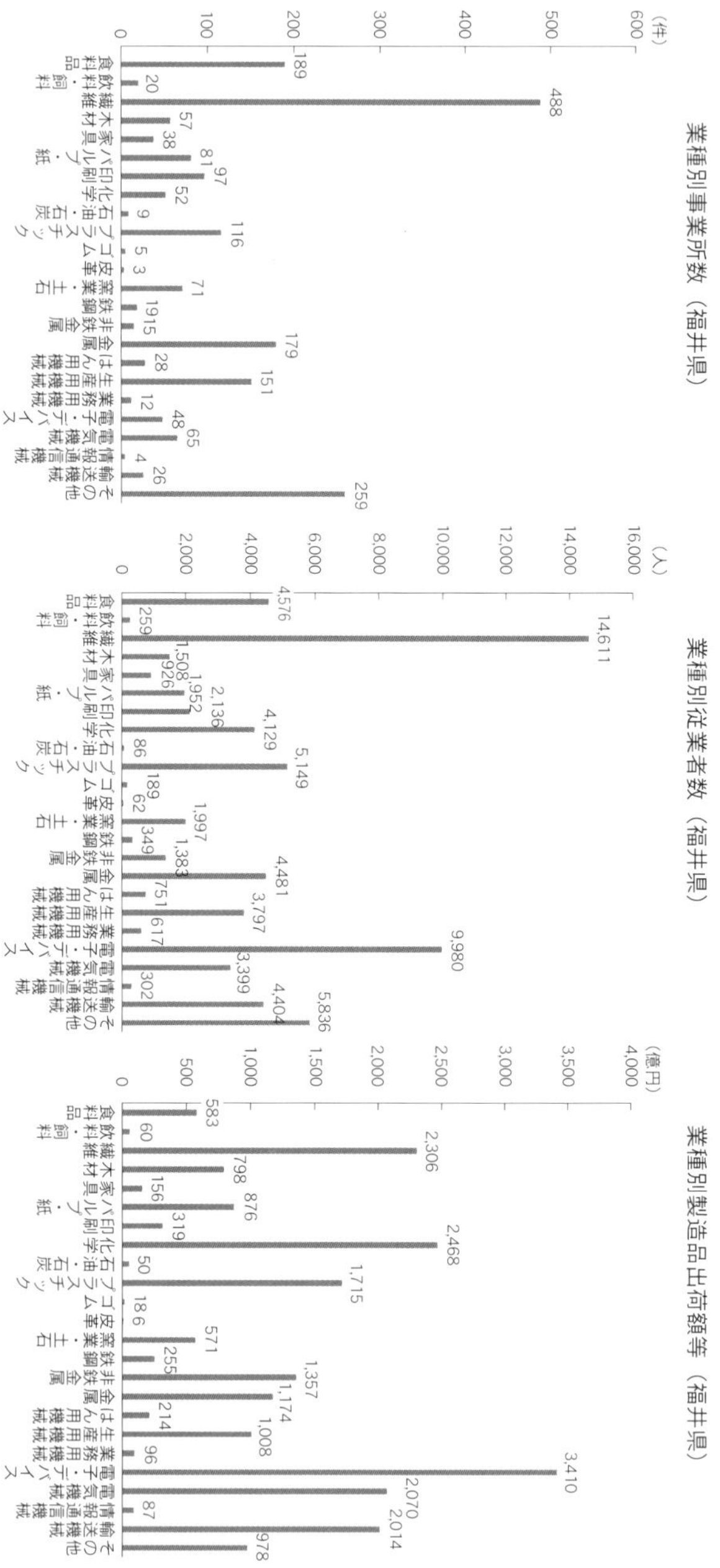

図1-5　製造業の業種別にみた事業所数、従業者数、製造品出荷額等（福井県、従業員4人以上事業所）2020年

資料：福井県［2020b］.

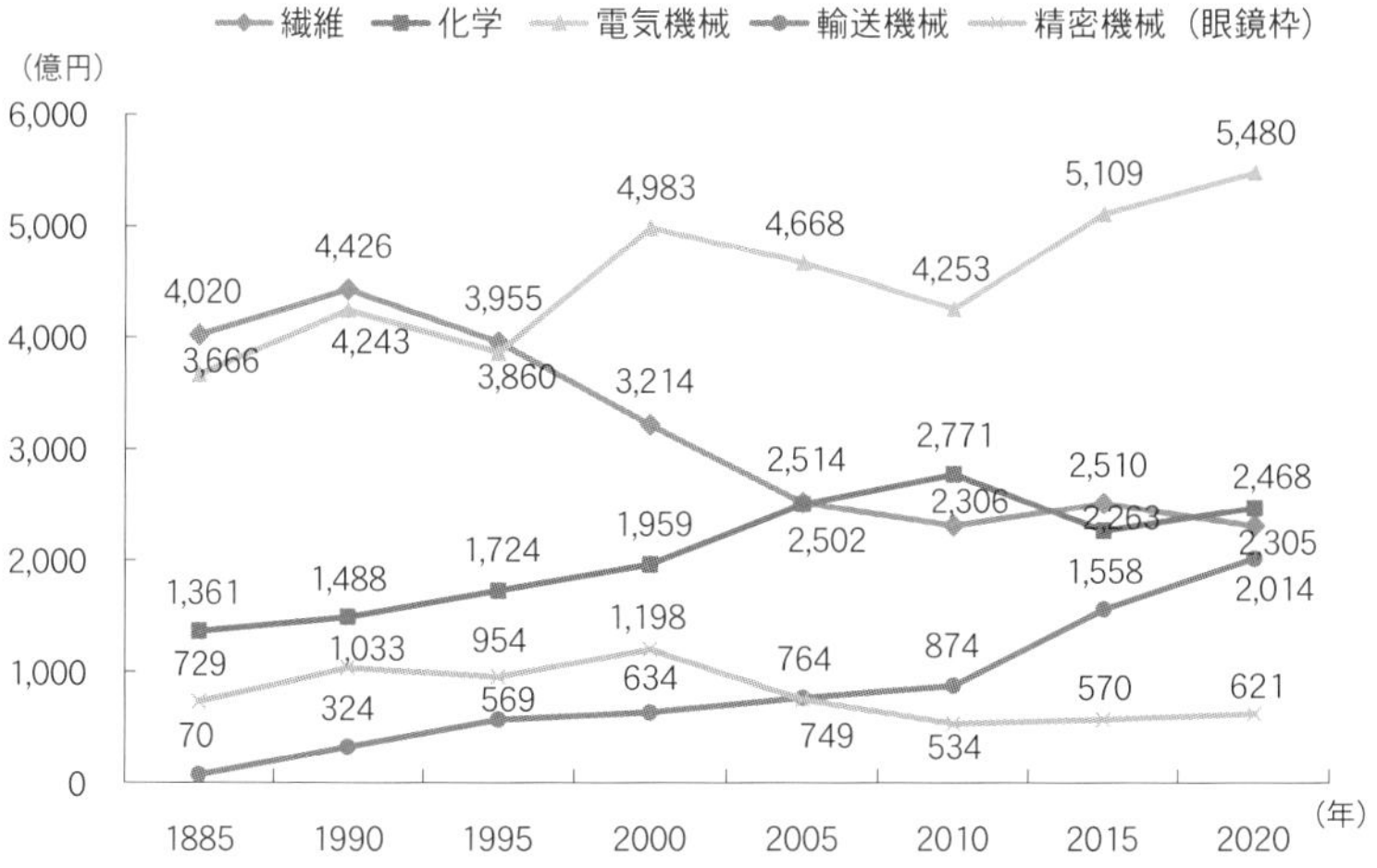

図1-6　主要産業の製造品出荷額等の推移（福井県）

資料：福井県［2020a］.

記録した時代もあったが、産地の海外展開が進むにつれ徐々に空洞化し今では推定600億円程度と思われる。そして、これら地場産業の衰退をカバーしてきた業種が、ここで示した外発型（県外資本）の電子・デバイス、化学、電気機械、輸送機械といった産業であった。こうして福井は、これまで製造業の生産規模2兆円を確保してきたのである（図1-6）。ただ、時代とともに産業構造も変化する。次の時代はいったいどのような産業が求められているのか。福井県の製造業はこれまでも産業構造の硬直化を指摘されてきたが、目まぐるしく変化する時代の中で、時流にマッチした産業構造への転換は地域経済の持続的発展のための重要な要素であることは忘れてはならない。

6　小規模企業が多いものの、技術水準はトップクラス

▼福井県のシェアトップ企業37社50品目

福井は千人当たり事業所数が全国1位であることからもわかるように中小・小規模事業所が比較的多い地域である。しかし、小粒の企業が多い中、その技術水準は非常に高いという一面を持っている。**図1-7**はそれを裏付ける資料である。これによると、北陸3県の中でシェアトップを誇る企業は石川県が43社、

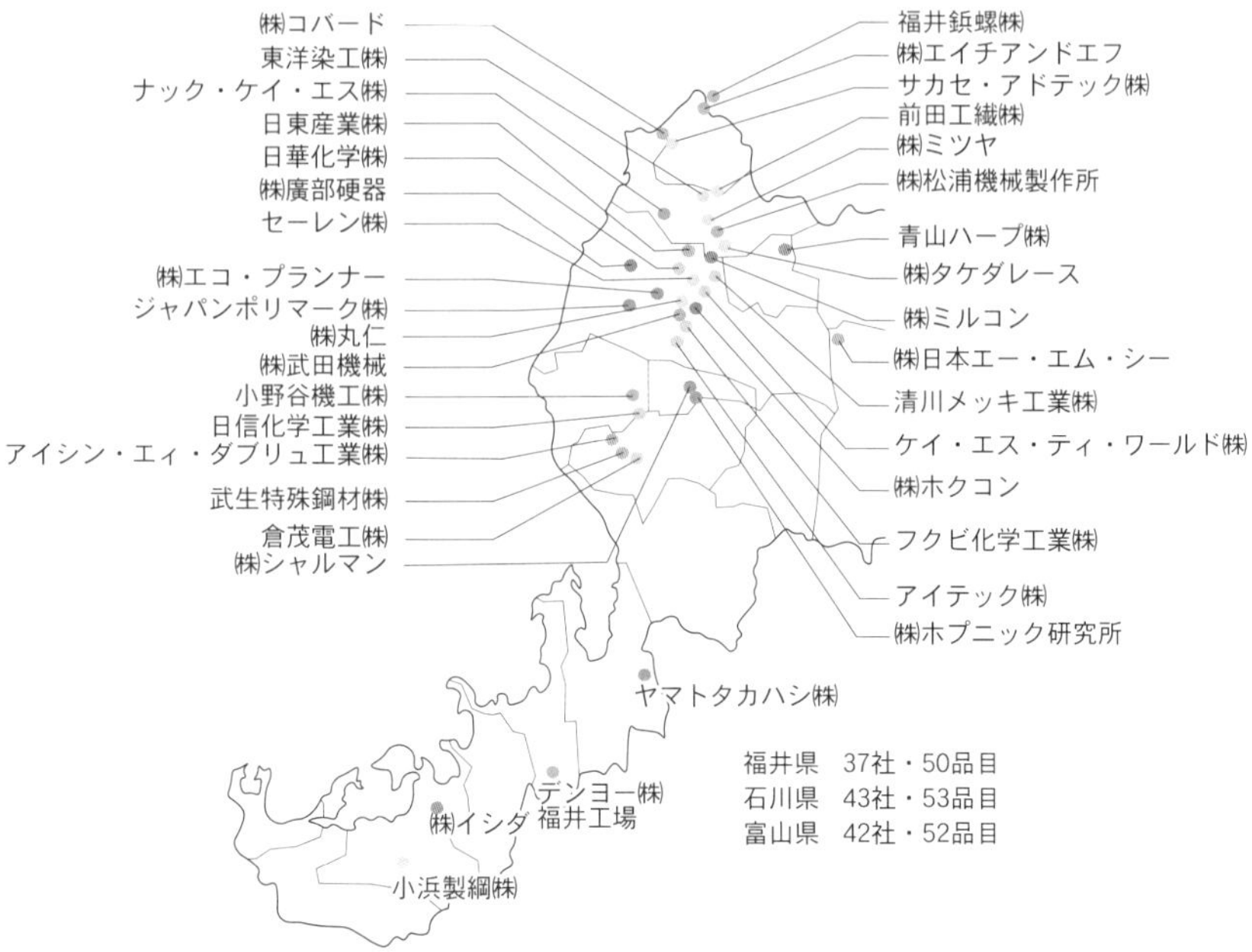

図1-7　シェアトップ企業の事業所別状況

資料：北陸経済連合会，北陸電力［2018］.

53品目、富山県が42社、52品目にとどまる中、福井県は37社、50品目を数えている。経済規模の面で、福井県は石川県、富山県のおおよそ7割程度であることを考慮すると、福井県企業の技術水準は比較的高く両県を上回るポジションにあるといっても過言ではない。ちなみに、福井にある日本国内シェアトップ企業は、これ以外にふじや食品の玉子とうふ、サカセ化学の医療用キャビネット・カート、富士経編のメディカル白衣など枚挙に暇がない。

また、著者が独自調査した結果によると、このデータ以外にも高いシェアを有する企業が数多くみられる。例えば、複合電気絶縁材料では世界シェア1位の日東シンコー株式会社、電動アシスト自転車用モーターでは国内シェア1位の株式会社TOP、メディカル白衣（看護衣）では国内シェアトップの富士経編株式会社、医療用キャビネット・カートでは国内シェア1位のサカセ化学工業株式会社など、総計67社を数えた（表1-6）。

▼福井県企業は、なぜ、技術水準が高いか

帝国データバンクが公表した資料『福井県企業の社長分析』（２０２０年）によると、福井県の社長輩出率は全国トップの1・37％、これで１９８２年から２０１９年まで38年連続でトップを誇るが、その分、中小・小規模事業所の割合は高い。しかし、前述のように全国或いは世界でトップシェアを誇る企業も多い。つまり、見方を変えれば、福井県は中小・小規模事業所が多いものの、その保有する技術水準は、全国的に見ても十分誇れる地域なのである。では、なぜ、福井県企業の技術水準は高いのか。その理由としては、おおむね以下の３つが挙げられよう。

その第1の理由は、前述した福井県の主要産業、いわゆる繊維産業の中にその秘密が隠れていたような気がする。例えば、かつての「ガチャマン時代」、織布工場が嶺北地域に数多く存在していた時代である。あの頃、各織屋の従業員の中で技術を司る「運転手」と呼ばれる男性従業員がいた。当時の織機はフライ織機が主流であり、仕組みは縦糸の間を走る横糸を巻いた筒状のもの、いわゆる杼（通称、さす）、シャトルと呼ばれる装置が左右に往復しながら織り込んでいく。その際、特に強撚ものの織物を織る場合などは、シャトルの跳ね返りの強弱により織物の質が問われるといった課題があり、それを調整していたのが「運転手」であった。つまり、当時の繊維産業は装置産業と呼ばれたものの、「運転手」が保有する技術の差により織物の仕上がりが変わるといった、極めてデリケートな技術が要求されていたのである。そして、こうした技術を身に付けた「運転手」が「こうしゃな人（技術にたけた人）」として重視された。つまり、福井県はクオリティの高い職人技ともいうべき暗黙知を備えた人材が早くから必要とされ、その流れが現在の福井県の製造業に根付いてきたのではないか。

第2の理由は、中小・小規模事業所が多い地域であるが故の悩みである。それは、ちょうど１９８５年のプラザ合意以降、日本企業が海外展開を始め、空洞化が進んだ時代に押し寄せた。この時、福井県の中小・小規模事業所は下請け

30	ナック・ケイ・エス株式会社	道路反射鏡（カーブミラー）	日本	40%
	ナック・ケイ・エス株式会社	アクリルパイプ	日本	60%
	ナック・ケイ・エス株式会社	樹脂製鏡面	日本	70%
	ナック・ケイ・エス株式会社	ナック・ヘルスパ（FRA）	日本	100%
31	青山ハープ株式会社	ハープ	国内製造	100%
32	株式会社イシダ	若狭塗箸	日本	20%
33	株式会社エコ・プランナー	可動堰スクリーン取水装置「GS スクリーン」	日本	100%
34	ジャパンポリマーク株式会社	自動車に表示する各種コーションラベル（注意書き）	日本	トップ
35	株式会社シャルマン　注 1＊	高価格メガネフレーム（4 万円以上）	日本	49.7%
36	株式会社ホプニック研究所	視力補正用高屈折偏光レンズ	世界	60%
37	ヤマトタカハシ株式会社	おぼろ昆布シート（機械加工）	日本	100%
38	アルファ株式会社	各種蚊帳（かや）	国内	トップ
39	株式会社 TOKO	アルミ製折れ戸	国内	トップ
40	藤田光学株式会社	老眼鏡、サングラス	国内	トップ
41	井上商事	アルミ建材	国内	トップ
42	北陸ヒーテイング株式会社	人工衛星の霜取り装置	国内	トップ
43	常盤商事株式会社	起毛長画像処理測定装置	世界	トップ
44	株式会社北陸濾化	微細バリ取り剤	世界	トップ
45	日東シンコー株式会社	複合電気絶縁材料	世界	トップ
46	株式会社 TOP	電動アシスト自転車用モーター	日本	トップ
47	東洋紡株式会社　敦賀事業所	自動車エアバッグ用原糸および基布	世界	トップ
48	三谷商事株式会社	顕微鏡用画像解析ソフト	日本	トップ
49	株式会社福井村田製作所	積層セラミックコンデンサ	世界	トップ
50	株式会社 NCC	イオンプレーティング加工技術	日本	トップ
51	株式会社オーディオテクニカフクイ	赤外線コードレスマイクロホン	日本	トップ
52	富士経編株式会社	メディカル白衣（看護衣）	日本	トップ
53	サカセ化学工業株式会社	医療用キャビネットカート	日本	トップ
54	セーレン KST 株式会社	光通信用の部品基板	世界	トップ
55	株式会社大阪合金工業所	りん銅合金	世界	トップ
56	タナカ株式会社	各種蚊帳	日本	トップ
57	サカイオーベックス株式会社	中層型浮魚礁	日本	トップ
58	シプロ化成株式会社	新幹線の窓に使われるポリカーボネート（紫外線吸収剤）	日本	トップ
59	岩崎工業株式会社	除雪トラック用除雪装置	世界	トップ
60	協同組合プロード	モニュメント型風力発電機	日本	トップ
61	株式会社シャトル	中学校用木工教材	日本	トップ
62	青山眼鏡株式会社	炭素繊維・チタン複合軽量・高強度眼鏡フレーム	世界	トップ
63	株式会社アサヒオプティカル	高屈折率プラスチックレンズ	世界	トップ
64	株式会社福井洋傘	ヌレンザ	日本	トップ
65	日本真空化学株式会社	ガラス繊維強化アクリル樹脂製（FRA）大型浴槽	日本	トップ
66	株式会社オーディオテクニカフクイ	赤外線コードレスマイクロホン	日本	トップ
67	日本電産テクノモータ株式会社	エアコン用ブラシレス DC モータ	世界	トップ
68	福井コンピュータアーキテクト株式会社	3 次元建築設計システム（商品名：ARCHITREND　Z）	日本	トップ

注 1：＊GfK LifeStyle Tracking Japan 調べ．全国眼鏡専門チェーンの販売実績を基に推計された市場規模データに基づく．

資料：№1～37は北陸経済連合会，北陸電力［2018］より抜粋．№38～68は独自調査による．

表1-6　福井県のシェアトップ企業

No	企　業	製　品　名	シェア	
1	アイシン・エィ・ダブリュ工業株式会社	トルクコンバータ（T/C）	日本	非公開
2	株式会社エイチアンドエフ	自動車ボデー成型加工用大型プレス機械	日本	非公開
3	小野谷機工株式会社	全自動大型タイヤ交換機	日本	100%
4	株式会社コバード	手包みを超えた究極の包成機「マジックハンド」	世界	100%
	株式会社コバード	求肥用蒸煉機・かい式煉機	日本	80% 以上
5	株式会社武田機械	両頭フライス盤	日本	65%
6	武生特殊鋼材株式会社	クラッドメタル（異種金属接合材）	日本	60%
7	デンヨー株式会社　福井工場	エンジン発電機	日本	65%
8	日東産業株式会社	ウレタンカッティングマシーン	日本	70%
9	株式会社日本エー・エム・シー	高圧配管用継ぎ手	日本	60%
10	福井鋲螺株式会社	蛍光灯ピン	日本	60%
11	株式会社松浦機械製作所	長時間無人運転システムを搭載した5軸制御立形マシニングセンタ	日本	60%
12	倉茂電工株式会社	水中ポンプ用フロートスイッチ	日本	70%
	倉茂電工株式会社	ロボットケーブル	日本	50%
13	ケイ・エス・ティ・ワールド株式会社	厚膜熱酸化膜付ウェーハ	世界	70%
14	小浜製綱株式会社	船舶用ロープ	日本	80%
15	サカセ・アドテック株式会社	三軸織物複合材料	世界	100%
16	セーレン株式会社	カーシート生地	世界	15～20%
17	セーレン株式会社	建築現場構造用合板養生シート	日本	38%
18	セーレン株式会社	人工血管基材	日本	トップ
17	株式会社タケダレース	インナーウェア用レース（商品名:フォルポレース、レーシイ・リバーレース）	日本	40%
18	東洋染工株式会社	超薄地ニットの染色仕上加工	日本	95%
19	前田工繊株式会社	耐候性大型土のう「ツートンバッグ」	日本	トップ
20	株式会社丸仁	反射材「LFU-9000 オーロラカラー反射」	日本	オンリーワン
	株式会社丸仁	反射糸（撚糸タイプ）「LFUY-1200-T0275」	日本	オンリーワン
21	株式会社ミツヤ	インクジェットクロス商品名：「Tifone®（ティフォネ）」	日本	約40%
22	アイテック株式会社	眼鏡枠の表面処理加工	日本	70%
	アイテック株式会社	ゴルフ用カーボンシャフトの装飾	世界	90%
23	清川メッキ工業株式会社	ナノめっき技術		非公開
24	日華化学株式会社	環境対応型繊維加工用薬剤（防炎加工剤）	日本	70%
	日華化学株式会社	環境対応型繊維加工用薬剤（人工皮革用水系ポリウレタン樹脂）	日本	約100%
	日華化学株式会社	ドライクリーニング用洗剤	日本	トップ
25	日信化学工業株式会社	塩化ビニル・酢酸ビニル系変性樹脂「ソルバイン」	日本	80%
	日信化学工業株式会社	塩化ビニル系樹脂エマルジョン「ビニブラン」	日本	90%（壁紙表面処理剤）
26	フクビ化学工業株式会社	加熱ユニット及び加熱容器（加熱加温容器ナルホット）	日本	80～90%（弁当用）
	フクビ化学工業株式会社	バスパネル	日本	60%
27	株式会社廣部硬器	警察・消防署の紋章	日本	70%
28	株式会社ホクコン	コンクリート造エレベーターシャフト	日本	90% 以上
29	株式会社ミルコン	苔・藻類が早期に自生するコンクリート製品「JBロック」	日本	100%

比率が全国2位にあり、その中で福井県企業にとって進むべき道は3つしかなかったように思う。その1つは、親企業と一緒に海外に出向くこと。2つ目は、これまでの下請けから脱して、技術、製品、流通、従業員の質、マネジメントなど様々なところで自社独自のオリジナリティを保有すること。そして、3つ目は、研究開発型企業、いわゆるファブレス企業として、親企業の研究・開発部門の一翼を担うことである。おそらく、福井県の中小・小規模事業所は製品面でのオリジナリティ、或いはファブレス企業（研究開発型企業）としてチャレンジしていったのであろう。それが高い技術力保有につながっていった。

第3の理由は、早くから福井県企業の技術支援を果たしてきた福井工業技術センターの存在が大きい。同センターは全国的にみても、その設立時期が早く、1902（明治35）年に設置された。当時の日本における産業界の大勢は織物工業の発展が急務であったが、そのころ、同産業の製造方法は手工業的であり、これを機械的に前進させる必要があるなど研究余地が多く、改善を図ることが重要課題であった。こうして日本で最も古い歴史を有する工業系公設試験研究機関となる工業試験場が福井市に設置されたのであった。その後、窯業試験場の発足、工芸指導所の発足、工業試験場から繊維工業試験場への改称、工芸指導所を母体とする工業試験場の設立などの歴史をたどりながら、1985（昭和60）年、福井県工業技術センターが発足した。福井県の主な産業は同センターの多様な試験・研究・開発などの支援により大きな前進をみることとなる。昨年夏も、同センターとミツヤ、SHINDOによる炭素繊維複合材の航空機分野進出が内閣府の産学官連携功労者表彰の科学技術政策担当大臣賞に選ばれていたことは言うに及ばない。

7　福井地域の労働環境

▼勤勉で粘り強い県民性

『平成29年就業構造基本調査』［総務省統計局　2018b］から、福井県民の就業状態をみると、15歳以上の人口67万7000

人（男性32万6000人、女性35万1000人）のうち有業者は42万2000人で、率にして62・3%を占める。また、生産年齢（15～64歳）に占める有業者の割合では80・3%となり全国1位である。これを男女別にみると、男性（全国83・3%）は85・1%で、愛知県（85・4%）に次いで全国2位。女性の場合は、全国68・5%に対し、福井県は75・4%で、全国1位となっている。その結果、共働き率（夫婦のいる世帯の中で夫婦とも働いている場合）は、福井県が60・0%となり全国1位の水準にある。さらに、離職率は3・1%（全国4・0%）と全国47位（総務省統計局『統計でみる都道府県のすがた』2022）。つまり、福井県民は、働き者で仕事に一度就いたらなかなか辞めない、あきらめない粘り強い県民性の持ち主である。こうした県民性もあって、福井県内の雇用環境は極めて良好で、令和4年3月時点の完全失業率は、福井県が1・9%（福井県［2022・3］『福井県就業実態調査』）と全国の2・6%（総務省統計局［2022・3］『労働力調査』）と比較してもかなり低い。有効求人倍率も直近の令和4年3月現在、全国の1・05倍に対して福井県は2・05倍（令和4年3月『雇用失業情勢』）と、全国1位の水準にあるほか、女性の正規社員比率は全国トップレベル（『平成29年就業構造基本調査』：全国43・4%、福井県50・6%）となっている。ただ、これに伴う賃金はというと、全国平均の9割程度、東京都の7割程度であり、決して恵まれた地域とは言い難い。しかし、とにかく福井県民は仕事に勤勉で、粘り強い性格を持つ人々が極めて多い地域なのである。

▼勤勉で粘り強い職業意識はどのようにできあがったのか

では、賃金などの労働条件がそんなに良くもないかわりに、どのようにしてこのような勤勉で粘り強い県民性、特に女性の就業者が多い地域ができ上がったのであろう。この答えを福井県が持つ「歴史観」、「宗教観」、「地域風土」という3つの側面から述べてみたい。

まずは「歴史観」からその背景を考えてみよう。昭和の中期、ちょうど1950～60年代、福井県では繊維産業が大いに栄えた時代があった。いわゆるガチャマン時代である。当時の機織機として活躍したフライ織機が1回「ガチャン」

と音を立てて機を織ると1万円札が湧いて出るくらい福井県は繊維産業で景気が良かった。それを例えて「ガチャマン時代」と呼ばれていた。この頃の福井は、景気の良い機屋に目をつけ次々と家内工業として独立する人々が後を絶たず、嶺北地方一円どこに行っても「ガチャトン、ガチャトン……」と機の音が絶えることがなかった。しかし、主にその機を織っていたのは女性だったのである。では、男性は何をしていたのか。全部ではないが、機屋の主人（男性）の多くは稼業をご婦人に任せ、いわゆる「魚屋《さかなや》」と称する今の時代でいう料亭で昼間から宴を催し遊びほうけている人が多かったのである。思い起こせば、福井県はその頃から女性の社会進出が盛んであったのであろう。しかし、そのルーツは、もっと遡ることができる。福井に繊維産業が持ち込まれたのは、712（和同5）年と聞いている。時の政府がこの地で綾錦織物の生産を奨励したのが始まりといわれるが、その後、江戸時代に入り、福井に入封した結城秀康公も織物の生産に注力した。しかし、2代目藩主の松平忠直公以降、石高の極端な減歩という悲運に見舞われた福井藩では、武家婦人の手内職として織物で生計を立てるというスタイルが定着していった。そして、明治の殖産興業、つまり地域をあげて繊維産業に注力していった時代、江戸時代から織物業で活躍していた女性たちが労働予備軍として繊維産業の担い手になっていったのであろう。繊維産業以外にも福井県には女性が主役の職場ができ上がった。明治期の終わり1905（明治38）年に増永五左衛門さんによって持ち込まれた眼鏡枠産業である。そこでもやはり労働集約型産業として女性労働者の活躍の場があった。「歴史観」からみれば、こうした背景が今の女性就業率の高さに影響したのではないか。

そして2つ目の「宗教観」についてである。やはり福井県の嶺北地方で門徒宗7割以上（福井県全体では約6割）を占める浄土真宗の影響を忘れることはできない。浄土真宗の教えが福井県民の労働意識、すなわち勤勉で粘り強い人々を作り出すルーツとなったと考えられるためである。1471（文明3）年、この福井の地に入った蓮如上人は、福井の北端にある吉崎地区に坊社を立て布教活動を行った。1473（文明5）年、蓮如上人が示した「真宗門徒の掟11カ条」を読むと、「もろもろの神菩薩等を軽んじてはならない、諸法諸宗を誹謗してはならない、わが宗のふるまいをもって他宗を非難してはならない、念仏者は国の守護地頭を大切にすることを決して軽んじてはならない、念仏集会の日、本性をうしなうほど酒をのんではならない……」など、一見、協調主義ともみえるが、人々に我慢、忍耐することの大切さを教えた。そして、この影響を受けた福井県民のDNAはやがてモノづくりの面でも大いに良い影響として広がっていったのであろう。福井県では、宗教の持つ力が地域住民の生き方に影響し、それが男性だけでなく女性の職業観にも大きなインパクトを与えていることを確認しなければならない。

最後に、3つ目の「地域風土」についてである。これについてはもはや語るまでもないが、福井県は、繊維産業、眼鏡枠産業など軽工業を中心とした地域であること。さらに、中小・小規模事業所が多いこと。言い換えれば、労働集約型の産業、中小・小規模事業所を中心とした福井県は、比較的小さな経済力、産業力のわりに多くの労働力を必要とした。それが結果として、女性就労者の多さにもつながっていったのであろう。また、働く女性に対する地域社会の受け入れ態勢が整っていたことも挙げなければならない。例えば、歴史的にみると、主要産業の1つである繊維関連の企業では、女性就労者の子育て環境を充実させるために、企業自らが保育園を経営したり、勝山市ではかつて仕事をしながら学べる環境整備のため夜間高校（勝山精華高校）まで創立するなど、早くから学び働く環境づくりが整備された。また、福井県は他地域に比べ三世代同居が多く、一家の年寄りが子どもを育てる慣習ができ上がっていたことや待機児童ゼロといった子育て環境の整った地域であることなども、女性就労者を増やす要因につながったものと思われる。その他、地域社会においても、是非はともかく、女性の就労、特に「嫁が働くことは当然」と考える地域風土を備えた地域であったことも1つの要因として挙げなければならない。

8　福井人の暮らしぶり

▼日々の暮らしは慎ましく、一点豪華主義

ここでは、総務省統計局の『家計調査年報』から、福井の暮らし向きについての特徴を挙げてみたい。表1-7は、

表1-7　一世帯当たりの一月当たりの収入と支出（二人以上の世帯のうち勤労者世帯）

＊消費者物価総合指数（持家の帰属家賃を除く総合）

区分				世帯人員（人）	有業人員（人）	世帯主の年齢（歳）	実収入（円）	消費支出（円）	食料（円）	住居（円）	光熱・水道（円）	家具・家事用品（円）	被服及び履物（円）	保健医療（円）	交通・通信（円）	教育（円）	教養娯楽（円）	その他の消費支出（円）	可処分所得（円）	黒字（円）	貯蓄純増（円）	平均消費性向（%）	平均貯蓄率（%）	エンゲル係数（%）
全国	実数	2016	28	3.39	1.74	48.5	526,973	309,591	74,770	18,862	20,730	10,854	13,099	11,295	48,798	19,612	30,133	61,439	428,697	119,106	91,260	72.2	21.3	24.2
		2017	29	3.35	1.74	49.1	533,820	313,057	74,584	18,532	21,164	10,980	13,184	11,506	49,610	19,080	30,527	63,890	434,415	121,358	97,009	72.1	22.3	23.8
		2018	30	3.32	1.78	49.6	558,718	315,314	76,090	18,200	21,771	11,338	13,072	11,973	51,508	19,131	29,838	62,394	455,125	139,811	121,135	69.3	26.6	24.1
		2019	元	3.31	1.77	49.6	586,149	323,853	77,431	19,292	21,838	12,079	12,935	12,662	54,943	18,529	31,948	62,195	476,645	152,792	149,704	67.9	31.4	23.9
		2020	2	3.31	1.79	49.8	609,535	305,811	79,496	18,824	21,696	13,364	10,654	13,068	49,469	16,548	26,824	55,868	498,639	192,828	175,525	61.3	35.2	26.0
		2021	**3**	**3.28**	**1.78**	**50.1**	**605,316**	**309,469**	**78,576**	**19,848**	**21,448**	**12720**	**10,463**	**13,130**	**49,512**	**19,197**	**27,452**	**57,124**	**492,681**	**183,213**	**168,706**	**62.8**	**34.2**	**25.4**
福井市	実数	2016	28	3.28	1.73	51.0	561,423	298,590	71,907	15,269	21,902	9,951	12,781	10,600	36,494	18,771	24,923	75,992	471,785	173,196	128,038	63.3	27.1	24.1
		2017	29	3.58	1.75	47.4	586,534	299,655	81,088	13,624	23,241	9,610	11,034	9,930	42,587	13,831	31,592	63,118	503,581	203,926	170,532	59.5	33.9	27.1
		2018	30	3.54	1.84	49.3	627,568	322,927	75,181	15,544	24,970	9,557	10,500	9,422	62,279	16,222	30,157	69,095	530,572	207,645	187,598	60.9	35.4	23.3
		2019	元	3.37	1.86	50.3	611,545	310,652	76,520	21,264	24,647	12,154	10,293	9,727	49,854	14,810	25,786	65,596	516,477	205,825	234,722	60.1	45.4	24.6
		2020	2	3.30	1.87	52.5	621,170	290,464	80,953	12,866	25,524	12,163	9,073	13,309	44,281	15,505	27,337	49,453	514,865	224,400	207,033	56.4	40.2	27.9
		2021	3	3.39	1.86	50.2	638,683	287,448	75,510	22,100	25,450	12,343	8,930	10,635	43,301	15,413	25,597	48,167	521,799	234,352	202,875	55.1	38.9	26.3

資料：総務省統計局［2021c］.

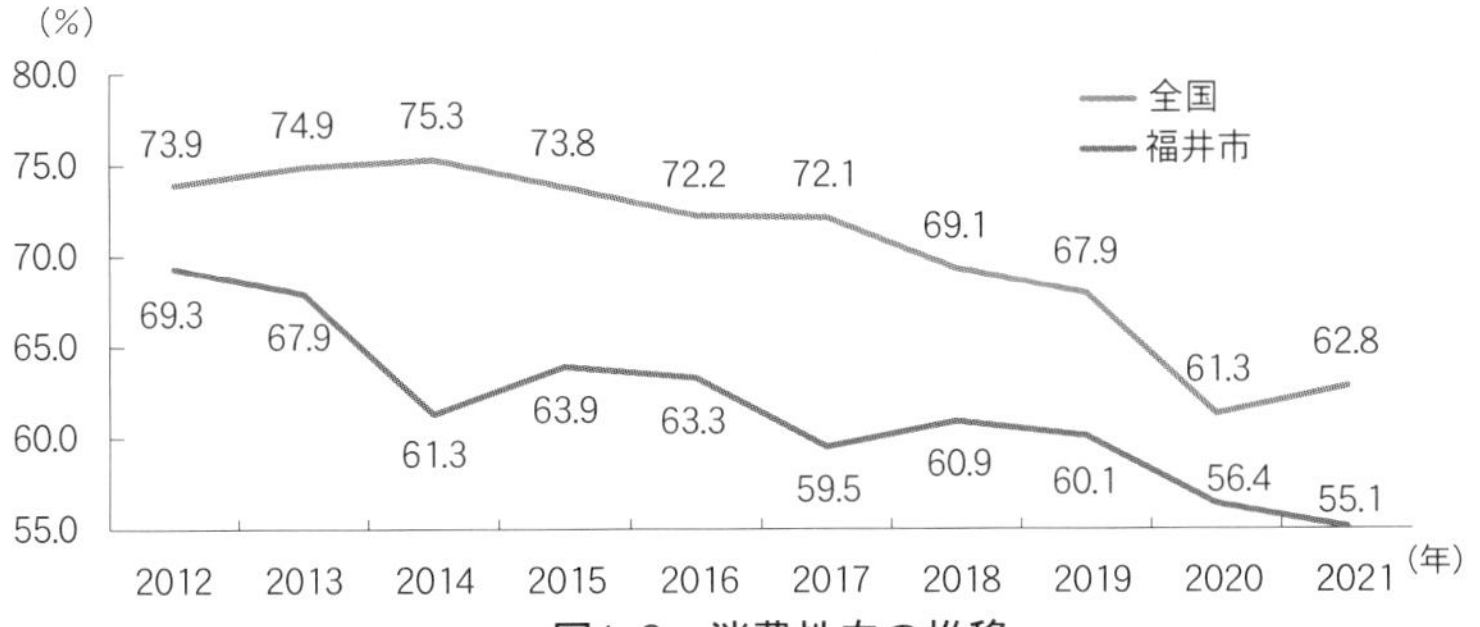

図1-8　消費性向の推移

資料：総務省統計局［2021c］.

一世帯当たりの一月当たりの収入と支出を全国および福井で経年比較したものである。これによると、まず実収入であるが、どの年も全国より福井市が多い。これには、福井の生活スタイルとして共働き世帯や3世代同居（近居）が多いことなどが関係しているのではないか。一方、支出面であるが、実収入とは逆に消費支出は２０１８（平成30）年を除いて、どの年も全国の支出額が多い。その結果、平均消費性向（一世帯当たりの可処分所得に対する消費支出額）をみると（図1-8）、コロナ禍の影響がでた２０２０年以前の２０１９（平成31）年で、全国平均の67・9％に対し福井は60・1％と7・8ポイント低く、過去の推移をみても全国水準以下であることがわかる。実額ベース（２０１９年）でも、消費支出は全国平均の30万９４６９円に対し、福井市は28万７４４８円と2万２０２１円も低く、過去を溯ってもこの傾向に大きな差異はみられない。つまり、これらのデータは、他の地域に比べ慎ましやかな福井人の日々の暮らしぶりを表している。

こうした事実は、供給者側の指標をみても明らかとなる。ちなみに、本県での人口一人当たり大型店面積をみると1・37㎡（全国大型小売店総覧・総務省統計局２０１４年）で全国6位でありながら、その効率を示す人口一人当たり年間販売額は92万円で全国29位と、商業者にとってはすこぶる厳しい現実が見て取れる。

その半面、ある特別の出費に関しては、全国をはるかに上回るケースがある。それは、福井の結婚費用の額である。昔から、結婚費用は名古屋が一番と言われているが、福井の場合も、かつてはそれに負けず劣らず、特に嶺北地方を中心に高額な出費がなされていた。ややデータは古いが、県内のあるシンクタンクが実施した結婚費用実態調査（1996年）では、県内の新婚カップル一組当たりの結婚費用総額は1526万円とでており、これは当時の全国平均（797万円）の約2倍に相当する。

このように、福井県民の生活は、日々の暮らしは〝慎ましく〟、しかし特別の催事には惜しげもなく出費する〝一点豪華主義〟が特徴であり、裏を返せば、いざという時に備えて、日頃から慎ましく過ごす福井県民の暮らしぶりが浮かび上がるのである。

▼歴史から生まれたライフスタイル

では、福井人のこのような暮らしぶりはどのようにでき上がったのか。話は変わるが、旧金津町（現在の福井県あわら市）に浄土真宗8代目宗主蓮如上人が開いた吉崎御坊がある。蓮如上人は1471年からわずか5年ではあるが、この坊舎を拠点に布教を行い、この地に浄土真宗を広めた。そして、いつしか村人はその教えを請うため持ち回りで〝講〟を催すようになったが、これに備えて常日頃から貯えを惜しまず、〝講〟を盛大に執り行ったという。もしかして、今ある福井人の暮らしぶりは、こうした「いにしえ」の習いを受け継いだもの、言い換えれば、歴史から生まれたライフスタイルなのかもしれない。

注

（1）ケッペンの気候区分による温帯気候の一。符合はCfa。気温の年較差が大きく、夏は多雨で冬は乾燥する。本州以南の日本・華中・黒海沿岸・南アフリカ東海岸・アメリカ南東部・南米中東部・オーストラリア東海岸など、各大陸の東岸部に多くみられ、米や小麦のほか多様な農作物が収穫される。温帯湿潤気候。

（2）出典は、どれも気象庁のデータによる。

（３）福井の方言については、fuプロダクション［2020a, 2020b］『福井弁を徹底解剖』前編および後編を参考にして取りまとめた後、加藤和夫金沢大学名誉教授の監修を受けた。

（４）かつて、２０１１年に発生した東日本震災までは、**表１-５**の２０１０年産業別構成比からもわかるように、電気・ガス・水道事業も19・４％を占め、福井県の主要産業に含まれていた。

第2章　地域発展のルーツを探る
――越前を中心に――

前章で紹介したように、福井（越前と若狭）は極めて小さな地域ながら、そこには越前を中心に歴史ある多様なモノづくり産業が生成している。鉄器加工、越前・若狭の塩づくり、712（和銅5）年にこの地に持ち込まれたという織物業、1500年の歴史を持つ越前漆器や越前和紙、そのほか若狭瑪瑙細工、越前焼、越前打刃物、若狭塗、越前箪笥などの伝統的工芸品産業、笏谷石《しゃくだにいし》、金、銀などの鉱山開発、鋳物業、そして明治期に産声をあげた眼鏡枠産業など、この地には数多くの歴史ゆかしき産業が継承されているのだ。では、なぜこの地域には歴史ある多様な産業が引き継がれてきたのであろう。本章では、各種産業の発展を歴史的、文化的側面からアプローチし、こうした地域発展のルーツを探ってみたい。

なお、本章では日本の歴史区分を古代（大和時代、飛鳥時代、奈良時代、平安時代中期）、中世（平安時代後期から鎌倉時代、南北朝時代、室町時代、戦国時代、安土桃山時代）、近世・明治期（1603年の江戸幕府の創立から明治時代）の3つに分け、その時代に起きた代表的な産業の生成について振り返る。

1 古代のモノづくり

――鉄、塩、農業、漆器、和紙、笏谷石――

▼「継体天皇」と産業の生成

福井市中心部にある足羽山の中腹付近に達すると、笏谷石でできた4m余りの巨大石像に出くわす。これは太古の昔、大和の第26代天皇として即位した「継体天皇」像で、1884（明治17）年、内山基四郎を中心とした石工たちが、多くの伝説に語られる天皇の業績を顕彰するために立てた像であるらしい。今では、足羽山公園三段広場のシンボルとして広く市民から親しまれている。福井特に越前を語るには、まず「継体天皇」を語らずして始まらない。それぐらい越前では「継体天皇」の存在は大きいのである。

「継体天皇」とは、一説によると母・振媛の生誕の地、三国《みくに》（福井県坂井市三国町）に近い越前国高向《たかむく》（福井県坂井市丸岡町高田付近か）で50年あまりを過ごした後、507（継体1）年に58歳で即位したヤマト国の天皇らしい。一方、「継体天皇」が育ったといわれる「越国」とは、現在の福井県敦賀市から北は新潟県に達し、山形県庄内地方の一部にもかかるほど広大な地域に設けられた地方区分としての国（令制国）である。6世紀の段階ではイズモ（出雲、因幡、伯耆）やタニハ（丹波、丹後、但馬）と並び日本海側の重要な拠点の1つだったと聞く。その「越国」は、7世紀後半に越前国、越中国、越後国に分割され、その越前国の国府が旧武生市（現在の越前市）にあった。国府とは、国が政務をとる中心の場所を指している。また、3国に分割された時の「越前国」の領域は、現在の石川県と、福井県の北部を含み、後の敦賀郡、丹生郡、足羽郡、大野郡、坂井郡、江沼郡、加賀郡、羽咋郡、能登郡、鳳至郡、珠洲郡の11郡にわたる広大な面積であったといわれる。その後、越前国からは718（養老2）年に能登国（羽咋郡、能登郡、鳳至郡、珠洲郡の4郡）が、さらに823（弘仁14）年には加賀国（江沼郡、加賀郡）が誕生することになる。つまり、現在の石川県のルーツは福井県（越前）から生まれたことになる（図2-1）。

一方、第26代天皇として「継体天皇」が即位した背景を辿ると、福井県の歴史書の中では以下の4つの理由を挙げることが多い。

第1の背景は、「継体天皇」が、鉄と馬の生産にたけていたこと。福井市にある天神山七号墳など福井県嶺北地方の古墳からは数多くの刀剣が見つかっている。では、「継体天皇」は、どのようにして製鉄技術を手に入れたのか。

そもそも、鉄文明は、古墳時代（3世紀半~7世紀末）に朝鮮半島を経由して日本列島に伝来したといわれる。鉄に類似したものに青銅があるが、この青銅と鉄はほぼ同時期に日本へ伝わり、少なくとも古墳時代の末には鉄が青銅をしのいで、青銅は祭司用に、鉄は農具・武具用にと、用途が明確になったと考えられている。鉄は硬度、耐久度において青銅を遥かに上回る。その鉄文明の恩恵をいち早く受け入れたのが、日本列島では九州北部、出雲、そして「継体天皇」が育った越前あたりなのである［西崎・坂田 2014］。

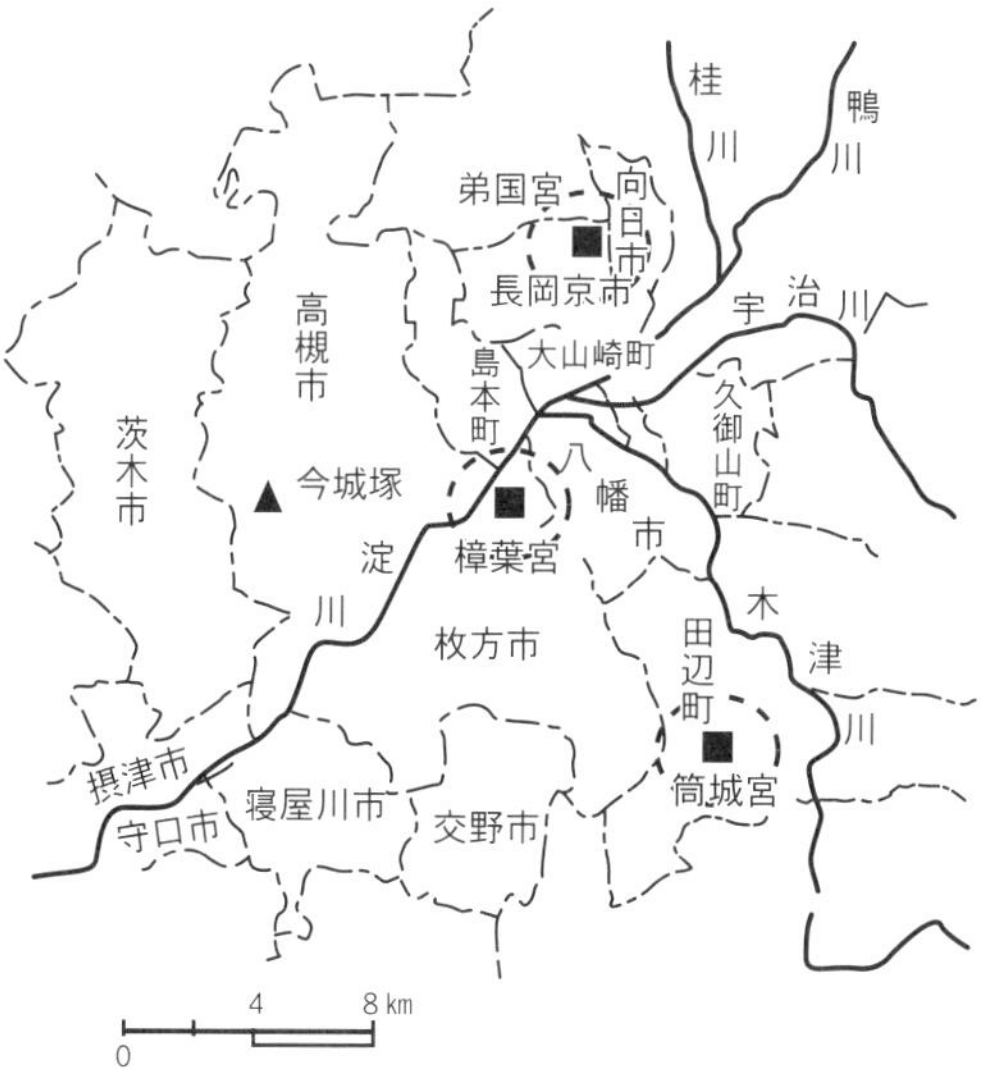

図2-1　継体天皇の「遷都」概要図

資料：福井県編［1993］.

「継体天皇」は507（継体1）年の即位後、すぐには大和に入らなかった。なぜなら、「継体天皇」は、内心、自分が天皇に選ばれたことに疑念をもっていたためである。この時代、政権の中心地だった大和の豪族たちは大きく東西2つの勢力に分かれていた。大和盆地の東側に基盤をもって「継体天皇」を推挙した大伴氏、物部氏といった豪族に対し、西側には、彼らと一線を画する巨大豪族、葛城《かつらぎ》氏の拠点があった。葛城氏は10代前の第16代仁徳天皇の頃から歴代天皇に妃《きさき》を出し続けており、新参者の「継体天皇」は葛城氏からは到底認められる存在ではなかったと考えられている。

　そこで、「継体天皇」が最初に宮をつくった地は、琵琶湖から流れる淀川のほとり、河内の国、「樟葉宮《くずはのみや》」(1)だった。継体天皇はここで即位しおよそ5年過ごすことになる。その後も「筒城宮跡《つつきのみや》」(2)、「弟国宮《おとくにのみや》」(3)を築くが大和ではなかった。

　一方、近年の発掘からは、「継体天皇」があえて大和に入らなかったという説も浮かびあがっている。それを示す手がかりが、「継体天皇」の最初の拠点、「樟葉宮《くずはのみや》」に近い大阪府交野市にある森遺跡から見つかった。平成になって本格的発掘調査が行われた森遺跡からは「継体天皇」が即位したときから稼働したとされる鍛冶工房の跡が見つかったのだ。鉄を加工する鍛冶炉、炉に風を送る鞴《ふいご》の一部も発見されている。

　片野市教育委員会の話によると、この付近は古墳時代の鉄器を加工していた遺跡が東西約2㎞、南北500mの範囲でどこをほっても鉄器を加工した跡があるらしい。その事実から、この場所では6世紀に入ってから鉄器を集中的に生産していたことがうかがえる。当時、倭国に製鉄技術はなく、朝鮮半島から輸入した鉄の地金を加工して使っていたのであろう。

　こうした事実は、戦略物資である鉄器生産の地が、継体天皇の最初の拠点「樟葉宮《くずはのみや》」の近くにあったことを物語っている。その後、「継体天皇」は宮を2つの箇所に移すが、いずれも淀川水系にあった。淀川は大阪湾に滙いでおり、ここから瀬戸内海に通じ朝鮮半島の伽耶《かや》につながる。伽耶は朝鮮半島における鉄の産地。つまり、「継体天皇」は戦略物資である鉄の輸入ルートと加工の場を集中的に納めていたのだ。そして、526年、大和に入り、奈良盆地南東部の「磐余玉穂宮《いわれのたまほのみや》」において、大和の大君となった。即位から20年近く後のことである。

　中央進出に欠かせない馬についても、「継体天皇」は早くから馬の飼育にたけた河内地方の豪族で馬の飼育にたけた河内馬飼首荒龍《かわちのうまかいのおびとあらこ》とつながりを持っていたことが知られている。また、福井県坂井市丸岡町の椀貸山二号墳《わんかしやまにごうふん》から出土した馬具からも、馬の生産にたけていたことを想像させる。

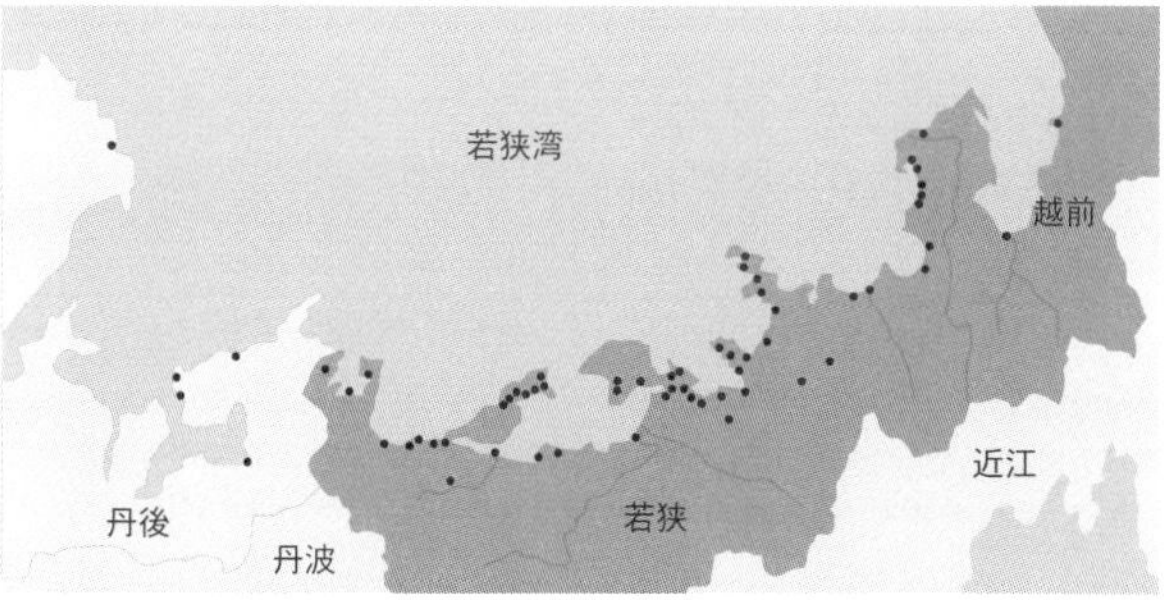

図2-2　若狭湾沿岸の製塩土器の出土分布

資料：福井県編［1998］より抜粋.

第2の背景は、角鹿《つぬが》、現在の敦賀市あたりを主な集散地とした越前、特に若狭一帯に広がる塩の生産をあげなければならない（図2-2）。『日本書紀』によると、前代（第25代天皇）の武烈《ぶれつ》天皇の世に、大伴金村《おおとものかなむら》によって滅ぼされた平群真鳥《へぐりのまとり》は、あらゆる塩が天皇のご膳に上がらぬよう呪いをかけたとある。ただ、角鹿の塩だけは呪いをかけ忘れたために、その塩だけが天皇のご膳に上がったことを伝えている。角鹿の塩とは敦賀湾[4]の塩だけでなく、この地に水揚げされる越前・若狭一帯の塩を指していたのであろう。鉄の産地、朝鮮半島の伽耶においても、鉄との交換品として米、木材、それに塩を持って行ったらしい。こうした背景は「継体天皇」が勢力を伸ばすための十分な要因となったのではないか。

第3の背景は、「越国」が九頭竜水系をベースとした肥沃な土壌を有していたことで、農業技術や灌漑技術の発展を促したこと。これにより、越前平野の農業生産力は飛躍的に増大し、「継体天皇」の強大な勢力を支える要因となったことが考えられる。越前における「継体天皇」説のうち大部分は治水に結び付いた話が多く、それらすべてが真実とは言えないまでも、少なからず5世紀以降における九頭竜水系の農業の発展を反映させるものであったのではなかろうか。『福井県史通史編1』[5]［福井県編 1993］によると、越前における「弘仁式」、「延喜式」における公出挙稲《くすいことう》の収穫量は、「弘仁式」[6]が全国第4位、「延喜式」[7]が全国第2位となっている（表2-1）。これが当時のコメの総収穫量をそのまま示すものではないが、越前より上位に位置する地域が律令制以後に発展した地域

表2-1　「弘仁式」「延喜式」にみえる公出挙稲《くすいことう》

地域	「弘仁式」束	地域	「延喜式」束
陸奥	1,285,200	常陸	1,846,000
肥後	1,230,000	越前・加賀	1,714,000
上野	1,140,000	陸奥	1,582,715
越前	1,095,000	肥後	1,579,117
播磨	1,000,000	播磨	1,221,000

注1：同資料は平安時代作成されたが，作成年は不明.
注2：『弘仁式』主税上は断簡による前欠のため，畿内・東海道の諸国および近江国の数値は不明．したがって，それら以外の確認できる国を多い順に列挙した.
注3：『延喜式』の越前国は 1,028,000 束，加賀国は 686,000 束である.
資料：福井県編［1993］.

であることを考慮すると、「継体天皇」が即位した6世紀ごろには越前が第1位であったことがうかがえる。つまり、越前の米収穫量は、この頃から全国屈指の取れ高を誇り、結果として「継体天皇」の経済力を大きく高める要因となったのであろう。

第4の背景は、やはり「越国」を含む日本海側では、古くから大陸との交流が盛んな地域であったことを挙げなければならない。和歌山県の隅田八幡神社《すだはちまんじんじゃ》に、朝鮮半島の王、武寧王《ぶねいおう》が男大迹王《おほどのおおきみ》に送ったとされる品、「国宝・人物画像鏡」が残されている。この鏡の背面には、興味深い文面が刻まれており、なんと送り主の名は斯麻《しま》、百済の武寧王で男大迹王の長寿を願ってこの銅鏡を送ると記されているのだ。送った年は、西暦503年。男大迹王、すなわち「継体天皇」が後継者に選ばれる前のことである。この事実から、「継体天皇」は、即位前より百済の武寧王とつながりを持っていたと考えることはできないか。『日本書紀』には、地方にいた豪族とだけ記されている男大迹王、しかし、その実像は各地の豪族と朝鮮半島の百済に支えられる大実力者だったのではないか。では、百済の武寧王との個人的な友好関係、国際的なつながりは、どのように形成されたのか。一説によると、「継体天皇」が若いころ、即位する前に既に朝鮮半島にわたり武寧王と親しかったとする考えもある。越前は、古くから敦賀、三国の湊を有し、大陸との交易が盛んであったと聞いている。現在の敦賀市にも、新城《しらぎ》神社、信露貴彦《しらぎひこ》神社といった大陸とのかかわりのある神社が残っており、天神山七号墳（福井市）からは朝鮮半島南部製の金の耳飾りが出土し、日本松山古墳（永平寺町）からも韓国・高霊の池山洞《ちさんどう》32号古墳出土の冠と類似する銀鍍金《ぎんときん》の冠が出土している。このことは、〝いにしえ〟より越前が朝鮮半島南部と深い交流があったと考えてもなんの不思議もない事実として受け入れることができるのではないか。

男大迹王、すなわち後の「継体天皇」は、こうした４つの要因により勢力を伸ばしていったに違いない。

▼越前漆器と越前和紙

全国には現在２３７の伝統的工芸品産業があるが、そのうち越前や若狭には７つあり、そのうち５つの伝統的工芸品産業が越前にある。福井は小さい地域ながら伝統的工芸品の数が多く、この事実からも全国的に見て福井はこれら産業が集中立地しやすい地域であったといってもよい。このうち、「継体天皇」と深いつながりがある伝統的工芸品産業としては、越前漆器や越前和紙が挙げられる。

越前漆器について、越前漆器協同組合では越前漆器の起こりを以下のように述べている。「古墳時代の末期にあたる６世紀、「継体天皇」がまだ皇子のころ、こわれた冠の修理を片山集落（現福井県鯖江市片山町）の塗師に命じた。塗師は、冠を漆で修理するとともに黒塗りの椀を献上したところ、皇子はその見事なできばえにいたく感動し、片山集落で漆器づくりを行うよう奨励した。」と、これが今日の越前漆器の始まりと伝えられている。この片山地区には、漆器づくりに欠かせない「木地師《きじし》（轆轤師）」を育てた惟喬《これたか》親王を祭る片山漆器神社があるが、この地で育った「木地師《きじし》（轆轤師）」たちは、惟喬親王の生誕の地、近江を根元地として、全国の山々を渡り歩き、時の権力者からの木地技術の免許状を拝領して稼業することを誇りとしたようだ。大野・勝山、今庄や池田・鞍谷の山深い地に良材を求めて近江からの木地師集団が移住して来ると、この片山の地に古くから伝わる漆掻き技術と轆轤による加工技術とが結びつき、現在に至る漆器業が誕生したといわれている。

一方、越前和紙については、遡ること１５００年前。越前市岡太《おかもと》地区を流れる川の上流に現れた女神が、村人に紙漉きの技術を教えたことが発祥とされている。この女神は「継体天皇」とかかわりの深い人物で川上御前として崇められ、岡太神社の祭神となった。紙の神様を祀っているのは全国でもここだけという珍しい神社である。「継体天皇」とかかわりの深い川上御前は、朝鮮からの渡来人として越前に紙漉き技術を伝えたとする考え方が一般化しているが、「継体天皇」を通して朝鮮半島からの技術の伝承があったことがうかがえるほか、越前には、紙の原料となる楮、みつまた、雁皮などの資源が豊富であったことも発祥につながったのではないか。また、「継体天皇」の治水事業によって良質な水が得られたことも発祥に深く関係しているのかもしれない〔西崎・坂田2014:176-177〕。

その他、古代に生まれた伝統的工芸品産業としては、越前箪笥、若狭瑪瑙《わかさめのう》がある。しかし、越前箪笥は法隆寺にある国宝、橘婦人厨子（7～8世紀）の台座に「越前」と筆で墨書されていたことがわかっているが、実際に越前箪笥の文化が始まったのは江戸時代後期であること。若狭瑪瑙も奈良時代、大陸からの渡来人がこの地に住み着き、当地の原石を使って玉造りを始めたのが起源とされるが、現在にわたる技法が確立されたのは江戸時代に入ってのことである。また、「継体天皇」とのかかわりも不明であることから、ここではあえて取り上げない。

▼笏谷石

越前の特産物で古墳時代から現代まで幅広く利用されてきたものの1つに笏谷石《しゃくだにいし》がある。福井市の足羽山一帯が主な採掘場で、北西側山麓部の笏谷地区の石質が優れていたことから、笏谷石という名がついた。この石は約1700万年前の火山活動で降りつもった灰が固まってできた火山礫凝灰岩《かざんれきぎょうかいがん》からなる火山層から採掘される石であるらしい。水に濡らすと深い青色に変化することから別名「青石」とも呼ばれる。柔らかく細工がしやすいという特徴を持ち、墓石や石仏の材料、塀などの利用のほか、灯篭・鳥居・狛犬などの信仰上の物、石壁・石瓦・敷石・石垣・橋脚・石樋や、民家の生活用品としての火鉢・ばんどこ（火箱）・風炉・大鉢など実に多彩な製品の素材として使用されていた。実は、この笏谷石の採掘を奨励したのも「継体天皇」であったらしい。笏谷石は「継体天皇」が発見し、その利用方法を民に教えたものであるという伝説もあり、越前の古墳から出土する石棺はほとんどが笏谷石製である。こうして、「継体天皇」の奨励により広く普及した笏谷石は、古墳時代から現代まで、越前の重要な特産物の1つとして幅広く使用され、越前人の生活や地元文化と深く結びつきながら、なくてはならない産物として今に至ったのである。

いずれにせよ、古代、越前で起きた多様な産業の発祥に関しては、様々な形で「継体天皇」の活躍が深くかかわっていたことが確認できる。そして、これらは越前の「閉鎖的産業空間」の中で、着実に地域の産業として根付いていったのであろう。同時に、「継体天皇」の産業おこしが、現代の産業を築く原動力となっていたことも忘れてはならない。

2　中世のモノづくり

――織物業、越前焼、農業、鋳物業――

▼織物業

越前の産業といえば、だれもが織物業を挙げるであろう。越前での織物業の起こりについて歴史は古く、一説によると、その起源は西暦2、3世紀ごろ大陸から集団移民してきた人々が、越前、若狭地方にも移り住むようになり、その家族（妻や娘達）によって絹織物が織られるようになったのが始まりと聞く。文献の記録では、『続日本書紀』の中に、712（和銅5）年、元明天皇が越前ほか20カ国に命じて、初めて綾錦絹織物の生産を命じていたことが記されている。905（延喜5）年には、越前、若狭など36カ国から絹帛《けんぱく》を朝貢させたことが史実にあり、若越2国は絹帛朝貢国として、既に全国有数の絹織物産地に位置づけられていたことが知られている。

なかでも生糸・絹織物は中世以降にその技術が広まり、やがて越前では福井などの都市部で比較的高級な絹織物の生産が盛んになった。『朝倉始末記』〔藤居 1994〕によると、1568（永禄11）年、足利義昭を一乗谷に迎えた朝倉義景は、練《ねり》貫《ぬき》(8)10面、白綿《はくめん》10把を献上したことが記されている。

一方、木綿の本格的な生産は中世末からといわれるが、畿内・東海地区が先進地であり、北陸は気候の面から生産が遅れ、越前・若狭では、近世初期にはまだ栽培が行われていなかったといわれている。

▼越前焼

越前焼は、平安時代末期頃から宮崎村小曽原地区を中心として、朝鮮半島から伝わった須恵器生産の経験を基に東海地方の瓷器（灰釉陶器）技法を導入して焼かれはじめた。そのころから、製品には他の地方と同じく、壺、瓶、すり鉢などの生活器が主流をなしていたが、他には瓶水、水柱、経筒、水瓶など宗教関係の製品も焼かれていたという。また、当時から「登り窯」と呼ばれる全長十数mの大規模な窯が使用され、技術面では燃焼室と燃成室を分け燃成の効率を高めるなど他の地方に劣らない優れた特徴を有していた。こうした越前焼の量産体制がいつごろ行われるようになったのかは今のところはっきりしない。しかし、遅くとも戦国期末までには確立していたものと思われる。それは実態のよくわからない中世の諸産業の中で数少ない具体例を示すものであり、また中世後期の越前における産業発展の典型例といえる。

鎌倉・室町時代には越前焼の全盛期を迎えるが、特に15世紀の朝倉時代には、それまで北陸から東北地方の日本海側一円に流通していた珠州焼に代わり、北は北海道から西は山口県に至るまで販路を持ち、信楽、備前、丹波、瀬戸、常滑と並んで越前が日本六古窯の1つとして栄えた。しかし、あくまで民衆の焼き物中心に焼き続けられた越前焼は、桃山時代に入り茶陶など付加価値の高い陶器や磁器が生産されるようになると、これらに押されて徐々に衰えていく。

越前焼が茶陶を積極的に生産しなかった理由は、信楽焼や備前焼に比べ鉄分が多く派手さに劣るなど陶土自体が茶陶に合わなかったためであろう。こうして江戸時代には現在の織田（現福井県丹生郡越前町）の一部で越前焼が生産されていたものの、かつての勢いはなく、次第に忘れ去られていった。

▼農業

中世においては農業の集約化も顕著に進んだようだ。例えば、室町期の太良荘の名主泉大夫の財産目録には、様々な貨財とともに「からすき」やそれを曳かせるための「牛三疋」が書き上げられている。田地の耕耘などに際しては自己の下人に加えて周辺の小百姓などの農民をも労働力として編成していた上層農民の農業経営のあり方もうかがわれる。また、室町期には、犂・鍬などの鉄製農具や耕耘用の牛・馬を比較的容易に入手できる条件は整い、越前・若狭においても鉄製農具の使用と牛馬耕はかなり広範に展開したようだ。

また、中世には稲作の技術も向上したとみられるが、なお自然条件の影響を受けやすい不安定な側面を強く持っており、越前・若狭の農民たちは水害・干害・風害・虫害・獣害・塩害などの災害に悩まされ続けたようだ。このような自然災害のほか、中世の農業生産をおびやかし続けたのはうち続く戦乱であり、農村はしばしば戦場となった。

▼鋳物業

金属の成形には鍛造と鋳造があり、これに従事した職人を鍛冶と鋳物師といった。[9] 中世の作品として、刀剣や梵鐘・鰐口《わにぐち》[10]などが美術工芸品として注目されている。

朝倉氏の城下町福井市一乗谷からも、鍛造の鉄製工具や鋳物の鉄鍋が多数出土している。鉄製品は消耗も早く、補修や研ぎが必要でそうした職人に対する需要もあった。一乗谷の町屋のなかには炉・作業場の跡と金属を溶かすために使う坩堝《るつぼ》、鞴《ふいご》の羽口、鉱滓《こうさい》などが出土しているものがあり、鉄や銅の鋳造が行われていたことが確認されている。また、一乗谷南陽寺跡からは、梵鐘の鋳型の一部が出土しており、現場で鋳造されていたことがわかっている。

では、こうした鍛冶や鋳物師はどのような地域に根付いていったのであろう。早稲田大学の宮下史明名誉教授によると、越前の鋳物業については中世から近世にかけて吉田郡芝原（現永平寺町松岡）、今立郡五分市（現越前市）、南条郡島村（現南越前町）、敦賀郡松原（現敦賀市）で営まれていたようだ。当時の鋳物産地は、城下町・港町・門前町など領国経済の中心地にある場合が大部分であった。その立地条件を整理すると、原材料の入手の容易さ、鋳型の製作に必要な鋳物砂・粘土の豊富さ、燃料としての木炭の入手の難易、市場への近接性、その他領主の保護などの社会経済的要因によってその立地が左右されたようである。その中でも、鋳物は重量が重く注文生産が多かったため、市場への近接性が最も重要な要因となった。また、良質な鋳物砂の存在も重要で、多くの場合は良質の川砂を必要とした。そのため、立地環境としては消費地である城下町に隣接した川沿いの立地が占める場合が多かったようである。越前の鋳物産地もこの例外ではない。敦賀は城下町であり日本海の重要な港町であったし、永平寺町松岡は一時期城下町であったこともあり、九頭竜川を通じて福井に近接していた。五分市は子丸城が置かれたこともあり、府中（越前市）に近接していた。南条郡島村は五分市の近くにあり越前市に近接していた。松岡は九頭竜川、島は日野川、五分市は日野川の支流の浅水川、敦賀は黒河川に沿っていたのである。

では、これら産地はいつごろから始まったのであろう。宮下名誉教授によれば、越前の産地は明治に全て転廃業してしまい、その歴史を探ることは非常に困難と述べている。しかし、すでに存在する永平寺鐘は１３２７（嘉暦２）年の作であり、作風から中央鋳物師の作とは考えられず越前の鋳物師の作であることを考慮すると、越前の鋳物業の歴史は鎌倉時代にまで遡ることができると述べている[11]。

こうした鋳物業も全国同様、明治期にかけ大半が没落していく。この要因としては、国民の生活様式の変化、生産技術の変化、製品の変化などが挙げられている。１９０７（明治40）年の越前の鋳物製造業者数は、戸数４軒、職工39名、生産高は３万貫に過ぎず[12]、その衰退ぶりがうかがえる。

現在、鋳物に関連するモノづくり企業は、福井県全体で20社余りを占める。その大半は従来からの鋳物師の流れを汲む人々ではない。とはいえ、現代の鋳物メーカーが中世から栄えた越前の鋳物業とは全く無縁とは言い難く、この間に何らかの技術的な伝播があったのではないだろうか。

3 近世・明治期のモノづくり
――漁業、農業、鉱工業――

次に、近世の始まりから幕末にかけての主要産業の特徴を、福井県編『福井県史通史編4　近世二』[1996] をもとに振り返ってみよう。

▼近世、幕末にかけての主要産業(13)

本書によれば、近世、ことにその前半、越前敦賀・若狭小浜の２つの湊町は、全国的にも大いに脚光をあびていたことが記されている。北国の領主たちは、手に入れた年貢米を中央市場である上方へと輸送し、それで得た金銀で鉄砲や高級織物などの手工業品を買い求めていた。これを中継したのが、敦賀・小浜の湊町であったらしい。特に、17世紀の中ごろ、敦賀には年間２０００艘を超える船が入津し、米だけで60万俵あまりが陸揚げされた。たぶん、行き先は琵琶湖を通って大津・京都といったところであろう。ただ、この繁栄も17世紀末に西廻航路が開かれたことでかげりをみせはじめる。しかし、近世後期には、小浜の古河屋、越前河野浦の右近家など、いわゆる「北前船主」が活躍し、この地は幕末まで全国流通に深くかかわっていたらしい。

そもそも北前船とは何か。蝦夷地と大阪を西廻り航路（日本海航路）で結び、船主自らが立ち寄る港々で商品を買い付けながら、それら商品を別の港で販売し利益を上げる買積み廻船のことをいうらしい。

江戸時代、武士の給料は米を単位として与えられていたが、北海道の松前藩では米が取れないため、家臣には漁場が与えられた。家臣は、自分の漁場で取れた漁獲物を本州の商人に売り、生計を立てていたが、商いに熟れない家臣たちは商人に漁場での商売を任せ、商人から運上金を取り生計を立てるようになった。そこでできた制度に場所請負制というものがある。これは、松前藩の家臣が自分の漁場での商いを商人に任せた特権制度であり、場所請負人とは特権を与えられ運上金を収めた商人のことを指す。江戸前期から江戸中期まで場所請負人の特権を握った近江商人は蝦夷地の産物を荷所船に乗せて敦賀や小浜の港に運んだ。この荷所船の船頭として越前や加賀の船乗りたちが雇われていたのである。しかし、江戸時代中ごろになると、蝦夷地に進出してきた江戸商人によって近江商人が衰退していく。この近江商人の衰退により、荷所船の船頭をしていた越前や加賀の船乗りたちは、これまでの経験を活かして、自分で船を持ち買積みという商いを始めるようになったのである。これが北前船の始まりともいわれる。各地を寄港しながら自分で安く商品を仕入れ、高く売れる港で売却する北前船の買積みという商い方法は、運賃積と異なり大きな利益を生み、主に西廻航路で蝦夷と大阪を結ぶ北前船の時代は明治の中頃まで続いたという。

では、北前船は何を運んでいたのか。大阪から蝦夷地に向かう荷を下り荷と呼び、大阪や下関の港では、竹、塩、油、砂糖、木綿、紙、たばこなどの日用雑貨を、小浜や敦賀の港では、縄、むしろ、蝋燭など、新潟や坂田の港では米などを積み込んだという。逆に、蝦夷地から大阪に向かう荷を上り荷と言い、カズノコ、コンブなどの海産物やニシンを積み込んだ。北前船の一航海の利益は、下り荷と上り荷を合せた収益から、船乗りの給料、食費、船の修理代を差し引いたものであった。１８７２（明治５）年の「八幡丸」の収支報告を見ると、収入は下り荷が２２３両、上り荷が１１６９両、その他１４６両、合計１５３８両。支出は７２４両で、差し引き８１４両の利益が出ている。こうしてみると、上り荷の利益が極めて大きいことがわかる。当時、蝦夷地で取れたニシンは田や畑の肥料として大量に使用されていた。千石船一航海１０００両と呼ばれた北前船の収益の多くは、上り船のニシンだったのである。

話を右近家に戻そう。旧河野村にある右近44家は、いったいいつ頃誕生したのであろう。一説によれば、初代、右近権左衛門が一軒の家と一槽の船を持ち、船主として名乗りを上げたのが１６８０（延宝８）年の頃と言われる。その後、右近家の廻船経営が明らかとなるのは、江戸時代の中頃、天明年間（１７８１～１７８９年）、７代目権左衛門の頃からである。

７代目は蝦夷地と敦賀・小浜などを往復し物資を運ぶ近江商人の荷所船の船頭をする傍ら、自分で物資を売買する買積み商いを始め、次第に北前船主としての道を歩み出したのであった。こうして北前船の基礎を築いた8代目、繁栄を極めた9代目と続き、明治の中頃まで続くのであった。

いずれにせよ、北前船の船主が当地に存在していたという事実は、15～16世紀、あのコロンブスやマゼランが活躍した大航海時代を彷彿させるものであり、さらに、小浜、敦賀、三国など大陸文化伝来の玄関口として栄えた地が存在していた事実と合わせて考えれば、福井県そのものが古より広域ネットワークの拠点として、経済、文化、人的交流などの面で極めて重要なポジションを担っていた事実を認めなければならない。

このように海を生業の場とした越前・若狭の浦々は、近世前期には中世以来の漁業の先進性を背景に、城下町の成立による新たな需要を得て大きく発展したのである。

このように、地域の特徴である「閉鎖的産業空間」は、近世・明治初期にかけ北前船の出現により、流通面では革新的な産業空間へと変化したかに見えたが、明治中期以降は、鉄道の整備などによる輸送手段の変革により、モノづくりは無論、流通についても従来型の「閉鎖的な産業空間」へと戻っていく地域の姿が見て取れた。

また、古代以来の塩づくりも盛んであったが、18世紀に入ると瀬戸内の塩に圧倒されるようになり、漁業もその勢いが失われていく。塩づくりが衰退した要因はというと、そもそも越前・若狭の製塩法は、塩田に桶で汲み上げた海水をまき、夏の太陽熱と風によって水分を蒸発させ、塩の結晶が付着した砂をかき集め、それに塩水をかけて濃い塩水を採り出し、それを窯で長時間煮詰めて塩を採り出すという、いわゆる揚浜式であったと聞く。こうした塩づくりには、塩に炊き上げるための燃料（当時、燃料になる木々を塩木と呼んでいた）が大量に必要となったが、この塩木を確保するには大きなコストと大変な苦労をともなった。こうした中、17世紀の終わりになると、気候条件に恵まれ、また潮の干満の大きい瀬戸内海沿岸で潮汲みや潮まきの作業のいらない入浜式の製塩が盛んになり、そこで生産された安価な塩が、これより少し以前に開かれた西廻り航路（北前船）により越前・若狭にも大量に出回るようになったという。この結果、越前・若狭の浦々の塩づくりは大きな打撃を受け、徐々にこの地域から塩づくりが衰退していったのである。

▼漁業・農業

こうしたなか、一方では新たにサバやカレイ漁がさかんとなり始め、塩づくりに代わって油桐の栽培が急速に伸びて若狭の特産となっていくのであった。そのほか若狭ぐじ、サバ、若狭かれいなどが水揚げされ、鯖街道を通り畿内の大消費地へと運ばれていたことは言うに及ばない。また、若狭では、鎌倉時代から生産が始まった〝へしこ〟や、〝熊川葛〟、〝なれずし〟、〝若狭うなぎ〟などの生産も勢いを増している。

一方、農村に目をむけると、近世には越前・若狭ともに秀吉から厳しい太閤検地が行われたが、それでも17世紀中は人口増もみられ、生産力の増加がうかがえた。ただ、18世紀以降は、凶作や飢饉が続発し停滞していく。これは、越前・若狭に特徴的なことではなく全国的な状況である。

▼鉱工業

また、この時期、鉱工業の進展も目覚ましく、例えば、鉱山開発の場所として、今立郡、南条郡、坂井郡、大野郡などに金山の跡が、丹生郡、今立郡、南条郡、大野郡などに銀山の跡が残っている。16世紀中ごろより、全国各地で金銀山が開発されたが、その理由をたどれば、それまでの戦国大名の領国経営を中心とした経済から全国的な商品流通経済の拡大にともなう当然の流れといってよいかもしれない。

そのほか、工業製品としては、奉書紙の名が代表する越前五箇（旧今立町の岩本、不老、大滝、定友、新在家）の越前和紙の生産は言うに及ばず、越前打刃物などの生産も活況を呈した。鉄と銅を赤く熱し槌で打って槌接し、銅に焼を入れて硬くし、研磨して刃をつけて仕上げる。近世における越前打刃物は鎌鍛冶中心で、越前鎌とも呼ばれた。その他、旧松岡町（現永平寺町）や旧今立郡五分市（現越前市）、旧南条町（現南越前町）、旧坂井市三国町（現坂井市）、敦賀市などでの鋳物業、山地に自生するトチ、ケヤキ、ミズメ、ブナ、ヒノキなどの木材を鉋《かんな》、銓《せん》、鑿《のみ》などで加工して、椀、膳、盆、杯、杓子、玩具などの日用木器具をつくる、いわゆる木地師なども数多く存在した。その他、大麻や苧麻（「ちょま」と呼びイラクサ科の多年草で衣料や漁網、莫蓙の縦糸、蚊帳用糸、苧縄用などに加工して使用されていた）や真綿、生糸・絹織物、木綿、桐油、越前焼、砥石《といし》、笏谷石などの数多くの特産物が生産されていたと記されている。特に、笏谷石は、17世紀後半に西廻航路が整備されると、北へ向かう船のバラストを兼ねて多くが運ばれ、土木・建築の一般商品として、遠くは函館や江差あたりまでも規格化され販売されたという。

このように、近世、幕末にかけて、越前・若狭では農業以外の商工業が活発に営まれ、これらの生産物は北前船などの広域ネットワーク整備により全国的な広がりを見せていたことがうかがえる。ただ、若狭の塩づくりのように北前船の繁栄により、それがもとに衰退していく産業があったことも忘れてはならない。

▼明治初期における主要産業⒁・商品流通経済の進んだ地域

福井県は明治に入って、分離、統合、時には消滅という危機的状況を乗り越えながらも、1681（明治14）年に現在の福井県とほぼ同じ地形の県域をつくりあげていった。では、こうした歴史的背景の中で、福井県が誕生した明治初期における本県の産業はいったいどのような特徴を持っていたのか。以下では、福井県編『福井県史通史編5　近現代一』［1994b］を紐解きながら振り返ってみよう。

本書では、明治初（1868）年の福井県下農村社会における諸物産の生産状況を検討するにあたり、北陸3県の概観が述べられている。その基礎となる資料は、明治7（1874）年の「府県物産表」であるが、それによると北陸3県の状況について、まず米の生産高では、新潟県など主要産出17県のうち敦賀県（福井県）が12位、石川県が10位、新川県（富山県）が4位となっている。また、菜種では、愛知県はじめ主要産出14府県のうち敦賀県が9位、石川県が10位、綿織物では、大阪府をはじめ主要産出11府県のうち新川県が2位となっている。次いで、麻類では、栃木県をはじめ主要産出9県のうち敦賀県が2位、蠟《ろう》類では、大阪府をはじめ主要産出10府県のうち敦賀県が4位に入っている。こうし

表2-2　全国・敦賀県の諸物産構成比（明治7年）

物産名	全国（%）	敦賀県（%）	主要品目価額比率（敦賀県）（%）
米・麦・雑穀	49.6	45.4	米 38.4、麦 2.5
蔬菜、果実	3.3	1.5	蔬菜 1.3
加工原料作物	8.3	5.1	菜種 1.6、煙草 0.5、麻 1.3、綿 0.7、染料 0.2
禽獣類	2.0	0.1	
林産物	3.3	5.3	炭 2.5
水産物	1.9	4.5	鯖 2.2、海藻類 0.1
肥料・飼料	1.1	0.2	
飲食物	12.0	5.9	醸造物 5.5
農産加工	11.9	14.8	油　類 3.3、織物 4.4、生糸 1.5、製茶 0.5、紙類 0.5
水産加工	1.3	1.8	藤竹器類 0.5
陶漆器	0.8	0.9	漆器類 0.5
雑貨手芸品	1.9	5.5	
器具・船舶	1.3	5.4	釘 4.1、鎌 0.6
その他加工品	0.2	1.4	傘 0.2
金属・石鉱	1.1	2.2	石炭 1.2
計	100.0	100.0	
（千円）	370,786	7,831	全国の 2.1%
農林水産物	68.9	62.0	水産物までの合計＋肥料・飼料の 2 分の 1
工産物	31.1	38.0	飲料物からの合計＋肥料・飼料の 2 分の 1

注：敦賀県は明治 7 年『府県物産表』，全国は古島［1985］による．
資料：福井県編［1994b：475］より抜粋．

た北陸3県の主要産物の生産状況からみても、当時の全国63府県の中で、敦賀県（福井県）の農村商品生産は比較的高位にあったことがわかる。

しかし、当時の敦賀県（福井県）での物産生産力の特徴はそれだけではない。本書によれば、当時の敦賀県下の諸物産の構成比と全国のそれを比較すると、次の特徴を見出すことができる。第1に、**表2-2**から、物産合計額の全国（3億7078万6000円）と敦賀県（783万1000円）を比較すると、敦賀県は全国の2・1%を占めていることがわかる。現在の福井県は人口比で全国の0・6%程度で出荷額なども全国比0・8%程度である。確かに、当時の人口は全国比で1・7%程度を占めていたことから、全国に占める産額のウエイトも現在より大きくなることはわかるが、当時の人口比を斟酌しても2・1%はかなり大きい。つまり、福井地域は、しばらくの間ではあるが、近世から明治にかけ商品流通経済の進んだ地域だったのである（**表2-2**）。

・農業主体の地域から日本屈指の工業地域

第2に、敦賀県が全国平均と比べて低率なのは、米麦雑穀を筆頭に、加工原料作物、飲食物であり、反対に全国平均をかなり上回るのは、農産加工、水産物、器具・船舶となっている。すなわち、農林水産物が全国平均を下回るのに対し、工産物は全国平均をかなり上回っており、敦賀県下の加工商品生産の進展度がかなり高かったことをうかがわせている。ちなみに、農産加工の分野では、織物（奉書紬、木綿縞、白木綿、布、蚊帳）・油蠟類（木の実油、蝋燭）・生糸・麻糸・綿糸・製茶・紙類の品目が、器具・船舶では、金属加工品（釘鋲・針・刃物類・農具）が主要なものとなっている。また、この事実をさらに確信させる文献として、古島敏雄著『体系日本史叢書12　産業史Ⅲ』［1985］では、福井県が明治初期において鉄製品製造、特に和釘をはじめとする鉄製品生産の一大拠点であったことが記されている。

本書によれば、「敦賀県では織物が第1位にあるが、これは後年顕著な発展をとげる羽二重生産によるものではない。絹織物の比重は高いが、それは奉書紬・糸織縞（両者計11万1727円、織物合計の32・2％）のような太糸によるものである。羽二重の発展は明治20年代以降のことである。麻布・蚊帳など麻製品が最も多く14万8895円で織物類総価額の40・7％であり、木綿も8万1000余円産している。特色は、これよりも第2位の金属加工4・3％にある」と述べたうえで、さらに古島氏は、敦賀県の金属加工業について次のように述べている。「敦賀県の金属具の名産に越前鎌がある。物産表には4万9129円、97万挺《ちょう》があげられている。このほかにも包丁・斧・鋏・錐《きり》・蚤《のみ》・鋸《のこぎり》など刃物類の1万7812円があり、その他農具類も多く、刃物類の主要生産地の一つとなっている。刃物類は、兵庫県姫路周辺の飾磨県が第1位で5万8000円、大阪・京都がこれについて4万円前後、敦賀県は第4位となっている」。

・和釘の生産では日本最大

敦賀の鉄製品生産地としての特徴はこれらのほかに釘、鋲・針などの最大の産地であることにある。直接これら商品の全国総生産額を計算してはないが、これらをその一部に含む器具・道具類のほぼ80％を生産する20県でこれらの生産物を95万余円生産するうち、敦賀県で31万8340円（33・4％）を占めている。金属加工としたものはこの釘の類のみである。これらに次ぐものは新潟県18・４％、大阪の10％、静岡の９・５％などである。釘はもちろん和釘であり、この後輸入洋釘に圧倒されて国内生産は失われ、明治40年代に入って、再び大阪中心に新しく洋釘の生産が始まるのである。敦賀県は釘類・刃物類・金属製農具類生産の中心地として、江戸時代から鉄製品生産地帯の地位を占めていた。農具・刃物類をも加えれば器具・金属製品の生産額は総生産額の５・８％となる。これが加わって敦賀県が工業県となったことは江戸時代の鉄製品工業の中心地がここにあり、それが１８７４（明治７）まで続いたことを示す意味をもっている。その具体的な姿は今日未だ十分に解明されていないのである……」（古島敏雄著『体系日本史叢書12　産業史Ⅲ』[1985:87-88]と。和釘といえば新潟県の金属洋食器産地　燕・三条産地を連想するが、明治初期、福井県の和釘生産量は新潟県のそれをはるかに上回り、日本一の生産を誇っていたのである。

いずれにせよ、１８７４（明治７）年の「府県物産表」には、敦賀県の生産物構成が、農林水産物61・３％（全国68・９％）工鉱産物38・７％（全国31・１％）で、商品経済化の進展度が高く、明治の初めから、いや江戸時代から、福井県は農業地域というよりは工業地域として栄えていたことがうかがえる（表２-２）。ただ、主力とする和釘が洋釘へと変化する中で、福井の金属加工業も新潟県の燕・三条産地と同様に、その地位を落としていったのではないか。そして、１８８７（明治20）年以降の言わば産業革命期に入ると、輸出向け羽二重を中心とする絹織物が飛躍的な伸びとなり、明治期の終わりには群馬の桐生産地をも凌ぐ勢いをみせている。

一方で、重化学工業は阪神・京浜両地帯に集中するという国内産業の特質から、福井県には機械工業はまったく形成されず、結果として農業と軽工業である繊維工業を柱とする産業構造を創り上げていったのであろう。

蛇足ではあるが、和釘を主力とする金属加工産地の燕・三条産地は、運よくその加工技術を煙管、矢立、そして明治の終わりには戦後まで主力となる洋食器（ナイフ、フォーク、スプーン）に向かわせることに成功する。しかし、福井県の場合は、いったいどのような変貌を遂げたのか。ひょっとして、その技術は、１９０５（明治38）年に増永五左衛門翁によって突如出現する眼鏡枠産業などを中心とした線材の加工技術として活かされていたのかもしれない。また、明治以降、隆盛を極めた繊維産業の周辺にあって機械工業や部品産業の発展へとつながっていったような気がする。

注

(1)「樟葉宮《くずはのみや》」跡の杜は、大阪府交野市にある交野天神社の境内にあり、石灯籠が並ぶ参道を進むと拝殿の向こうに室町時代の一間社流造《いっけんしゃながれづくり》で桧皮葺の交野天神社本殿と末社八幡神社本殿が見え、拝殿右側の杜の奥には貴船神社が鎮座する小丘がある。

(2)「筒城宮《つつきのみや》跡」は、現在の京都府京田辺市あたりにあったといわれる。

(3)「弟国宮《おとくにのみや》」は、現在の京都府長岡京市にあった。長岡京市は、７８４（延暦３）年に遷都された「長岡京」の地で知られているが、実はそれより以前にも都が営まれた。それが、「弟国宮《おとくにのみや》」である。日本書紀によると、５１８（継体天皇12）年、継体天皇《けいたいてんのう》によって、「筒城宮《つつきのみや》」（京田辺市）から遷都された。

(4)敦賀は、もともと「越国」に属していた。

(5)出挙とは、奈良・平安時代に国家が行った稲の強制貸し付け。国司が租として納められた官稲を春に貸し付けて、秋の収穫後に３割ないし５割の高率の利息をつけて返させたもの。勧農の１つとして位置づけられていた。

(6)弘仁式《こうにんしき》とは、平安時代初期（７０１～８１９年）に編纂・施行された式。全40巻。三代格式（弘仁格式、貞観格式、延喜格式）の１つ。

(7)延喜式《えんぎしき》は、平安時代中期（９０５～９２７年）に編纂された格式（律令の施行細則）で、三代格式の１つであり、律令の施行細則をまとめた法典。

(8)生糸を経糸に、練り糸を緯糸として織った絹織物のこと。

(9)「鍛冶・鋳物師」の文章は、福井県編［1994a］に依ることが多い。

(10)鰐口とは仏堂の正面軒先に吊り下げられた仏具の一種である。神社の社殿で使われることもある。金口、金鼓とも呼ばれる。

(11)宮下［1973］「早稲田商業同好会」より。

(12)永平寺町松岡窪にあった渡辺藤兵衛家の永代帳の写しによれば、１６７０（寛文10）年から１７７４（文政13）年のおおよそ１００

年あまりで、合計百数十個の梵鐘を鋳ている。

（13）近世、幕末にかけての主要産業については、南保［2016b：40-46］より。

（14）明治初期における福井県の産業については、南保［2016b：47-52］より。

第3章　歴史経路で辿る地域の姿

４年ほど前、人口１４０万人あまりの小さな県、長崎を訪れることができた。当地域の特徴を1つ挙げるとすれば、それは平坦地に乏しく、いたるところに山岳・丘陵が起伏し、海岸線が多くの半島・岬と湾、入江から形成されているため、海岸線の延長が４１８４km（２０１２年３月31日現在）と、北海道に次ぐ全国第２位（北方四島を除くと第1位）の長さを誇っていることであろう。

また、当地域は、古代より「海の道の要」、「日本の窓口」として、東アジア諸国は無論のことヨーロッパ諸国とも交流を保ち、近世以来、日本で唯一貿易の拠点として栄えた地域（国際都市を保有する地域）でもある。それだけに、当地域に残る文化は異国情緒たっぷりで、歴史的建造物では「大浦天主堂」や「グラバー亭」、祭りでは「長崎くんち」や「長崎帆船まつり」、食べ物では「長崎ちゃんぽん」など国際色豊かな「和《わ》・華《か》・蘭《らん》」面白さを数多く秘めた地域でもある。

当地域の中心、長崎市に焦点を充てると、同市が国際都市として産声をあげたのは、１５７１（元亀２）年にポルトガル船が来航してからと聞く。それ以来、長崎の町には教会が建てられキリスト教が広がるとともに、全国各地から海外との貿易を当て込んだ商人も集まってきた。しかし、豊臣秀吉の時代になるとキリスト教への弾圧が始まり、さらに徳川幕府は貿易の独占とキリスト教の禁教政策を強化。そのための施策が、長崎の町の岬の先端に築造（埋め立て）した貿易の拠点、〝出島〟であった。それは、寛永13年、西暦１６３６年のことと聞いている。この〝出島〟ができたことにより、それまで長崎の町中に住んでいたポルトガル人がこの〝出島〟に集められ、これにより徳川幕府は貿易の掌握とキリスト教の広まりを防ぐ仕組みを完成させた。しかし、その翌年の島原の乱により天草四朗との関係が疑われたポルトガル人の来航が禁じられたことから、これに代わって当時平戸で貿易を行っていたオランダ人が〝出島〟に移され、以後、1859（安政6）年の開国まで、〝出島〟は鎖国期におけるわが国唯一の玄関口として日本の近世史に多大な影響をあたえていくのである。一説によれば、〝出島〟のオランダ人は、幕府の厳重な監視体制のもとにおかれ不便な生活を強いられたそうだが、それでも彼らが〝出島〟から離れなかった理由は、この島での貿易が莫大な利益を生んだためであったという。ちなみに、〝出島〟の最盛期は元禄時代で、この頃の貿易品を見ると、日本からは、金、銀、銅などが輸出され、オランダからは砂糖、薬品、香料、染料などが輸入された。しかし、輸出品の主力は当初の銀から、次第に銅に代わり、1689（元禄11）年にはオランダとの貿易額の75％は銅で占めるまでに至ったと聞く［長崎市経済局文化観光部復元整備室編 2016］。

一方、この〝出島〟だが、島の広さは1万5000㎡あったといわれている。では、いったい誰が出資し〝出島〟を築造（埋め立て）したのであろう。聞くところによると、「出島町人」と呼ばれる25人の町人が共同出資して〝出島〟の工事が始まったという。費用は当時の金で銀200貫目（4000両）、今の価値で4億円であった。この町人たちは長崎を代表する豪商ばかりで、日増しに厳しくなる鎖国体制の中、ポルトガル貿易を有効に利用して、利益を上げようと考えたようだ。これら「出島町人」たちは、今でいう〝出島〟の大家となって、借主であるポルトガル人に年間約1億円にも上る賃料（出島賃銀）を払わせたのである［長崎市広報課企画・編集 2001：長崎市経済局文化観光部復元整備室編 2016］。今よりはるかに大きな利益が出るビジネスモデルではないか。今、地域づくりの主役が官から民へと代わる中、この出来事は私たちに儲かるビジネスの在り方を教えてくれたような気がする。

今、当地では、この出島を観光ツールに替え経済性を高めている。要は、地域に根差す固有の資源をどう活用しながら、地域起こしに役立てるか。本章では、福井県にある17市町（図3-1）の地域資源（例えば、歴史遺産、文化・風土、祭り等）、地域力を観察しながら、それをどう地域起こしに利用しているかなどについて整理してみたい。

1 温泉と蓮如上人ゆかりのまち「あわら市」

▼「吉崎御坊」

あわら市は、2004（平成13）年3月、旧金津町と旧芦原町が合併し成立した人口2万6000人[1]あまりのまちである。

特に、北側の旧金津町側は、古くから北陸街道の宿場町として栄え、ここには浄土真宗中興の祖、蓮如上人ゆかりの地として知られる「吉崎」地区がある。ただこの地区は、ちょっと変わった特徴もある。それは、この「吉崎」というまち、集落の中に福井県と石川県の県境を跨ぐという一種独特な特徴をもっていることである。福井県側からいえばあわら市にも、石川県側からいえば加賀市にも「吉崎」というまちが存在しているのである。ではなぜ、石川県加賀市吉崎町と福井県あわら市吉崎町は隣接しているのか。なぜ、1つの町が石川県と福井県に二分されたのであろう。これはあくまで筆者の推測だが、それは明治以降の県の再編成に関係があるような気がする。歴史的に言えば、「吉崎」はもともと越前国の吉崎につくられた。しかし、1876（明治9）年に福井県は越前7郡を石川県に、越前1郡・若狭1郡を滋賀県に編入され、

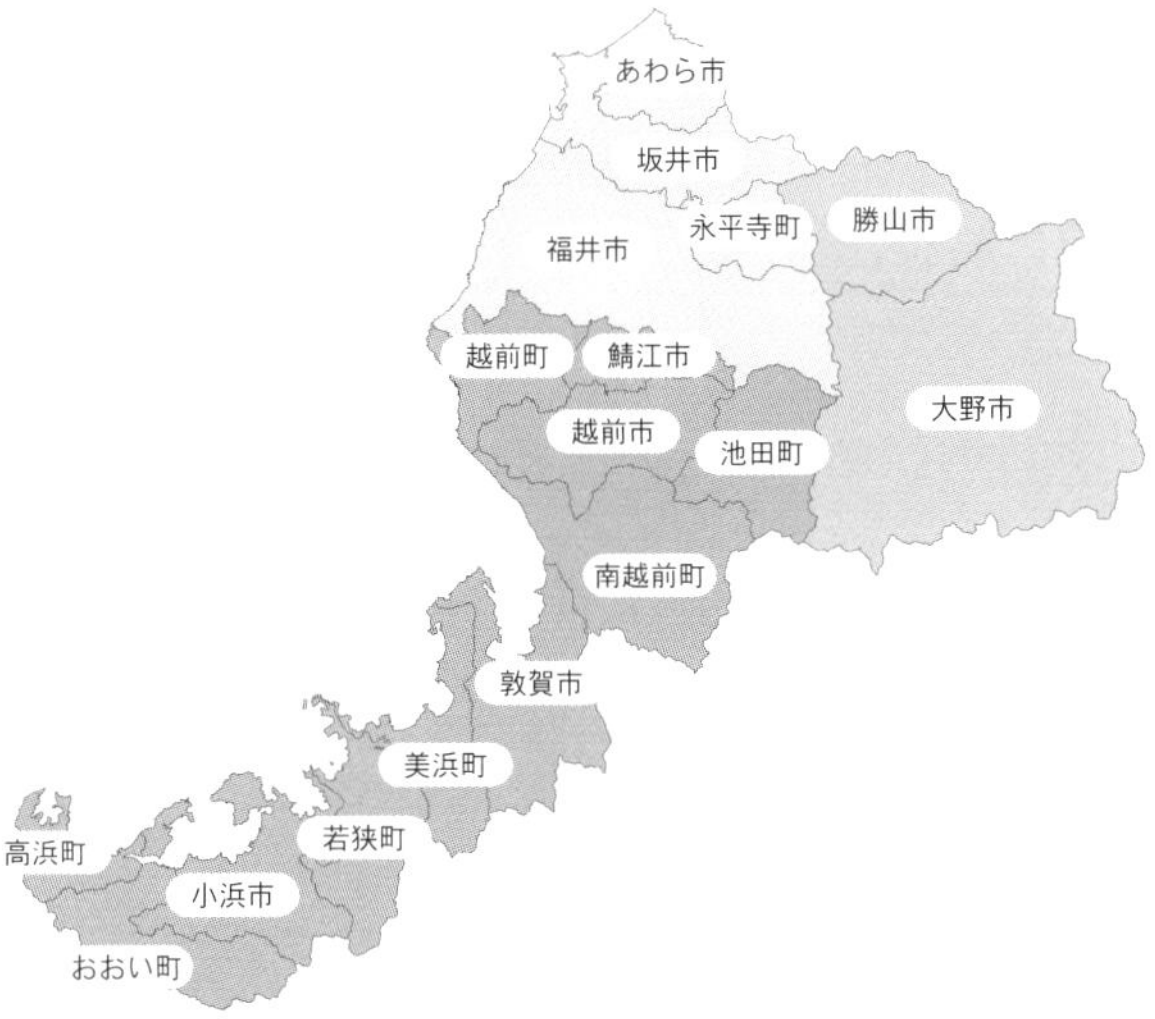

図3-1　福井県内の市町

資料：福井県 HP (https://www.pref.fukui.lg.jp/doc/toukei-jouhou/shimachi_list.html).

福井県そのものが消滅してしまう。そして、1881（明治14）年、再び福井県が復活するが、そのときに県境を何処にするか両県でもめたのではないだろうか。両県とも歴史上意義がある吉崎御坊を県域に編入したい。そうした経緯もあり、まちが2つに分断されたのではないかと考える。2015（平成27）年には県境上にあわら市と加賀市が運営する観光ガイダンス施設「越前加賀県境の館」が開館された。いずれにせよ、「吉崎」は、歴史的、宗教的にみて、あわら市にとって、いや福井県にとっても重要な地域であることは間違いない。

▼蓮如上人の御忌《ぎょき》法要

毎年4月半ばになると、当地とゆかりの深い浄土真宗中興の祖、蓮如上人の御忌《ぎょき》法要が営まれる。蓮如上人が歩いたといわれる吉崎までの道のり約240㎞を、供奉人に守られながら湖西廻りで1週間をかけ、蓮如上人自らが残された御影《みかげ》とともに京都の東本願寺から吉崎の地へ運ぶ旅、いわゆる御影道中がとり行われる。今年で既に349回を数えるらしい。吉崎の東別院では、御影をお迎えした後、蓮如上人御忌法要を10日間にわたって厳修《ごんしゅう》し、法要後は、今度は湖東廻りで京都の真宗本廟（東本願寺）に向け旅立たれる。

6世紀半ば、インド・中国を経て伝来した仏教は、朝廷・貴族のものだった奈良・平安の時代を経て鎌倉時代には武士・町民さらには農民にまで普及した。とりわけ浄土真宗は農民層に熱い支持を受けながら、この福井県ではやがて「真宗王国」と呼ばれるまでに普及したことはいうまでもない。ちなみに、現在、福井県には本願寺派、大谷派など真宗教団連盟加盟10派のうち4派（出雲路派、誠照寺派、三門徒派、山元派）の本山が所在し、福井県29万世帯のうち真宗門徒世帯が6割を超えるといわれている。では、当地でなぜここまで浄土真宗が普及したのか。その理由を前述した蓮如上人の布教活動に求める人々も多い。『福井県史通史編1』［福井県編 1993］によると、蓮如上人は、1471（文明3）年、叡山延暦寺の迫害を避け、近江から越前より加賀に遊化し吉崎に居を定め、当地には山上の本坊を中心に多くの多屋（宿坊）が建てられたと記述されている。そして、吉崎御坊を拠点に、周辺の村落、越前では河口庄十郷、現在のあわら市、坂井市、石川県加賀市や小松市までも精力的に足で布教し門信徒を獲得していったという。とりわけ、１４７３（文明５）年、蓮如上人が示した「真宗門徒の掟11ケ条」の中では、「諸法諸宗を誹謗してはならない」、「わが宗のふるまいをもって他宗を非難してはならない」「守護地頭を大切にすること」といった協調路線を提示している。こうした蓮如上人のマーケティング手法はいつしか職業感にもつながり、我慢強い福井県民のＤＮＡとして引き継がれてきたのであろう。そして、近世以降、これらは福井県の主要産業である繊維産業や眼鏡枠産業、化学産業などを生み出す原動力として作用したのではないだろうか。ただ、こうした職業感を保有する福井県の県民性は、近年の若年層を中心とした宗教離れの中で希薄化しつつある様にも思える。戦後の日本は、宗教を政治や教育と関連させることをタブーとしてきた。しかし、親が子に社会の伝統を重んじる心を伝える、その語り継ぐ過程で宗教があり、それが高い道徳、倫理観となり新たな日本型の誰でも誇れる職業感に発展することも考えられる。その結果、地域の再興にもつながっていく気がするのだが。

▼芦原温泉

一方、旧芦原町側をみると、いまさら言うまでもないが、多くの人々が福井を代表する関西の奥座敷、芦原温泉を思い浮かべることであろう。この地域、かつては低湿な沼地であったらしい。１８８３（明治16）年、部落に住むひとりの農民が灌漑用の水を求めて水田に井戸を掘ったところ、約80度の温泉が湧出したのが始まりといわれている。翌年には、何軒かの温泉宿が開業し湯治客を泊めるようになり、１９１２（明治45）年に旧国鉄三国線が開通して以降、温泉街として発展していったのである。その後、福井大震災や芦原大火１９５６（昭和31）年などにあうが、こうした度重なる震災を乗り越え今日に至っている。ちなみに、現在、地元の芦原温泉旅館協同組合には14の旅館が加盟している。

▼観光と農業を軸に

あわら市は、現在、芦原温泉街を中心に北は丘陵地帯、南は水田地帯が広がり、観光と農業を軸とした発展を図ろうとしている。特に農業部門では、ハウス栽培によるメロン、スイカ、トマト（越のルビー）の栽培が盛んで、まちの特産物となっているほか、最近、隣の石川県に立地する大手量販店からトウモロコシなどの受注を得るなど、流通業者を核とする6次産業化の新たなビジネスモデル構築にも成功している。また、芦原温泉に隣接する北潟湖は、休日になると県内外から訪れるカヌーイストや釣り人で賑わい、また、春から夏にかけてのシーズンには、北潟湖畔花菖蒲園内に約３００種・50万株の菖蒲が一斉に花開き、新たな観光スポットの1つにもなっているらしい。今後も、同市が北陸新幹線開業による地の利をうまく味方にしながら、石川県との県境を越えた観光ネットワークを構築するなどして、福井県の観光産業活性化に貢献していくことがねらいでもある。

▼北陸新幹線開業をまえに

２０２４年春の開業に向けて建設が進む北陸新幹線芦原温泉駅（福井県あわら市）の駅舎が姿を現した。駅舎のデザインコンセプトは「あわらの大地に湧き出《いで》る贅《ぜい》の駅」。全体を落ち着いた色と木彫で仕上げ、和を強調したイメージとし、芦原温泉の癒しと旅情を表現した駅らしい。駅周辺には、店舗や観光案内所が入るビルのほか、ビジネスホテルの建設も進んだ。これにより、当地の誘客力がさらに高まることを期待したい。

2　テクノポート福井と三国湊「坂井市」

▼テクノポート福井

坂井市は、２００６（平成18）年3月に福井県北部、坂井郡にあった旧三国町・旧丸岡町・旧春江町・旧坂井町が合併して新設されたまちである。新設以来、同市では福井県の自治体で初めての地域自治区制度を採用し、旧4町と同区域・同名の地域自治区である三国町・丸岡町・春江町・坂井町を設置している。ただ、地域自治区制度が地域の融和を阻害するという懸念もあるため、郡が市にとって変わっただけとならない政策の必要性が問われている。一方、同市の人口は約8万7000人、県内での人口規模では南に隣接する県庁所在地の福井市に次いで2番目の規模を誇る。

ところで、坂井市を産業面から眺めてみると、まず製造業の事業所数が福井市、鯖江市に次いで多く、2018（平成30）年現在で321件、福井県全体の15・3%を占めている。製造業については、県外から入ってきた企業も比較的多く、この要因は、本市東部、三国町で1964（昭和44）年ごろから造成を開始したテクノポート福井の影響が大きい。団地内には化学工業をはじめ、金属、鉄鋼、木材など多様な業種が集積しており、本市の産業力を支える重要拠点となっている。

そして、もう1つ坂井市の特徴を挙げるとすれば、同市中心部にある坂井平野は福井県を代表する穀倉地帯でもあることだ。しかし、ここでちょっとばかり残念な話がある。それは、おおよそ千年にわたりこの坂井平野を潤してきた「十郷用水」が地価パイプライン化事業によって、数年前、地上から姿を消したことだ。同用水は、平安末期、今の坂井地区にあった春日大社と興福寺の荘園への用水路建設が始まりとされ、鹿の足跡を農民が掘ってつなげたという伝説が各地に残る。そして、水路網は豊かな穀倉地帯を生んだ。今後は、この「十郷用水」の存在を地域発展のきっかけとなった重要な歴史遺産として後世に伝えていってもらいたいものだ。

いずれにせよ、坂井市は福井でも珍しい工業と農業が両輪となって発展する可能性を秘めた地域であり、両産業の益々の発展を祈念したい。

▼三国祭

毎年5月半ば（19～21日）になると、富山県高岡市の御車山祭《みくるまやままつり》、石川県七尾市の青柏祭《せいはくさい》と並んで、北陸三大祭りのひとつ三国祭が開催される。最大のよびものは、5月20日に行う巨大な武者人形山車の行列である。高さ6mにも及ぶ山車が町内を笛、太鼓、三味線のおはやしとともに練り歩く。約300年の伝統あるこの祭りは、2015（平成27）年に旧三国町の無形民俗文化財、そして翌年には福井県の無形民俗文化財に指定された。それを契機に、三国祭の保存と振興の活動のため、区長会、三國神社、商工会、観光協会が中心となり三国祭保存振興会も設立されている。例年であれば十数万人の観光客でにぎわいを見せるが、コロナ禍で2020年は中止、2021年も規模が縮小され開催された。早くもとどおりの三国祭が見たいものだ。

▼三国湊

一方、観光面については、例えば東尋坊、前述した三国祭、丸岡城などがある。特に、丸岡城は、柴田勝家の甥、勝豊によって築かれた城で、全国12ある現存天守の中で最古の建築様式を持つ。そのほか、福井県一の大河、九頭竜川の河口に位置する本市三国町のまち中散策は人気が高い。「かぐら建て（切妻造りの建物に切妻造りの片流屋根をかけたもので、一見して平入り家屋と見える建て方になっている）」造りの町屋「旧岸名家」や三国の情報拠点「三国湊座」、三国湊の繁栄に思いを寄せる貴重な文化遺産「旧森田銀行本店」など、散策地点は数多い。なかでも、高台にそびえる「みくに龍翔館」は地域の歴史・文化・伝統・芸術・暮らしなどを知るうえで素晴らしい。同館は、オランダ人土木技師エッセルがデザインしたといわれ、1879（明治12）年から35年間立っていた木造5階建て八角形の龍翔小学校の外観を模して復元した博物館で、今や三国町のシンボルとなっている。

しかし、三国湊といえば、何といっても古来、九頭竜川やその支流の足羽川を使った水運による物流の拠点として栄えたことを忘れてはならない。戦国時代の武将朝倉義景が居城を構えた「一乗谷朝倉氏遺跡」内の庭園跡には、船によって運ばれてきた東尋坊周辺の岩が庭石として残っているという。また、柴田勝家も水運を重視し足羽川近くに居城「北の庄城」を構え、荷揚げ用の港を設けていたらしい。

江戸中期になると、狭い範囲で行っていた水運・海運が、それらの港をつなぐ海上航路へと発達し、それまで使用された北国船やハガセ船とは機能面で優れるベザイ船を使った「北前船交易」が始まる。三国湊においても、海運で上方

（関西）・瀬戸内・山陰・東北・北海道から物品が集まり、物流の一大集積地として賑わったらしい。また、三国湊町には北前船を所有する廻船問屋をはじめ、様々な物品を販売する商店らが軒を並べ、町は大きく発展した。その繁栄は、明治時代に入ってもしばらく続いたが、西洋型帆船や大型汽船が主流となり、新しい商戦時代が到来したこと、さらに鉄道が開通し、物流の中心が船から鉄道へと移りだす中で、三国湊は商港としての機能を失っていった。

ところで、三国というと、今でも思い出すことがある。著者がまだ子どものころで越前鉄道三国線が走っていたところ、それにのって、海女《あま》さんたちが素潜りで採ったアワビ、サザエ、ウニなどを天秤棒で担ぎ、著者が住んでいた旧松岡町まで商いに来ていたことだ。いわゆる「ぼてさん」と呼ばれる人たちである。まことに福井の女性は昔から働き者だったのであろう。

3　古代ロマンと伝統の息づくまち「永平寺」

▼松岡古墳群

福井県嶺北地方のほぼ中央に位置する永平寺町は、2006（平成18）年に、旧松岡町、旧永平寺町、旧上志比村の2町1村が合併し、誕生したまちである。東西に流れる九頭竜川は、鮎、サクラマス、アラレガコといった3大生態系が生息し、福井県最大の河川でもある。約770年前、道元禅師によって創建された「大本山永平寺」や松尾芭蕉ゆかりの寺「天龍寺」、道元禅師が初めて開山した越前最初の道場「吉峰寺」をはじめ、二本松山古墳や手繰ケ城古墳など50基以上の古墳が集まる「松岡古墳群」など、多くの歴史文化資源が集積しているほか、伝統とこだわりの酒造りも盛んで、戦後始まった五領玉ねぎ、にんにく、ニンジンなどの農作物も栽培され、古代ロマンと伝統が息づくまちでもある。

また、江戸時代には越前3代藩主、松平忠昌の長男、昌勝が1648（慶安元）年に地域にある芝原と呼ばれていた地を松岡と改め、松岡藩を立藩、初代藩主となった地でもある。

一方、当地は、福井大学医学部、福井県立大学など学術研究機関なども立地する学園のまちとしても知られている。

▼「ＳＨＯＪＩＮ」、気づきに出会うまち

「気づきに出会う」とは、このまちを訪れて新しい自分に気づくこと、まち内外の人々が触れ合うことでお互いが新しいことに気づくこと、町民同士が様々なイベントを通じて改めてまちのすばらしさに気づくこと、この３つの気づきを意味している。永平寺町では、こうした体験をまちとして与えられるように「ＳＨＯＪＩＮ」することが大切と考えている。そのため、地域のブランド化にかかわる全ての人々への合言葉として「ＳＨＯＪＩＮ」を宣言し、日本人の和の文化の象徴でもある〝精進〟の考え方を用いながら、まちの営みを内外に発信することで、当地のブランディングに結び付けているのである。

▼「大灯篭流し」

毎年８月になると、永平寺の風物詩「大灯篭流し」が行われる。河川で行われる灯篭流しとしては日本一らしい。永平寺の雲水らによる読経のあと、九頭竜川に約１万個の灯篭が流され、幻想的な光の帯をつくる。そのほかお釈迦様の誕生にちなんだ「永平寺花祭り」(４月)、松岡藩主・松平昌勝公をしのぶ祭りとして地域の人に親しまれている「御像祭」(８月)など、地域の人々には欠かせない祭りが多い地域でもある。

▼「ＺＥＮ ｄｒｉｖｅ」

２０２１(令和３)年３月より、自動運転レベル３車両による移動サービスを開始した。２０２０年内の「公道での無人自動運転サービス実現」という政府目標の達成と併せ、国内初でもある１人の遠隔監視者が３台の自動走行車両を

運行する、１対３の運行体制を実現した。名前の「ZEN drive」は町内外からの公募により決定、「自動走行という先端技術が、人に寄り添うものであり、永平寺町に根差した文化と、自動走行という文明が調和し、共生できる社会になる」という期待が込められている。まさに、〝文明〟の〝文化〟化を実践するまちでもある。

▼多業種交流センター、「Ｅ－Ｒ－ＳＥ四季の森」

２０２１年７月、四季の森文化館が、四季の森複合施設「多業種交流センター・旧傘松閣」としてリニューアルオープンした。愛称「Ｅ－ＲＩＳＥ四季の森」には、ここに関わった人々が、多様な人や業種との交流を通して飛躍していくように、との願いが込められている。住宅街から少し離れた小高い場所にあるので、ゆったり作業に集中したい方におすすめである。

コワーキングスペースに入ると、天井の高さに圧倒される。解放感たっぷりのスペースでもある。全面ガラス張りの窓は、外から中が見えないような特殊な加工がされている。中庭の緑を眺めながら、リラックスして仕事ができる場所であり、ここで偶然出会った人々が意見交換をするシーンも見られそうだ。テレワークスペースは、１人１席の個別スペースが、全部で４ブース用意されている。Ｗｉ－Ｆｉ・電源完備。無料で利用できるので、使いやすくテレワークに最適なスペースである。

そのほか、打ち合わせやオンライン会議に最適な会議室や共有キッチンが併設されたフードスペースもある。調理器具・食器・冷蔵庫・電子レンジも完備されており、だれでも自由に使うことができる。

多業種交流センターのとなりには、大本山永平寺の傘松閣を再現した絵天井広間がある。大本山永平寺の傘松閣を建て直す際に出た古い建築部材を再利用して建てられたそうだ。広さはなんと１６０畳、天井には２３０枚の花鳥絵がはめ込まれている。大本山永平寺の傘松閣よりも少し天井が高く、とても明るいスペースだ。ヒノキの良い香りと圧巻の花鳥絵の風情を感じながらの研修や会議はうってつけかもしれない。

▼地域の産業特性

最後に地域の産業特性を見てみよう。福井県に占める永平寺町の人口（1万8000人）割合から経済規模を推計すると、福井県全体に占める永平寺町の力は、おおよそ2・4％であることがわかる。しかし、産業力のベースとなる事業所数・従業者数でみると、そのウエイトはいずれも地域が保有すべき水準（1・8～1・9％）より低い。つまり、当地は、力に見合う産業基盤の確保まで到達しておらず、まだまだ伸びしろがあるということだ。

こうした状況下、地域はいったいどのような産業政策を打つべきか。1つ目は、やはり産業立地、いわゆる企業誘致の促進を図ること。2つ目は、時流にあった産業構造への転換。言い換えれば、産業構造の高度化を促進すること。3つ目は、これまで述べた産業政策を全うするために、その基盤となる人材の育成、とりわけ良質な労働力の確保・供給を如何に図るかということになろう。

永平寺町は、福井市の隣だけに、ベットタウンとしても機能しているが、将来のまちの姿を検討すると、それはやはり産業力の強化ということになろう。

4　朝倉氏100年の栄華が眠る県都「福井市」

▼戦国武将・朝倉氏から柴田氏を経て福井藩・越前松平家へ

先般、福井市立郷土歴史博物館を訪ねた。同館は、あいつぐ戦災と震災から復興した福井市のシンボルとして1953（昭和28）年足羽山に開館し、2004（平成16）年には越前松平家の別邸であった「養浩館庭園（旧御泉水屋敷）」隣に移設された。現在、この場所には、福井城の門「舎人門《とねりもん》」も復原されており、福井市内の中でも歴史を漂わせる風情ある場所の1つとして存在感を知らしめている。

同館に入ると、郷土に関する資料や、特に福井市春嶽公記念文庫をはじめとする福井藩、越前松平家に関する資料が充実していることに気付く。それを読んでいくと、古代の福井は、阿須波《あすわ》氏や生江《いくえ》氏などの豪族がこの地を治め、なかでも生江氏などは東大寺の土地開発に関係し、道守荘をはじめとする荘園の管理や経営に深く関係していたと記されている。

中世に入ると、〝ふくい〟は南北朝時代の抗争、斯波氏や朝倉氏それに一向一揆・織田信長の支配や進出を経て、信長の重臣、柴田勝家が城下町を形成し繁栄した。現在でも、福井市東部にある一乗谷朝倉氏遺跡は、全体で２７８haという広大な範囲が国の特別史跡として指定保存され、全国でも稀有な戦国城下町遺跡として残されているほか、１９６７（昭和42）年以来続けられている発掘調査によって得られた出土品は、福井県立一乗谷朝倉氏遺跡資料館に保存展示されており、そこを訪れる人々の興味を満喫させる。また、福井市中心部には、柴田勝家公が築城したといわれる由縁の場所に柴田神社が建設され、北ノ庄城址、柴田公園としても整備が進んでいる。

戦国時代、柴田氏はまもなく羽柴秀吉によって滅ぼされ、やがて江戸時代へと引き継がれていくが、当地に最初に入封した大名が、徳川家康の次男、結城秀康で68万石での入封であった。秀康公は、産業の育成、中でも絹織物に尽力し、「玉紬」を「北荘紬」と改称し、藩士の妻の内職として奨励、品質の改良、販路の拡張に努めたという。そして、こうした試みが婦人労働者の予備軍となって明治の繊維産業振興につながっていったのである。その後、福井藩２代目の松平忠直は、大坂の陣で戦功を立てながらも将軍に認められなかったことから、次第に幕府に反抗的態度をとるようになった。そのため、１６２３（元和９）年に改易され豊後国大分に配流される。しかし、翌年の１６２４（寛永元）年には、忠直の弟（秀康の次男）、松平忠昌が50万石で入封。その後、居城周辺の街、北ノ荘は「福居」（後に福井）と名を改める。そして、第16代松平慶永（春嶽）を経て、幕末から明治の福井藩最後の藩主、第17代茂昭まで続いていく。

廃藩後の１８８９（明治22）年、福井市は人口４万人でスタートを切ることになるが、絹織物業の発展に伴って、都市機能が充実するなど、徐々に政治・経済・文化の中心として発展。都市計画も進み、１９３１（昭和６）年以降、近隣の町村を次々と合併していった。そして、１９４５（昭和20）年７月の福井大空襲、その３年後の福井地震・水害によって壊滅的な打撃を受けたが、復興事業を強力に推し進めることにより「不死鳥福井」として生まれ変わっていく。ちなみに、福井市の人口は1995（平成7）年の27万3000人をピークに徐々に減少に転じ、現在25万8000人あまりとなっている。また、2016年現在、約1万6000の事業所のうち3割弱（27・3％）は卸・小売業が占め県内の水準（25・4％）より高いが、その分、製造業のウエイトは1割（福井市9・1％、福井県12・7％）を下回っており、どちらかといえば商業中心のまちであることがわかる。

▼福井市の伝統行事・祭り

福井市の祭りといえば、夏の「フェニックス祭り」や春の「桜まつり」を思い浮かべる人も多いことであろう。ただ、この祭り以外に伝統行事を挙げると、約400年続いているといわれる白浜の「船祝」、国山町の八王子神社で4年に1回開催される「国山の神事」、正月、福井市内で開催される「十日えびす祭り」や「寒中みそぎ」、「馬鹿ばやし」、「明智神社祭礼」、「ふくい祇園まつり」、「持宝院の火渡り」など、その数21を数える。

▼北陸新幹線福井開業、駅西口再開発に向けて

2022年4月からは、第8次福井市総合計画がスタートした。この計画で示した都市像をみると、今後5年と、さらにその先の将来を見据えた目指すべき姿が示されており、その中心テーマは、「みんなが輝く　全国に誇れる　ふくい」を掲げている。具体的には、「豊かな地域づくり」、「輝く未来への挑戦」を重点方針とし、この2つの重点方針に基づき、①快適に暮らすまち、②住みよいまち、③活き活きと働くまち、④学び成長するまち、の4つの分野ごとに、市政全般にわたる政策、施策が示されている。

今の福井市が抱える課題を挙げれば、北陸新幹線福井開業への備えや、それに伴う駅西再開発の進化と同時に中心市街地を如何に活性化するか、さらに雇用・人材育成・新産業創造といった産業政策をどうするかなど枚挙にいとまがな

い。こうした中、2024年の北陸新幹線開業を控え、福井駅および周辺の西口再開発工事もいよいよ本格化しており、完成が待たれるところである。ちなみに、新幹線福井駅のコンセプトは、「太古から未来へ～悠久の歴史と自然が見える駅～」である。唐門をモチーフとした木彫のルーバーと、明るく開放的なガラス面を組み合わせることにより、福井の歴史を感じさせるデザインとなっている。

一方、福井市では、2019（平成31）年4月1日、福井市が中核都市へ移行したことと合わせて、嶺北11の市町が連携して行政サービスを実行していく「ふくい嶺北連携中枢都市圏」構想が進められている。実際にこの構想が具現化すれば、地方創生の一環として、福井市が嶺北全体の舵を取る姿も思い浮かべることができよう。

いずれにせよ、福井市は県都、福井の中心都市であり、それにふさわしい福井の顔として生まれ変わってもらいたいものだ。ただ、そのためには、今回の総合計画で示されたように官も民も、企業も住民も全てが、もっといえば福井県全体が1つになって、県都、福井市と協力体制を強化していく気概が必要なのではないだろうか。

5　平泉寺、繊維産業、恐竜のまち「勝山市」

▼白山信仰の一大拠点

福井県の東北部、奥越の地には2つの城下まちがあり、その1つが人口2万1000人あまりの小さなまち勝山市である。しかし、当地の歴史は古く九頭竜川が形成したこの地域の河岸段丘上には、旧石器時代から人々が暮らした痕跡が残っているという。

ただ、この地の歴史的遺産を1つ挙げるとすれば、「越国」の僧、泰澄《たいちょう》大師によって確立された白山信仰の一大拠点、平泉寺が今もその姿を残していることであろう。最盛期には48社36堂6000坊を誇り、越前文化の中心的存在であったともいわれている。1574（天正2）年に一向一揆勢により焼き討ちに合うが、その9年後の1583（天正11）年、平泉寺に戻った僧たち（顕海僧正と、その弟子専海、日海たち）が平泉寺の再興に着手、現在残る平泉寺白山神社を建立した。以後、この地の大名たちから手厚い保護を受け、徳川将軍家の朱印地となるなど、江戸時代には白山信仰の拠点としてその土台を築いた。そして現在まで、地元の重要な遺産としてその存在感を高めているのである。

一方、平泉寺が焼き討ちにあった後の当地は、柴田勝安が一向一揆を鎮め、袋田村に勝山（袋田）城を築き統治したと聞く。勝山の地名は一向一揆勢が立てこもった御立山（通称村岡山）を「勝ち山」と呼んだことから起こったといわれている。江戸時代の1691（元禄4）年には小笠原氏が入封し、明治に至るまで藩政が続いた。

▼煙草産業から繊維産業へ

江戸時代の当地の産業といえば、17世紀の後半から始まった煙草栽培が有名である。そのほか、繭《まゆ》、生糸、菜種などがよく知られている。特に、幕末に藩政改革を行った林毛川《はやしもうせん》は、煙草の生産に着目し専売を目指した政策を進めた。そして、この時培った販路の開拓手法、品質の改善力は、明治時代の繊維産業へと引き継がれていくのである。廃藩置県後、機業が勃興し、羽二重を中心とする絹織物の製造が盛んになり、さらに昭和初期には人絹織物の導入によって織物立国を形成した。戦後は、設備の近代化、技術革新により高級合繊織物の一大産地として国内外に知られた。

▼恐竜のまち

行政の組織は明治の市制町村制により、現市域内に、1町9村が誕生。その後猪野瀬村が勝山町に編入合併され、1954（昭和29）年、町村合併法により、勝山町、平泉寺村、村岡村、北谷村、野向村、荒土村、北郷村、鹿谷村、遅羽村の1町8村が合併し市制を施行。人口3万9000人の勝山市が発足した。

一方、1988（昭和63）年に、手取層群の1つである北谷町杉山で、1億2000万年前の肉食恐竜の化石などが発見されて以来、この地域一帯は全国でも貴重な恐竜化石の宝庫としてクローズアップされている。2000（平成12）

年に開館した福井県立恐竜博物館の入館者数もうなぎ上りで、２０１５（平成27）年には入館者数が１００万人を突破している。

こうした中、同市では、２０２２年4月、恐竜をイメージした客室、「恐竜ルーム」を持つ「勝山ニューホテル」が再開した。これは、従来の通過型観光から滞在型観光へと導き、地域の魅力度アップに貢献するものであり、大いに期待したい。

▼奇祭と呼ばれる「勝山左義長まつり」

それと併せて、当地を代表する宝といえば、毎年2月の最終土日に開催される「勝山左義長まつり」が挙げられよう。奇祭と呼ばれる「勝山左義長まつり」は、勝山藩主、小笠原氏が入封して以来３００年以上の歴史があるといわれる。市内の各地区には12基のやぐらが立ち並び、そのうえで色とりどりの長襦袢《ながじゅばん》姿に着飾った老若男女が独特のおどけ仕草で三味線、笛、太鼓、お囃子を披露し、その姿に多くの見物人が酔いしれる。主催者側の公表では、例年の「勝山左義長まつり」への来訪者数は2日間で10万人あまりを数えるらしい。

全国的に名高い祭りには、神田祭、祇園祭、天神祭、ねぶた祭、七夕祭、竿灯祭など挙げればきりがない。普通なら日本全体で年間何十万もの祭りが催されるともいう。しかし、この祭りという文化はいったいいつ頃から始まり今に至っているのか。一説では、神話の世界まで遡りその原点が語られているそうだが、古代社会に始まり仏教伝来や神仏習合の時を経て多様な意味を持つようになった祭りが、庶民の間で娯楽として定着したのは江戸時代に入ってのことらしい。この頃から、神輿や山車行列、獅子舞、花火大会など現在でも馴染みの催しが多く見られるようになったと聞く。ただ、明治に入ると、新政府から発せられた神仏分離令によってその歴史が大きく変わることになる。終戦後は寺社とは無縁のイベントとしての祭りも増えているようだ。

私の住む地域の秋祭りも、コロナ禍前の例年であれば賑わいが絶えなかった。ただ、1つだけ惜しいことは、地域の祭りも時代とともにその形が変化していることだ。神輿を担ぐ若集も、かつての胴巻き姿に法被、足には白足袋に草鞋《わらじ》といった出で立ちが崩れ、現代風にアレンジされた姿が目立つようになった。これも時代だから仕方ない。とはいえ祭りは文化、いにしえの形を受け継ぎ、守り、次の時代に伝えてほしいと思うのだが。とにもかくにも一日も早くコロナ禍がおさまり、前の祭りの姿を取り戻して欲しいものだ。

▼地方創生のルーツが息づくまち

そのほか、まちづくりの面では、２００２（平成14）年に「勝山市エコミュージアム推進計画」を掲げている。これは、まち全体を屋根のない博物館（ふるさと元気博物館）とする構想で、市民が自らのまちに愛着を持ち、自然、歴史、伝統文化、或いは産物、人的ネットワークといった地域の資源を再発見し、それらの新しい価値を見つけ発展させ、地域の誇りと元気を取り戻す計画である。２０１１（平成23）年の第５次勝山市総合計画では、「エコミュージアムによるふるさとルネッサンスの実現」を基本理念に、「小さくてもキラリと光る誇りと活力に満ちた　ふるさと勝山」を目指した様々な施策の展開が図られている。エコミュージアムとは、〝まちはまるごと博物館〟の考え方のもとに、市民自らがまちの魅力を発見し、それを磨いてアピールしていく事業と聞いている。これまで地域に埋もれていた歴史や自然、産業遺産や伝統文化を地域住民が掘り起こして１００を超える事業が実施され、古くて新しい勝山の魅力が醸成されてきた。冬の名物「北谷の鯖の熟《な》れずし」や食用油の「野向のエゴマ」、「荒土の木炭」などは、商品化されてコミュニティビジネスへと発展している。文化、観光面では、２００６（平成18）年に史跡平泉寺を含む「霊峰白山と山麓の文化的景観」を世界遺産の暫定リストとして登録申請を行った。２０１２（平成24）年には、「白山平泉寺歴史探遊館まほろば」が、平泉寺および白山の歴史、自然および文化を紹介する拠点としてオープンした。２００９（平成21）年に、近代化産業遺産に認定された「はたや記念館ゆめおーれ勝山」が、まちなか誘客の拠点としてオープンし、近年は入館者70万人を達成している。また、２００９（平成21）年には、勝山市全域をエリアとする「恐竜渓谷ふくい勝山ジオパーク」が日本ジオパークに認定された。

一方、福祉および子育て支援では、勝山市の高齢化率が37・4％（2020年現在）と高齢化が進んでいるなか、10年前にオープンした福祉健康センター「すこやか」が、市民の地域福祉活動と健康づくりの拠点として親しまれる施設の充実を図っている。また、誰もが夢と希望を持って子育てができる環境を整えた「子育て環境日本一」を目指して、様々な子育て支援施策を展開している。元来、当地は、繊維産業が根付いて以来、子育て支援や教育環境の充実のために、官民一体となって取り組んできた地域である。例えば、早くから織子さんのためにケイテー、松文産業、山岸機業、白木興業、協和産業などの地元企業が造った「女子寮」、1960（昭和35）年には「県立勝山精華高等学校」の建設、1964（昭和39）年には「勝山女子高等学院」の建設など、働きながら学べる環境づくりに取り組んでおり、現代の人口減少、若者流出をくい止めるための先例として大いに参考とすべき地域であろう。そこには、今、国が推進する地方創生のルーツが息づいているまちでもある。

2022年4月、まちでは第6次総合計画がスタートした。10年後のまちの姿は、「わいわい　わくわく　安全安心のまち　かつやま」である。これをテーマに「2つの創る」と「4つの守る」を重点方針として、「2つの創る」では、①地域の未来を創る、②まちの楽しさを創る、「4つの守る」では、③子育て・教育、④福祉・健康、⑤産業・経済、⑥防災・生活環境、の6つの分野ごとに市政全般にわたる政策、施策が示されている。

6　ブランド力向上戦略によりさらなる活性化を目指す「大野市」

▼古くから、越前・美濃を結ぶ交通の要所として栄える

福井県の東部に位置する大野市は、人口3万人と小規模ながら、周囲を白山の支脈に囲まれ、同市の約87％を森林が占める地域であり、それだけに当地に一歩足を踏み込むと、その自然の豊かさには目を見張るものがある。

また、当地は古くから越前・美濃両国を結ぶ交通の要所として栄え、戦国時代に金森長近公が当地に赴き築城して以来、城下町の建設に着手したことで、約４４０年を経た現在でも、市街のいたるところに寺社仏閣、碁盤目状の道路などが現存し、その面影を今に伝えている。その１つに、おおよそ７００年前、道元禅師とともに中国で学んだ寂円禅師によって開かれ大本山永平寺に次ぐ第二道場として知られる宝慶寺がある。同寺の宝物館には多くの文化財があり、中でも道元禅師の肖像画は福井県指定の文化財となっている。杉木立の参道にひっそりとたたずむ同寺を訪ねると、ゆったりとした時間の流れを感じることができ、今の自己を見つめなおす場所でもあり、一度は足を運んで欲しいものだ。そのほか、大野には越前大野城、全国名水百選にも選ばれた御清水、七間朝市などが加わって、今では「北陸の小京都」として歴史・文化の匂い漂う地域でもある。

一方、金森長近公のあと、大野は、長谷川・青木・織田・松平氏を経て、１６８２（天和２）年、土井利房が大野に封ぜられたが、その７代目藩主、土井利忠公（１８１８～１８６２年）は殖産興業による財政改革と人材育成に注力し、その功績は高く評価されている。例えば、その家臣、内山良休は、武士でありながら商いを学び、大野藩で煙草や生糸などを産業化することを提案。１８５５年以降、越前、大阪、函館などで全国37店舗の藩直営店「大野屋」の運営に乗り出し、大野藩の財政立て直しに貢献した。また、その弟、内山隆左は、蝦夷地開拓を提案。１８５８年、洋式帆船「大野丸」を建造して、１８６４年、同船が根室沖で座礁するまで敦賀～函館間を往来し、人員、物資の運搬に努めた。さらに、土井利忠公は人材育成にも専念し、１８４４年、身分にかかわらず誰でも入学できる藩校「明倫館」を開設。これと並んで、洋学の研究にも注力した。家臣を江戸・京都・大坂（大阪）方面に送り、西洋医学や砲術などを学ばせ、１８５６年には「洋学館」を建て、緒方洪庵の適塾の塾頭伊藤慎蔵を教師に招いた。

１８７１（明治４）年の廃藩後、１８８９（明治22）年には町村制が実施され、大野・下庄・乾側・小山・上庄・富田・阪谷・五箇・西谷・上穴馬・下穴馬の１町10村となった。１８９６（明治29）年、下穴馬村から分立し石徹白《いとしろ》村が設立。下庄村は１９５１（昭和26）年11月に町制を施行。１９５４（昭和29）年に２町６村が合併して大野市が誕生し、その後、

1970（昭和45）年に西谷村を編入、2005（平成17）年に和泉村と合併し現在に至っている。

▼ブームを呼ぶ天空の城「越前大野城」

しかし、近年の大野市を眺めてみると、少子・高齢化の進行による人口の減少、主要産業である繊維産業等の衰退など、今後の地域振興を推進する上で極めて厳しい局面にあることも見逃せない。こうした中、同市では、2012年度から地域振興の施策として、地域が保有する食、自然、歴史、文化、伝統などの地域資源を活かし、磨き、育てることでブランド力をつけ、その魅力を域内外に効果的に情報発信する取り組みを検討する「越前おおのブランド戦略」の策定、推進に乗り出している。現在、同市ではブランド戦略の基礎となるキャッチコピーを「結《ゆい》の故郷《くに》　越前おおの」と定め、これをベースに多様なブランド戦略、戦術の展開を検討中である。そうした矢先、同市の大野城が「天空の城」として全国的に脚光を集める事態が勃発した。春と秋のシーズン、前日に雨が降った早朝から徐々に日が高くなるにつれ上空から霧が薄れるに伴い、大野城がぽっかりと顔を出す。まさに「天空の城」そのものの風情を楽しむことができるのだ。これに伴い、観光客も増加し、2016（平成26）年度は200万人に迫る勢いをみせている。

いずれにせよ、今、大野市は、県内外の人々に「大野のよさを知ってもらい、来てもらって、食べて、観て、体験して……」もらう、そんな仕掛けづくりを行い、徐々に成果に結びついているのである。「越前おおのブランド戦略」は、人、歴史、文化、伝統、自然環境、食など大野市が誇る魅力ある資源を磨き上げるとともに、大野市全体のイメージを大きくアピールすることで経済性を持たせ、市民が地域に自信を持つことで所得向上にもつなげていこうとするものである。

2020年以降の2年間はコロナ禍では観光戦略も苦労したが、それにもめげず同市では、2022年4月、市内事業者の稼ぐ力の向上につなぐ新しい戦略「越前おおの産業ブランド戦略」を策定した。市の観光誘客に対する取り組みも強化し、2026年度に市内宿泊者数を15万人、道の駅「越前おおの荒島の郷」売上を5億円などとする目標を掲げた。

地域の自立化・自活化を目指し、地域資源を活かしながら地域振興を図ることは、全国的に盛んだが、「越前おおのブランド戦略」は一味違う。そんな仕掛けをつくってもらいたいものだ。ひょっとして、そのヒントは、結の大切さを重んじる大野人《おおのびと》の人のよさ、ぬくもりといった気質に隠されているのかもしれない。それはともかく、今後の「越前おおのブランド戦略」に期待したい。

▼第6次大野市総合計画

2021年2月には、大野市では第6次大野市総合計画を策定した。新しい計画では、SDGsの考え方を取り入れ、10年後のまちの将来像を「人がつながり地域がつながる　住み続けたい結のまち」とした。それに関連して、大野市では、2021年3月、脱炭素社会にむけて、2050年までに二酸化炭素（CO_2）実質排出量ゼロに取り組む、「大野市ゼロカーボンシティ宣言」を表明した。

7　繊維、眼鏡枠、漆器のまち「鯖江市」

▼越前では最も遅く成立した鯖江藩

鯖江市本町に真宗誠照寺派の本山、誠照寺《じょうしょうじ》というお寺がある。元々、鯖江市はこのお寺の門前町として栄えていたらしい。鯖江市の『市制施行50周年記念誌』によれば、その起源は1207（承元元）年、親鸞上人の越後配流まで遡るといわれる。親鸞上人が配流の途中に鯖江を通過されるとき、豪族波多野景之の館で法を説かれたらしい。そして、1279（弘安2）年、親鸞上人の5子道性が、現在の誠照寺の地に堂宇を立て、この地に仏教を広められて以後、門前町ができ上がったと聞く。

江戸時代初期は、徳川家康の次男、結城秀康の所領に属したが、1645（正保2）年、丹生郡吉江（現鯖江市吉江）を中心に成立した吉江藩では、近世の近松門左衛門が幼少期を過ごしたという。1720（享保5）年には間部詮言《まなべあきとき》が越後村上から移封され鯖江藩5万石が成立。江戸中期の入封だけに、近隣諸国との軋轢もあったことだろう。以後、鯖江は城下町として、明治の廃藩まで続く。この間、藩主の中でも特に名声を誇ったのは、11歳で7代藩主となった間部《まなべ》詮《あき》勝《かつ》であろう。詮勝公は、1856（安政3）年、領民の憩いの場として嚮陽渓《きょうようけい》、現在の鯖江市西山公園の基礎を創った。また、幕末期の大阪城代や京都所司代を務め、井伊直弼が大老の時代には老中など江戸幕府の要職を務めたことでも知られている。老中の時期には安政の大獄で総指揮を執り、恐れられた時期もあったが、1859（安政6）年、井伊直弼のあまりの大獄に間部詮勝公は抵抗し老中を辞任、歴史の表舞台から姿を消していった。

鯖江の名の由来だが、『市制施行50周年記念誌』［鯖江市 2005］を見ると、このように書かれてある。「今から約2000年前、10代宗神天皇の時代に四道将軍の一人大彦命が北陸道賊徒討伐に巡行された。賊徒は神矢によってたおれ、その矢が鯖の尾に似ていることから地名を鯖矢と呼び、後に転訛して鯖江になったと伝えられている（「舟津社記」）。

▼繊維、眼鏡枠、漆器産業に特化

廃藩後、鯖江は鯖江県となったが、その後の県の統合廃止の中で、1881（明治14）年、福井県に移った。1889（明治22）年に町制を施行、その2年後に今立郡役場が置かれた。また1897（明治30）年には、かの勇猛な鯖江36連隊が神明・立待地区に置かれた。同年に2町5村が合併して市制を施行、鯖江市が誕生した。その後、北中山村を編入合併、1957（昭和32）年に河田村を編入合併して、現在の鯖江市が誕生した。

この間、当地の産業情勢をみると、当地の基盤産業といえば、古くから盛んであった繊維産業を挙げなければならない。特に、明治の半ば以後は、輸出羽二重の生産が始まり、昭和初期の世界恐慌により羽二重織物が衰退すると人絹織物に転換、「人絹王国福井」を支えた。昭和30年代以降は合繊織物が盛んとなり、現在では原糸、撚糸、整形・サイジング、織布、編立、染色、縫製など繊維に関する一連のメーカーが集積し、衣料部門以外にも様々な分野で果敢に挑戦する姿がみられる。

また、当地、鯖江と言えば多くの人々が周知している眼鏡枠産業がある。１９０５（明治38）年、増永五左衛門氏が、冬場の当地の手内職として少ない投資で現金収入が得られる眼鏡枠づくりに着目。当時、眼鏡枠づくりが盛んであった大阪から職人を招いて、当地の産業として根付かせた。そして、１９９２年のピーク時には眼鏡枠関連製品の出荷額が１２００億円に達し、輸出も５００億円を記録するなど、大いに飛躍を果たした時期もみられた。ただ、近年は、日本全体の生産額の9割以上を占めているとはいえ、イタリア、中国等の世界の産地との競合の中で、眼鏡枠の生産技術を活かした他分野への参入にも動きが活発となっており、今後の飛躍に期待したいところである。

最後に、当地に古くから根付き当地の基盤産業となっている河田地区の漆器産業を挙げなければならない。１５００年前に発祥と言われる河田の漆器は、堅牢でその優美さに定評があり、全国に広く知られるようになった。１８５０年ごろには、京都の蒔絵、輪島の沈金の技法を取り入れ、装飾的にも一層の進歩を遂げたほか、１８９０年代後半には、丸物以外に角物の生産も始まり、従来のお椀だけでなく、お盆、重箱、花卉などの生産も始まった。さらに、１９６０年代頃からプラスチック素材に漆を塗る技術が確立されると、旅館や外食産業などが使う業務用漆器の分野では全国シェア80％以上を占めるまでに発展した。

▼女性の活躍、常に先進的なまちづくりに挑む

さらに最近では、これら3大産業に加えドイツのＩＴ大手ＳＡＰなどのオープンデータを活用して「データシティ鯖江」を推進するなど、ＩＴ活用による地域活性化への取り組みも盛んである。いわゆる既存の3大産業プラスＩＴ産業化によって、4大産業のまちづくりを目指す鯖江市の姿が鮮明になりつつある。そのほか、行政面では、２０１４（平成26）年にスタートした女子高校生がまちづくりを提案する「鯖江市役所ＪＫ課プロジェクト」が話題を集め、昨年に

は鯖江市長がニューヨークの国連本部で開催された「SDGs推進会議」にて、女性活躍の推進などに関する市の取り組みの1つとして、同プロジェクトを全世界に紹介した。こうした革新的な政策と合わせて魅力が増大する鯖江市は自ずと若者からの共感も集め、福井県では数少ない人口増加都市として注目されるまでになった。特に、当地の3大産業をみると、繊維、眼鏡枠、漆器ともに女性の活躍が産地を支えてきた事実は否めない。さらに、昨今の市場ニーズは女性の趣味・嗜好・考え方から生まれるケースが多く、時代の流れの中で女性活躍社会の実現は当然といえよう。鯖江市は、まさにそうした時代にふさわしい女性の働き方、女性の生活感、女性の感性を重視した一歩前に出る戦略を実践しているわけだ。

いずれにせよ、時代の先を走り続ける革新的なまち鯖江市の益々の発展に期待したい。

8　「あたりまえ」が普通にあるまち「池田町」

▼「あたりまえ」の原風景が、「池田のきほん」

福井県と岐阜県の県境に位置する池田町は、人口わずか2300人、まちの9割が森林に囲まれた山間のまちである。域内には信号がたった2つだけ。コンビニエンスストアもない。これまで豊かで厳しい自然と常に寄り添いながら四季折々の景色や食を楽しみ、地元民の手だけで心地よい暮らしをつくりあげてきた。それゆえ、この地を訪れた人々は、知らないうちに人や自然のぬくもりを感じることができるまちでもある。日本人が忘れかけていた「あたりまえ」が普通にある風景は、どこか懐かしく美しい。池田が誇るブランド牛、ゴミ一つ落ちてない道、季節の変わり目、春と秋だけに現れる池田町の絶景、田んぼの稲が風にそよぐ景色、ずらりとならぶ石仏群、どれも田舎の原風景、これが「池田のきほん」でもある。原風景を楽しみながら、このまちを散策するのも面白い。

▼760年続く伝統行事、「水海の田楽能舞」

能楽の里として古くから田楽や能が奉納されてきた池田町では、鎌倉時代から現代にわたり、約760年もの間受け継がれてきた伝統行事がある。それが「水海の田楽能舞」である。田楽とは、五穀豊穣の願いや豊かな実りを感謝するための舞。能は、貴族中心にたしなまれたもので、日本の文化として長く継承されてきたものだ。池田町では、この田楽と能、2つの舞をあわせて奉納することから、この伝統行事は、国の重要無形民俗文化財に指定されている。そのほか、元日の未明に川で身を清める「大本のみそぎ」や、農作業の様子を模倣して豊作を祈願する「ばいもしょ」[2]などの特色ある正月行事も伝承されている。また、スワの神とアズキの神をまつる須波阿須疑《すわあづき》神社では、毎年2月6日に「能面まつり」が行われ、文部科学省認定の重要美術品となっている能面が公開されるほか、参拝者に小豆粥が振舞われると聞いている。また、この神社では、毎年6月9～11日にかけ、この地域で最も大きい例大祭「池田大祭」も行われる。

▼喫緊の課題、人口減少対策

いわゆる「平成の大合併」で多くの近隣自治体が合併していく中、池田町は単独でまちづくりを実践する道を選んだ。その後、地域をあげたまちづくりに取り組み、2006（平成18）年に環境自治体グランプリで環境大臣賞、2007（平成19）年に環境保全型農業推進コンクールで農林水産大臣賞、2009（平成21）年に日本観光ポスターコンクールで日本一となるなど、小さくても輝くまちづくりの実践を積み重ねてきている。しかし、一方では、まちの人口は一貫して減少がつづき、これにどう対応していくかが大きな課題となってきている。

こうした状況下、地域では、これまで同様大きな政策転換は行わず、農村だからこその「美しさ」や「豊かさ」を活かしたまちづくりを進める方針を打ち出している。今までの努力を全否定する「新たな計画」は必要ない。これまでの成果を生み出してきた着実なまちづくりを土台として、これからの地域を担う若い世代の「定住・移住」を具体化させるための視点・着想を加えて、「まち育て」として「実行実践」することが肝要ということだ。

こうした中、池田町では、2020年、まちに恵みをもたらす豊かな森と共に、生きてきた人々の暮らしを守り育て、100年続くまちづくりに取り組んでいくため、「木望の森100年プロジェクト」(3)をスタートさせた。無論、このプロジェクトに関連して企画されたオフィス家具製造プロジェクトや木質バイオマス熱供給モデル事業、食の文化祭など多様なプロジェクトの中には、地域の経済性を磨き高める可能性を秘めていることはいうまでもない。

9　1300年の歴史と製造業のまち「越前市」

▼「越国」の中心「府中」として

越前市は、2005（平成17）年、武生市と今立町の合併により誕生したが、文化財保有数が県内一である事実からもわかるように、福井県内の中では越前の中心的地域として古くから発展してきたことがうかがえる。ちなみに、承平年間（931～937年）に成立した『和名抄』によると、既にこの頃から越前の国府が丹生郡にあったことが記されており、その他の文献を調べると、実際には708（和銅元）年頃より「武生」に国府建設が始まったらしい。その頃、武生盆地では農業が、また繊維、製紙、窯業などの産業も盛んに行われ、経済・文化の中心地であったようだ。また、平安時代には、「源氏物語」の作者で有名な紫式部が。越前国守となった父、藤原為時《ふじわらためとき》について1年余り武生で暮らしている。その証に、源氏物語の中には武生の地名が登場する。奈良・平安時代の越前国府は「たけふ」と呼ばれていた。「府中」と呼ばれるのは中世以降である。

戦国時代、朝倉氏が滅びると、織田信長は府中を中心とした三郡、合わせて十万石を、不破光治《ふわみつはる》、佐々成政《さっさなりまさ》、前田利《まえだとし》家《いえ》に支配させた。この3人は府中三人衆と呼ばれ、協議制で領内を治めた。佐々成政の居城であった小丸城跡には、今も一部に野面《のづら》積みの石垣が残っている。府中で大名になった利家は城を築き、家臣団を組織した。前田氏100万石の礎はまさに府中で築かれたのである。関ヶ原の戦いの後、結城秀康が福井藩主となる。この時、家臣本多富正《ほんだとみまさ》が福井藩の付家老として秀康に従い、3万9000石の府中領主となった。富正は、戦乱のため荒れ果てていた府中の整備や日野川の治水工事、町用水・道路工事などに着手。また、打刃物や織物など産業の発展にも力を尽くし、今の越前市の基礎を築いた。本多家は明治維新まで9代にわたって府中領主として支配を続けるのである。1869（明治2）年、中世以降「府中」と呼ばれていた地名が「武生」と改められ、1889（明治22）年の町村制の導入により、武生町が誕生した。1869（明治2）年の華族制度によりかつての大名は華族となった。江戸時代を通して大名格扱いを受けた本多氏は当然華族になると思われたが、福井藩は福井藩の家来ということで士族としたため、これに反対した家臣や町人は、1870（明治3）年に暴動を起こした。これを武生騒動という。この結果、1879（明治12）年、本多副元《ほんだすけもと》は華族に加えられ、1884（明治17）年に男爵を授けられた。1948（昭和23）年、武生市が誕生。その後、1959（昭和34）年にかけて近隣の9村を編入し、1990（平成2）年には人口7万人を超える都市として成長した。そして2005（平成17）年、旧今立町と合併し現在の越前市が誕生した。

▼伝統的工芸品産業と製造業のまち

現在、越前市の人口は8万人と福井県内では、福井市、坂井市に次ぐ人口規模にあり、これを支える主要産業をみると、電子・自動車・家電部品産業やニットアパレル産業などが盛んで、福井県下第一の製造品出荷額を誇る「ものづくり都市」としても名高い。ただ、これらを支える企業は、福井村田製作所やアイシン・エイ・ダブリュウ工業、信越化学など、県外資本のウエイトが高く、そのため地域の課題としては、ローカル企業の育成を今後どのように図っていくかといった点もある。また、当地は、昔、大陸から日本海を渡ってきたモノづくり技術がこの地に根づき、今日でも越前和紙や越前打刃物、越前箪笥などの伝統的工芸品の産地となっており、新旧あいまみえる工業地域といった点で極めてユニークな地域でもある。市街地に入ると、中心部には白壁の蔵が立ち並ぶ「蔵の辻」と呼ばれる一角があり、大正から昭和初期に建てられた木造の店舗や蔵を再生し、伝統的建設物を活かしたまちなみとなっている。また、寺町通りと呼ばれる京町界隈は、国分寺や総社大神宮をはじめとする、多くの由緒ある寺社仏閣や昔ながらの町屋が点在し、その落ち着いた風情が越国の中心都市として栄えた面影を残している。

一方、市の西部地域には豊かな里地里山が残されており、希少野生生物も多く生息しているため、２００４（平成16）年度に、環境省の「里地里山保全再生モデル地域」に選定された。この地には、40年前にコウノトリが飛来したことがあり、地域の人達は、コウノトリが再び飛来することを夢見て、環境調和型農業や里地里山の保全再生に力を注いでいる。

いずれにせよ、越前市は古い歴史、文化、伝統に恵まれた地域が故に、これらを活かしたまちづくりを推進しながら、一方では福井県最大の工業地域として、リアリティを最優先させた発展を模索するという多様な顔を持ち合わせたまちでもある。

▼多文化共生の地域づくり推進

これまで述べてきたように、越前市には福井村田製作所やアイシン・エイ・ダブリュウ工業、信越化学など県外大手企業があり、こうした大手企業の雇用対策として外国人労働者の数も多い。今後も企業の旺盛な求人ニーズに伴いさらに外国人の増加が予想される今、同市ではすべての市民が国の有無を問わず相手を尊重し、歩み寄りながら理解していくことの必要性の啓発と外国人市民の自立のための施策づくりに乗り出している。具体的には、多文化共生社会実現に向けた共生プログラムの啓発をはじめ、日本語教育の環境の充実などコミュニケーション支援や、外国人市民に対する医療・教育・保育・就職などの生活支援、外国人の能力を活かし人材活用の検討などを通じた地域活性化やグローバル化への貢献などである。

地方創生、人口減対策が当たり前のように各自治体の施策として求められる中、この多文化共生の地域づくりにより、福井県内にまた1つ新しい顔を持つ自治体が誕生してくれることを期待したい。

▼北陸新幹線開業を前に

2025年度には、この地にも北陸新幹線が開業する。北陸新幹線駅「越前たけふ駅」周辺は、まだまだ開発途上であるが、開業を前に越前市がやるべきことの1つを考えると、それはやはり観光業の育成であろう。

現在、越前市は県内市町の中で約1割の経済力を誇る。しかし、『福井県観光客入込数・推計』（2019年）(4)によれば、年間観光入込数は8・8％と十分な入込とはいえない。元来、丹南地域は、文化、歴史などの観光資源の宝庫であり、こうした地域特性から判断すると、越前市の観光産業はまだまだ伸びる余地を残しているような気がする。

新型コロナウイルス感染症の影響が出ていない2019年の『福井県観光客入込数・推計』から目的別入込状況をみると、その目的が産業観光とする入込は10万8000人で福井県全体の5・7％、イベントが1万8000人で同1・2％と少なく、文化・歴史を目的とする入込は47万9000人で福井県全体の5・1％に過ぎない。越前市には、寺社仏閣だけで192の施設を保有しているほか、紫式部公園、各種の伝統的工芸品産業など数多く存在すると聞く。こうした現実を勘案すると、越前市は、そこに文化・歴史資本がありながら、うまく有効活用が図られておらず、観光産業に結びついていない現実が浮かびあがる。

こうした現状から、今後の観光産業の振興を考えると、イベント面では、新たなものを構築するのではなく既存資源の活用として、また全国的にみても唯一となった「たけふ菊人形」のさらなる振興策が重要課題といえよう。確かに、同イベントへの入場者数は頭打ちだが、これが復興することによる経済効果は大きい。

最後となるが、越前市にはいまだ多くの観光資源が眠っている。前述した「たけふ菊人形」の活性化を起爆剤に、こうした歴史・文化遺産の活用へと結びつけ、越前市観光産業のさらなる発展につながることを期待したい。

10 福井県ブランド〝越前がに〟のまち「越前町」

▼食のブランド「越前がに」

福井県の嶺北地方西部に位置し、人口1万9000人あまりの越前町。このまちは、2005（平成17）年に、旧朝日町・旧宮崎村・旧越前町・旧織田町の4町村が合併し誕生した。これら4つの地区は、それぞれに歴史、文化、自然、食などの面で固有の特徴を持ち、そういう意味では多様性に富んだ、様々な可能性を持つ地域ともいえよう。そのため越前町のキャッチフレーズは、「海と技　海・土・里、織りなす　快適な町」となっている。ただ、一般には、〝全国に名だたるブランド「越前がに」を中核とした港町〟としてのイメージが強く、越前町全体が港町と思う人々も多いようだ。また、当地にアクセスする交通の便は極めて悪く、JR、電車の駅はなく、路線バスも一日数本しか走っていない。とはいえ、多い時には年間200万人の観光客が訪れるまちなのである。お目当ては、やはり「越前がに」、そして海岸線の壮大な景観なのであろう。

先日、4つの地区（あさひ、みやざき、えちぜん、おた）の地域特性を知るために、当地にある「越前町織田文化歴史館」を訪ねた。その資料館の常設展示場一角にある地域の紹介から、以下のような地域固有の特徴を確認することができた。それによると、このまちの東部に位置するあさひ地区は、西に越知山、最高所の六所山を配する山林部が大部分を占め、東端に大王川が流れをとる南越盆地の平野部が展開している。白山を開いた泰澄大師ゆかりの社寺が多く、白山信仰にまつわる数多くの文化財を所蔵し、その信仰の証を今に伝えている。また、戦国武将が愛した曲舞の1つ、幸若舞の発祥の地であり、江戸時代は西尾藩の陣屋も存在していたという。つまり、この地区は、泰澄大師が残した多くの寺社仏閣により歴史と文化豊かな地域なのである。

一方、南に位置するみやざき地区は、「大部分を山林が占め、良好な粘土が産出されることから、古くから焼物の産地として発展してきた。奈良時代に始まった須恵器《すえき》生産は平安時代前期に盛行し、越前国一円に供給されるまでになる。平安時代後期、12世紀後半になると、その一大生産地から越前焼が誕生する。室町時代には窯が大規模化し、江戸時代にかけて日本海を席巻するまでに流通し焼物としてのブランドを築いていった。その伝統は、えちぜん陶芸村を中心として、今に受け継がれている。つまり、みやざき地区は、日本六古窯の1つ越前焼の伝統の技が息づく地域なのである。

西部に位置するえちぜん地区は、越前加賀海岸国定公園を保有するなど、自然豊かな地域である。古くから漁業・塩づくりなどの遺跡が確認でき、海文化が根づいており、海岸沿いには今でも6カ所の漁港がひしめき、越前がにの漁獲としても知られている。越前がには室町時代の貴族の日記に出てくるため、ズワイガニ漁は500年近くの伝統があった可能性が考えられる。また、越前海岸はフサザキスイセンの三大群生地の1つであり、冬の日本海沿岸を賑わせている。つまり、この地区は、福井県の食卓を支える港町で、越前がに・越前水仙など県を代表するブランドを持つ地域なのである。

最後に、まちの中央部、おた地区を見てみよう。同地区は、山林が大部分を占め、織田盆地を中心として劔神社があることで、古くから門前町として栄えた。織田は渡来文化の影響で、織物が盛んな地であったことは地名からも見て取れる。また、織田信長の先祖は劔神社の神官出身との伝承もあり、戦国武将、織田氏の発祥の地としても有名である(5)。

▼織田信長公ゆかりの社「越前二の宮劔神社」

劔神社は、奈良時代より祈願の霊場と尊ばれ、朝廷をはじめ多くの人々から厚い信仰を受けてきた。現在、劔神社は国宝の梵鐘を所蔵しているが、これは第49代光仁天皇の御奉納といわれている。中世以降は、朝倉氏を始め武将の崇敬も厚く、特に織田信長公は氏神と崇めて、格別の信仰をもって神領を寄進するなど、神社を保護した。江戸時代の末には、伏見宮家の御祈願所と定められ、拝殿の御寄進をいただき厚い尊崇をうけて今日に至っている。越前国二の宮として一の宮の氣比神宮と共に、福井県民はもとより県外の人々からも篤い信仰を受けている神社でもある。

▼５つの温泉

一方、当地には、海と里、合わせて５つの温泉がある。訪れる人々にとっては、日本海に沈む夕陽を眺めながら、森に囲まれ鳥のさえずりを聞きながら、駆け足の旅だけでは味わえない、癒しとくつろぎを感じる機会にもつながる。訪れた際には、ぜひ楽しんでもらいたいものだ。

11　今庄宿と北前船「南越前町」

▼「おろし蕎麦」発祥の地

福井県の中央部に位置し、山（今庄地区）と海（河野地区）、里（南条地区）といった３つの地区それぞれに固有の特徴を持つ人口１万人あまりの小さな町、南越前町。とりわけ今庄地区は、その大半が山間地だけに、その厳しい環境を活かした蕎麦の栽培が盛んで、現在も「今庄そば」はこの地区一番の福井県を代表する特産品として知られている。一説では、同地区の蕎麦は、約４００年前の１６０１（慶長６）年、府中（現越前市）に赴任した本多富正公が京都伏見から「そば職人」を呼び寄せ、城下の人々の非常食として栽培させるとともに、大根おろしを蕎麦にかけ食べることを奨励、それが福井の「おろし蕎麦」の始まりだともいわれている。当地は季節の変化にともない寒暖の差が激しく、雪どけの良質の水に恵まれるとともに、霧が深い山間地はよい蕎麦を生む最適な環境を備えた場所であったことも蕎麦づくりが盛んとなった所以かもしれない。

▼北国街道沿いの宿場町

今庄地区と言えば、江戸時代に近江米原（滋賀）より越前今庄（福井）を経て、直江津（新潟）につながる北国街道の宿場町として栄えたことは言うに及ばない。当地にあって古くから幾重にも重なる南条山地は北陸道最大の難所でもあり、山中峠、木ノ芽峠、栃ノ木峠、湯尾峠のいずれの山越えの道を選んでも今庄宿は避けて通れぬ場所であった。そのため、福井の初代藩主、結城秀康公は、北陸道を整備するにあたり、今庄を重要な宿駅として防御に配慮した街並みの整備を図った。こうして文化年間（1804～1818年）には、北国街道に沿って南から北へ向かって、上町、観音町、仲町、古町、新町の五町ができ上がり、家屋が櫛の歯のように立て込みながら、街並みは1㎞以上に及んだという。江戸時代のある旅日記には、茶屋で田楽やそばが売られ、都なまりの言葉で呼び込みをする今庄宿のにぎやかな情景が記されている（「北国街道今庄宿」南越前町より）。宿場の中心部、仲町には、福井・加賀両藩の本陣や脇本陣、問屋、多くの造り酒屋や旅籠が立ち並び、天保年間（1830～1844年）には今庄宿全体で戸数290余り、うち旅籠50軒、鳥屋15軒、茶屋15軒、酒屋15軒があったとされ、今も街並みには当時の宿場町の面影を感じ取ることができる。

このように、古くから峠越えの道がすべて集まる今庄は、北国の玄関口として交通の歴史とともに歩んできた。ただ、明治に入ると江戸時代の宿駅制が廃止され、さらに陸運の手段が人力車や荷車に変わり、1888（明治21）年には新国道（国道8号線）が開通。今庄宿は徐々にその活気を失っていく。

こうした中、2021年の5月21日、文化審議会は重要伝統的建造物群保存地区（重伝建）として、この今庄宿を選定するよう元萩生田光一文部科学相に答申した。江戸時代に宿場町として栄え、昔ながらの地割りや、重厚感のある町屋が立ち並ぶ歴史的な町並みが評価されたのである。対象となるのは今庄宿のほぼ全域の旧北国街道約1・1㎞区間、約9・2ha。エリア内には昭和30年代以前に建てられた「伝統的建造物」の対象が約160戸あり、そのうち景観の維持・復元について所有者の同意が得られた118戸が同建造物として登録されることになる。これにより、今庄に今も現存する「旅籠　若狭屋」、「脇本陣　京藤甚五郎家」、「社会教育の拠点　昭和館」などが、これまで以上に注目を集めることになるであろう。こうした事実は、10年以上前から町並み保存活動を続けてきた同地区にとって大変喜ばしいことでもあり、この重伝建の指定が新たな町おこしの起爆剤になることを大いに期待したい。

コロナ禍で世界そして日本においても将来が危ぶまれる時代ではあるが、ひょっとしてこれからの日本の再生は、こうした地方圏の足下にある資源の磨き上げにかかっているのかもしれない。

▼北前船主の館　右近家

一方、越前海岸の南端、敦賀湾の入り口に位置する旧河野村（福井県南条郡南越前町河野）。当地には、江戸時代から明治時代にかけ北前五大船主として名を馳せた「北前船主の館　右近家」がある。では、この地域にある右近家は、いったいいつ頃誕生したのであろう。一説によれば、初代、右近権左衛門が一軒の家と一槽の船を持ち、船主として名乗りを上げたのが1680（延宝8）年の頃と言われる。その後、右近家の廻船経営が明らかとなるのは、江戸時代の中頃、天明年間（1781～1789年）、7代目権左衛門の頃からである。

7代目は蝦夷地と敦賀・小浜等を往復し物資を運ぶ近江商人の荷所船の船頭をする傍ら、自分で物資を売買する買積み商いを始め、次第に北前船主としての道を歩み出したのであった。こうして北前船の基礎を築いた8代目、繁栄を極めた9代目と続いていく。10代目は、明治時代中頃から衰退していく北前船主の中でいち早く汽船を導入し輸送の近代化をはかる一方、海上保険会社の創立など事業の転換をはかった。11代目は、日本海上保険会社と日本火災保険株式会社の合併や右近商事株式会社など経営の基盤を確立した。そして、12代目、安太郎氏は右近家の歴史と伝統を受け継ぎ日本火災海上保険株式会社の社長を長く務める一方、旧河野村の北前船歴史村事業に賛同し、本宅を村の管理にゆだね「北前船主の館　右近家」として一般に公開し、現在に至っている[6]。

12　鉄道と湊、グローバルな人道支援のまち「敦賀市」

▼敦賀湊を主軸に「北国の都」と呼ばれる

福井県の中央部、人口6万3000人あまりの敦賀市は、古くから天然の良港に恵まれ、大陸文化の玄関口として多様な歴史をつくりあげてきた。例えば、1882（明治15）年には日本海側初の蒸気機関車が走り、「港と鉄道のまち」として発展。近年は、新たなフェリー定期航路やコンテナ船航路の開設、2006（平成18）年にはJR北陸本線の直流化に伴う新快速電車の直接乗り入れ、さらに2014（平成26）年には舞鶴若狭自動車道の延伸、2024（令和6）年には北陸新幹線の敦賀開業が予定されるなど、さらなる高速体系の整備により新たな進化が期待される地域でもある。

敦賀市にある敦賀港、かつての敦賀湊は、古代日本における三大要津（湊）の1つとして、渤海国や宋国をはじめ大陸諸国との交流拠点として大いに繁栄した地域と聞いている。また、現在ある敦賀市旧市内の原型は、13世紀後期以降、16世紀末に至るおおよそ300年の間に形成されてきた敦賀津にあるといわれる。津とは中世の〝みなと〟のことであり、別名〝とまり〟ともいわれたらしい。『福井県史通史編2　中世』[福井県編 1994a] には、1309（延慶2）年に書かれた文書「敦賀津島辻子左近允《さこんのじょう》」の中に、氣比社の西門大鳥居の西方に成立した門前町、鳥居辻子《とりいずし》町の存在が記されており、敦賀はこの時代、既に街並みが形成されていたことがわかる。ちなみに、〝辻子〟とは街路を意味する言葉らしい。近世では城下町が地方の都市の主流となるが、中世では湊町が地方の都市を代表するものとして発達したのであろう。16世紀末、戦国時代の終わりには、豊臣秀吉によって荒廃した都の復興と、聚楽第、大阪城の建設が進められるが、その時、敦賀は東北地方で採り出された加工材「太閤板《たいこういた》」の移入地となる。江戸時代初期には日本海沿岸地域に領地を持つ大名の年貢米も敦賀に移送され、ここから京都・大阪へと運ばれていった。17世紀後期の文学者井原西鶴は、人や物資が行き交い繁盛する敦賀を「北国の都」(日本永代蔵)と評した。こうした盛況の中、豪商打它宗貞《うちだむねさだ》、高嶋屋伝右衛門、道川兵二郎などの豪商が成長していった。18世紀後期から19世紀末にかけ、北前船交易が盛んとなる。北前船とは、大阪から瀬戸内海、日本海をへて北海道に至る航路を往復し、各寄港地で積荷の販売、仕入れをしながら利益を得る、いわば「海の総合商社」であった（敦賀市立博物館資料より）。敦賀湊の移入品の筆頭はニシンと昆布で、ニシンは油を搾ったあとのしめかすが肥料として東海、近畿地方に送られた。また、主な移出品は、伊勢、美濃、近江産の茶、敦賀産のむしろ、縄などであった。

明治期、敦賀の近代化は、立石岬灯台と鉄道の整備により劇的に加速した。１８９９（明治32）年に開港場（外国貿易港）の指定を受け、その3年後には敦賀とウラジオストック間に直通航路が開設された。政府は敦賀を神戸や横浜と並ぶ重要港湾に指定、１９１０（明治43）年には駐日ロシア領事館が開庁、１９１２（明治45）年にはシベリア鉄道を利用して、ヨーロッパの各都市を結ぶ拠点港となった。さらに同年、東京新橋駅と敦賀金ヶ崎駅間に欧亜国際連絡列車が運行を開始、ここに敦賀は関西・東海地方の商業都市を背にシベリア鉄道を通じてヨーロッパ各国に直結する国際都市として戦後まで発展していく。

▼グローバルな人道支援のまち

２０１７（平成29）年9月24日、国連教育科学文化機関（ユネスコ）の国内委員会は、記憶遺産の候補の1つとして、第二次世界大戦中、ナチスドイツの迫害から多くのユダヤ人を救った「命のビザ」で知られる外交官、杉原千畝氏を選定した。「命のビザ」を発給された多くのユダヤ人難民は、シベリア鉄道でユーラシア大陸を渡り旧ソ連・ウラジオストックから船で敦賀港へと渡り、米国やオーストラリアへと旅立っていった。同市の資料館「人道の港　敦賀ムゼウム」には、杉原氏の功績や当時の敦賀市民の協力の様子、ユダヤ人難民が残した腕時計や証言記録などのゆかりの資料が残っている。またそれ以前の大正年間にも、敦賀港にはポーランド孤児たち約千人あまりを上陸させ、救いの手を差し伸べていたのである。まさに敦賀はグローバルな人道支援のまちとして歴史の中に存在していたのではないか。

このように素晴らしい歴史を保有する敦賀市ではあるが、今後の展望を考えると、いささか厳しい状況も見え隠れする。なぜなら、現在の敦賀市は原発関連収入に依存せざるを得ないという特殊な状況があるからだ。その状況から離脱するには、やはり新たな産業の創造ということになる。その場合、何を売りに敦賀市は前に進むべきであろう。その答えは、これまで敦賀市が創り上げた歴史の中に見つけ出せる気がする。例えば、原発は基本、安全・安心という意味では課題が残るものの、環境という面では極めて優しい。そんな地域が敦賀市なのである。それと合わせて人道支援のまち、これを売りに新たな経済性を持たすことはできないか。環境に優しく人道支援に満ちた優しいまち敦賀、そして観光、そんな地域性を次の時代にぜひ役立たせてもらいたいものである。それを後押しするかのように、2015（平成27）年10月、敦賀市金ヶ崎町にある敦賀赤レンガ倉庫がリニューアルオープンした。

▼北陸随一の長まつり「敦賀まつり」

敦賀市は、〝鉄道と湊、グローバルな人道支援のまち〟としての顔以外にも、自然景観や海の幸、様々な歴史・文化財を持つまちでもある。例えば、自然では、日本三大松原と呼ばれる「気比の松原」やエメラルドグリーンの水が広がる無人島「水島」。海の幸としては、日本海の荒波にもまれた「敦賀ふぐ」や冬の味覚の王様「越前がに」が有名である。文化財では、緑に包まれた北陸道の総鎮守「氣比神宮」や恋の宮・桜の名所の「金崎宮」、そのほか漫画家松本零士氏の漫画のキャラクター像が、訪れた人の目を楽しませてくれる。

また、9月半ばになると北陸随一のイベント「敦賀まつり」（「氣比神宮例大祭」）が始まる。9月2日宵宮祭、3日神幸祭、4日例大祭、5日より10日迄後祭、15日の月次祭を以って終わる氣比の長祭として地域は無論、全国的にも知られた祭りの1つでもある。期間中、境内外には露天興業が軒を列ね、練山引山や、市内各種団体の神賑奉納行事もある。北陸はもとより、京都、大阪、滋賀、愛知など、各府県からの参拝者も多く、例年、域内外から15万人の来訪者でにぎわいをみせる。2日の宵山祭は例祭の前夜祭にあたり、宵山巡行がないと本祭りは始まらないと言われている。「宵山」という山車の上で、子ども達が踊りを奉納し、笛や太鼓などの賑やかなお囃子と共に市内を巡行する姿は、見物客を魅了する。2021年の祭りはコロナ禍で中止となったが、何とか復活してもらいたいものだ。

▼ハーモニアスポリス構想の推進

一方、敦賀市では、現在、人口減少が進み、各自治体の地方創生の取り組みが激化することは近隣自治体同士での人口の取り合いを招き、かえって地域の活力をなくす危険性があるとして、地域間競争ではなく地域間協調（ハーモニアス）を重視し、敦賀市と周辺地域がそれぞれの優位性を活かしながら連携して、共に発展を目指すハーモニアスポリス構想を策定した。この構想では、敦賀市とその周辺地域における新たな産業の創出や雇用の拡大などにより、広域的な経済圏・生活圏の形成を目指している。

▼北陸新幹線敦賀開業を前に

2024年度の北陸新幹線敦賀開業を前に、終着駅となる敦賀駅では2020年2月から新幹線ホームを覆う建物の工事がスタートした。デザインコンセプトは、「空に浮かぶ～自然に囲まれ、海を臨む駅～」だそうだ。整備新幹線の中でも最大規模の駅舎が威容を誇る。また、駅周辺でも、JR敦賀駅西側の市有地では、書店を中心とした「知育・啓発施設」が入る複合棟、ホテルなどの整備が進んでいる。いずれも2022年秋にオープンする予定だ。延伸を控え、敦賀市は市民や観光客らが集まる拠点になることを目指している。敦賀市のメリットは、北陸新幹線の大阪開業まで、敦賀市が終着駅効果を最大限発揮できること。それだけに、地域の自然、歴史、文化、食など様々な独自資源を使って固有の価値を高め、地域のプレゼンス力を確立できるか否かが重要なポイントとなるであろう。

13 〝へしこ〟のまち「美浜町」

▼美しい自然、地域人の心にふれる

福井県の若狭地方では最も東南にあるまち美浜町。このまちは1954（昭和29）年、福井県三方郡の北西郷村、南西郷村、耳村、山東村の4つの村が合併して誕生した。美浜町名のルーツは、この地域が昔から「弥美庄《みみのしょう》」とも呼ばれていたことに由来し、その「美」と合併前の4村ともに海に接して美しい浜辺があることから「浜」の字を加え「美浜町」となった。

美浜町はその名の通り、美しい浜を持つまち。しかし、その魅力は美しい海だけでなく、湖もあり、川もあり、水が織りなす美しい景色、恵み、そこに暮らす人々の温かさが心地よいまちでもある。美しい海水浴場、渓流の里を含め耳川沿いの釣りをするスポットが数多く点在し、三方五湖の美しい景色を楽しむことができる。例えば、〝海〟をキーワードに当地を見ると、美浜町は、海水浴場が7カ所あり、海のレジャーを満喫できる地域でもある。特に、水晶浜海水浴場は、紺碧の水面ときらきらと輝く砂浜が美しく、毎年十数万人の海水浴客でにぎわいをみせるという。〝湖〟をキーワードとすれば、5つの湖を持つ三方五湖が思い浮かぶ。特に、菅湖とその間に顔を見せる山々の風情は絶賛である。〝川〟ならば、美浜の中心部から若狭湾に向けて流れ出る耳川とその支流が私たちの心を癒してくれる。渓流でのバーベキューもよし、釣りもよし、心地よいせせらぎの音を聞きながらゆったり過ごすことができる。次に〝山〟、地域に連なる山々は、四季折々の表情を訪れた人々に提供する。最後は〝人〟、人口わずか9000人足らずの小さなまちならではの人情味がここには息づいている。豊かな自然に決して負けない魅力的な地域人がこの地で暮らしているわけだ。いずれにせよ、当地は、豊かな自然と人情味あふれるまちであり、このまちに行けば、40件を超える宿が私たちを迎えてくれる。

▼〝へしこ〟のまち

一方、地域の食材も素晴らしい。夏は三方五湖産の天然ウナギや旬の魚、さらに美浜のへしこなど。へしことは、鯖などの魚を塩漬けにした後、糠や調味料で本漬けを1年程度行い発酵させた食べ物。当地のへしこは、鯖を漬け込むヌカと塩以外に醤油や酒、みりんなど独自の調味料を使用するところが特徴である。そのほか、冬は若狭湾で育った良質で身が引き締まったトラフグ、美浜町日向で水揚げされた寒ブリ、日本海を代表する冬の味覚の王様「越前がに」を、口当たりがよい地酒とともに楽しむことができる。

▼多彩な祭りが息づくまち

美浜町は、歴史豊かなまちだけに、そこに根づいた独特の祭りも興味深い。例えば、「彌美《みみ》神社の王の舞」。毎年5月1日に行われる彌美《みみ》神社の例大祭で、五穀豊穣を祈り奉納される舞のこと。夕方、午後4時頃から始まり、約1時間かけて舞が催される。色鮮やかな装束を身にまとい、優雅で迫力のある舞が特徴で、福井県の無形民俗文化財に指定されている。「織田神社の王の舞」は、毎年5月1日、少年が踊り手となる王の舞や、働き盛りの男性による獅子舞が披露される。この2つの神事は、床を力強く踏む動作が特徴で、昔ながらのやり方を守る伝統ある神事でもある。「新庄の八朔祭り」は有名である。八朔とは旧暦の8月1日のこと。新庄にある日吉神社の八朔祭は、若者たちが豊作を祈り、祭り最大の呼び物は「暴れ天狗」。この祭りは福井県内でも一番の奇祭と言われる。そのほか、「日向の八朔祭り」、「宇波西神社の王の舞」、210日を前に厄日が無事であることを祈って奉納される「風祈能」など、挙げればきりがない。

▼「はあとふる体験」

これまで述べてきたように、当地は海辺にありながら、海だけではなく山や川、里の暮らしが共存するまちであること、さらに長い歴史の中で育まれた文化・伝統を保有していることなどから、それを活かした地域独自の活性化策も興味深い。その1つが美浜町の「はあとふる体験」である。若狭の自然、歴史、文化、産業に根ざしたありのままの暮らしや生き様の中で、体験者と地元住民とのほんものの体験交流（体験学習或いは参加型観光）を通して、人と人との交流、人と自然との関わり、豊かな食文化や生活文化などのふれあいを通じて、それら価値の大切さを再確認することができる。特に、修学旅行などの教育旅行ではコミュニケーション力が身につくほか、ボート体験、農林業体験（稲刈り体験、みんなで田植え体験、里山でキノコ類の菌打ち体験等）、漁業体験（大敷網・食体験、しじみ魚体験、魚さばき体験等）、自然アウトドア体験（ボート体験、三方五湖カヤックで大冒険体験、渓流釣り・川魚さばき体験等）、工芸・歴史文化体験（つる細工作り体験、ビーチクラフト作り体験、禅の心体験等）など約50のメニューが訪れる人々に多様な感動を与えてくれる。参考までに、参加者数は、あのコロナ禍の2021年でも述べ4200人と、前年実績の2倍以上に達し、参加団体数も54と過去最高を記録、これからのニューノーマルな時代に即した新しい体験旅行として、人気が高まることを期待したい。

▼全ての地域資源を活かしながら

このように、当地は自然・歴史・文化・風土など、今ある地域資源を最大限活用し地域づくりを実践するまちといえるが、この地の産業の1つでもある原子力発電所の将来性を考えれば、新たな経済性を追求することは必要である。そのために、地域の観光分野に体験学習或いは参加型観光というやり方を導入し、今ある地域資源を活用し連携させながら、地域住民に参加してもらって経済性を高めるというやり方は、今後、地域づくりの1つの手法として定着していくものと考える。

14 御食国、鯖街道のまち「小浜市」

▼御食国

先般、福井県の西にある小浜市を訪ねた。この小浜市がある若狭地方は、新鮮な海の恵み（魚介類）を捕獲する絶好の漁場でもあり、それらを擁する「若狭国」は、昔から、伊勢・志摩・淡路などと共に、朝廷に食料を貢ぐ御食国《みけつくに》として知られている。

この若狭の国名の由来だが、『日本書紀』には、若狭の国造であった膳臣余磯《かしわでのおみあれし》が履中天皇《りちゅうてんのう》に御酒を注いだところ、その盃に桜の花びらが舞い落ち、感激した天皇が余磯に「稚桜部民《わかさくらべのたみ》」の号を授けられたのが語源といわれる（国学者　伴信友の説）。

この若狭について、若狭町歴史文化館館長で若狭三方縄文博物館館長の永江寿夫氏が次のように述べている。「若狭は、前面に海の幸多き日本海を擁し、日本海諸藩の交易の拠点として、またその彼方、韓国、中国などの海を越えてもたらされた大陸文化の玄関口として機能してきた。また背後、南下すれば古代日本政治や文化の中心ともなった奈良や京都、大阪の畿内が位置しており、ここ若狭は閉じられた世界ではなく、開かれた空間、人と文化文物往来の開放系の空間なのである……」と。

このように若狭地方は、いにしえより日本海を隔てた対岸諸国との交易が開け、日本海側屈指の要衝として栄えてきた。若狭を拠点とした大陸文化の往来に加え、陸揚げされた豊富な海産物、各地の物産は、陸路、若狭と都をつなぐ鯖街道を経て、近江、京都、奈良にもたらされた。１５００年前には成立していたといわれる若狭国と大陸とのつながり、奈良や京都との古くからの交流の足跡は、市内に点在する数多くの文化遺産からうかがい知ることができる。また、生きたゾウが日本へ初めて上陸したのも、記録上、若狭国小浜が最初といわれ、１４０８（応永15）年のことと聞いている。

日本に伝わる最古の歴史書『日本書紀』では、若狭が若狭国として初めて登場するのが675（天武天皇4）年からである。それまで若狭は若狭の国造《くにのみやつこ》や角鹿《つぬが》の国造の領土だったといわれ、4世紀後半にヤマト王権の支配下に入った後、7世紀後半に若狭国が誕生したと記されている。

鎌倉時代には執権である北条氏自身が若狭の守護職を務めたが、鎌倉幕府と北条氏の滅亡後は、北条氏を倒し武家の棟梁となった斯波氏など、その時代時代の室町幕府の実力者か、それに連なる人物が若狭の守護職を務めた。例えば、室町時代初期には一色氏が、その後は安芸国分郡守護の安芸武田氏から分出した若狭武田氏が、若狭武田氏が衰退すると越前朝倉氏の庇護を受けた時代もあったようだ。その朝倉氏も尾張守護代より台頭した織田氏に滅ぼされて、その後は丹羽長秀が支配し、本能寺の変の後、織田信長に代わって豊臣秀吉が政権を握ると、若狭国は山内一豊などの秀吉の子飼いの大名が治めるようになる。

江戸時代に入ると、京極高次が若狭を領することとなり、のちに越前敦賀郡を含む若狭地方一帯は小浜藩領となった。また、江戸時代には北前船が若狭地方を本拠地とした為に、敦賀と並んで小浜は海運の一大拠点として大いに盛えた。小浜と都を結ぶ数々の街道が鯖街道と呼ばれるようになったのも鯖の水揚げが多かった江戸時代に入ってからのこと。そして、1634（寛永12）年、それまで武蔵国川越城主であった酒井忠勝が入封し明治維新まで続くことになる。酒井家の時代には、色漆を用いて貝殻や卵殻などを塗り込め、研ぎ出しの技法で模様を出す若狭塗を藩の殖産興業として奨励した。そのほか、江戸時代を通じて歴代藩主は学問を盛んに奨励した。人材育成に重きを置いた小浜藩の方針は江戸時代後期になるとみごと開花し、解体新書（ターヘル・アナトミア）を出した杉田玄白、中川淳庵をはじめとする優れた才能を持つ家臣を多く輩出したのである。1774（安永3）年に酒井忠貫が若狭に設立した藩校「順造館《じゅんぞうかん》」は福井県内で最も早く開校され、ここで学んだ人々の中には、国学者の伴信友、幕末の志士の指導者、梅田雲浜などもいた。

▼鯖街道

そして、こうした若狭にあって近世の都が位置する畿内と若狭を結ぶ往還の道、鯖街道を忘れてはならない。そもそも鯖街道とは、若狭と京を結ぶ多数の街道や峠道の総称である。中でも、最も盛んに利用された道は、小浜から若狭町の熊川を経由して滋賀県の朽木《くつき》を通り、京都の出町に至る〝若狭街道〟である。これ以外にも京都への最短ルートとしての〝針畑越え〟、小浜から熊川を経由して滋賀県の今津に至る〝久里半越え〟も重要な役割を果たした。鯖街道と呼ばれるようになったのは、18世紀後半、能登沖の鯖が獲れなくなり、若狭湾で獲れた大量の鯖が一塩したものや、或いは中乾燥のいわゆる四十物《あいもの》などとして運ばれていったころからであろう。また、この鯖街道を通って畿内に運ばれたものは、鯖だけではない。アマダイ、カレイは若狭ものと呼ばれ京の市場では高値で取引され、いまも京料理の定番である。さらに三方五湖からは小浜藩の特産品として若州うなぎが出荷され人気を呼んだ。なんと、街道沿いの茶屋の生簀を使って生きたまま京に運ばれたという。そのほか福井梅や、後述する熊川宿の名産・熊川葛も京の精進料理や和菓子の名声を支えたらしい。

▼お水送《みずおく》り

毎年、3月12日に奈良東大寺二月堂で行われる「お水取り」。これに先がけて、毎年3月2日に行われる小浜市神宮寺の「お水送り」は、奈良と若狭が昔から深い関係にあったことを物語る歴史的な行事でもある。

奈良のお水取りが終わると春が来る。関西の人々は、毎年この春の兆しを待ちわびる。この奈良東大寺二月堂のお水取り（修二会の「お香水」汲み）は全国にも有名な春を告げる行事だが、その「お香水」は、若狭鵜の瀬から10日間かけて奈良東大寺二月堂「若狭井」に届くといわれている（若狭おばま観光協会「小浜市観光・おばまナビ」より）。

▼食のまちづくり

明治維新により小浜県が設置されると、これに属することとなり、滋賀県、敦賀県を経て１８８１（明治14）年に福井県に編入された。１８８９（明治22）年の町村制度実施に伴い小浜町が生まれ、その後、１９５１（昭和26）年3月、1町7村の合併により若狭の中心都市として小浜市が誕生、次いで同30年、さらに2村を編入し現在の小浜市（人口3万人）となっている。

一方、若狭小浜が誇る産業といえば、４００年以上の歴史を持つ塗箸の生産を挙げなければならない。現在、日本の塗箸のなんと80％以上がこの地から生産されているそうだ。そしてもう1つ、同市が代表する特産物といえば、「へしこ」、「ぐじ（甘鯛）」、「若狭カレイ」など。これらは、全国に知られる高級ブランドとなっている。そして、これらに共通するキーワード「食」を活かしたまちづくりも興味深い。地域の歴史、文化、風土は「食」にあるとし、健康、教育、福祉、環境、産業、観光など、あらゆる分野のまちづくりが「食」を起点に取り組まれているのである。「食のまちづくり」の総合的な課題に取り組むために、２００1年9月には全国で初めて「食のまちづくり条例」も制定した。そして、今、小浜市では食と産業・観光とを結びつけることで地域経済の活性化をめざす、様々な取り組みが行われている。２０２1年に策定された小浜市の「第6次小浜市総合計画」には、「みんなで描く悠久の歴史と風土が活きるまち　～新たな時代の御食国　若狭おばま～」のテーマが飛び込んでくる。そこには、地域の歴史に育まれた食文化を、将来に向けもう一段高めようする小浜人の気概を読み取ることができる。

15　豊富な水資源と古い歴史が息づくまち「若狭町」

▼嶺南観光の核

福井県嶺南地方にある人口1万５０００人あまりの小さなまち、若狭町。このまちは、3基の原子力発電所を保有す(7)

るまちでもある。現在の若狭町は、2005（平成17）年3月に三方郡三方町と遠敷郡《おにゅうぐん》上中町が合併し、三方上中郡若狭町として誕生した。

当地は若狭湾国定公園の中心部にあって、国際的に重要な湿地を保全するラムサール条約に登録された「三方五湖」、「瓜割の滝」、近畿一美しい川とされる1級河川「北川」を保有するなど水資源が極めて豊富なまちでもある。とりわけ「瓜割の滝」は、環境省が選定した名水百選にも選ばれており、瓜も割れるほど冷たいことからこの名がついた。この滝の近隣には泰澄大師によって開基された天徳寺もあり、その寺の奥に広がる山から湧き出た水はミネラル成分が溶け込んだ天然水として多くの人々に親しまれている。また、2022年4月には、三方五湖有料道路「レインボーライン」山頂公園の駐車場で進められてきたリニューアル工事が終了。若狭牛や地元食材を使った料理が味わえる展望レストランのほか、伝統工芸品やおしゃれな雑貨を扱う売店が新設された。北陸新幹線敦賀開業を見据え、嶺南観光の核の一つとなりそうである。

▼熊川宿

一方、この地の歴史は1万年以上昔の縄文時代にまで遡るといわれ、その証として地域内には「縄文遺跡」や「古墳」などが数多く点在している。また、国道303号線は、かつて日本海と畿内を結ぶ「若狭街道」として多くの物や文化が行き交い、街道に沿って栄えた宿場町「熊川宿」は平成27年に日本遺産にも選ばれている。もともと中世の熊川は40戸たらずの寒村であったと聞く。16世紀後半、当地の領主、浅野長政がこの地の諸役免除を行うと、その後は200戸を超える宿場町にふくらみ、江戸中期ごろには大いに栄えたという。今でも「厨子二階《つしにかい》」や「袖壁卯達《そでかべうたつ》」造りなど、往年の繁栄を偲ぶ町並みが保存されているのも興味深い。

いずれにせよ、当地には豊富な水資源と長い歴史に育まれた宝が残されており、それら地域の文化がこれまでの繁栄を支えてきたのであろう。文化とは他と異質なるモノ、地域固有のモノ、言語、地理的条件、気候風土、食、個性ある地域独自の暮らし方などがそれにあたる。これら多様な文化を保有する若狭町は大いに誇れる場所ではないか。今後は、それら地域の文化をどう活かし地方創生につなげていくのかが問われているような気がした。こうした中、平成30年には、これまでのまちづくりの成果を踏まえつつ、さらに熊川宿が飛躍するよう、「第3次　熊川まちづくりマスタープラン」がスタートした。この素晴らしい熊川宿を誇りにして未来へとつなげる、持続可能なまちづくりを進めていってもらいたいものだ。

▼王の舞の祭り

嶺南地方には、敦賀市から高浜町にかけ、16カ所17神社の祭りに、王の舞が伝承されている。王の舞は、獅子舞や田楽などとともに、平安時代末期から鎌倉時代にかけて、奈良や京都の大社寺の祭礼をにぎわしていた。若狭の王の舞の祭りは、その祭祀圏（氏子圏）がかつての荘園の領域と重なるものが多く荘園鎮守社の祭礼として、中世に都から伝えられたことがわかっている。現在17ある王の舞のうち12が若狭町で受け継がれている。[8]

▼福井県年縞博物館

平成30年9月、この若狭町に年代測定の世界標準の物差し「年縞《ねんこう》」を展示する「福井県年縞博物館」がオープンした。年縞とは、プランクトンや鉄分など、季節によって異なるものが湖の底に毎年積もることで、縞《しま》になった泥の地層を言うらしい。名勝「三方五湖」の1つ「水月湖」の湖底には、世界でも唯一、7万年分もの縞《しま》模様の地層「年縞」が堆積していると聞く。

この博物館で来館者がまず案内されるのは、「年縞シアター」。ここでは年縞がどのようにできるのか、年縞からどのようなことがわかるのかなどを、映像を通して紹介している。次は、水月湖の45m、7万年分の泥の地層の実物展示。水月湖年縞が見つかるまでは、例えば、過去に起きた火山の噴火時期の特定が難しかった。しかし、この水月湖年縞を調べることで、それが可能となった。水月湖の湖底は、生物がいない、そのため湖底がかき乱されないなど、一定の条件が整っていたためであろう。また、「年縞と炭素年代測定コーナー」では、興味深いことを教えてくれる。それは、生物の化石などが発見されその生息した年代を調べたい場合に、放射性炭素年代測定によって可能ということ。放射性炭素年代測定とは、生物の化石に含まれる炭素14の残存量を測定することによって、おおよその年代を測定すること。炭素14は5730年ごとにその残存量が半減する。その特性を用いれば、発見した化石の生存していた正確な年代を知ることができる。ただ、生物が生きた年代によって炭素14の含まれる量が異なるため、測定しても生息していた時期に数百年から数千年の幅がうまれる。元の量が違えば正確な年代がわからない。それを正確に測定するために水月湖年縞が使われている。例えば、水月湖年縞に含まれる木葉の化石の炭素14の残存量と、調べたい化石の残存量の同じ年代を水月湖年縞から探し出し、その化石の生存時期を特定するというやり方だ。つまり、水月湖年縞を手掛かりに、より正確な年代がわかるようになった。そして、水月湖年縞の価値が認められ、そのデータが世界中で使われる年代測定の標準の物差し「IntCal」に採用されている。

そのほか、子ども向けではあるが体験コーナーを訪れたのち、同館に併設するカフェにてしばし休息しながら、湖を眺めてのゆったりとした時間を過ごすのもちょっとした贅沢かもしれない。

いずれにせよ、福井県には、嶺北地方に「恐竜博物館」、嶺南地方に「年縞博物館」ができ、観光戦略上、それぞれの地域に目玉となる施設が存在しているわけだ。

16　古い歴史・文化が根付くまち「おおい町」

▼79件の指定・国記録選択・登録文化財を保有

福井県の南西部に位置するおおい町は、佐分利、大津・本郷、名田庄の3つの地域から成るが、地域の90％が山林であるなど、そのほとんどを中山間地が占めている。ただ、当地は、まばゆいばかりに輝く若狭湾や清流きらめく河川、南は京都へと続く山並みに囲まれ、豊かな自然に恵まれた地域でもある。また、おおい町には、現在、国指定6件、福井県指定18件、おおい町指定51件、国記録選択2件、国登録2件、あわせて79件の指定・国記録選択・登録文化財があり、この貴重な文化財を後世へとつなげていくことが、地域の大きな仕事でもある。

昨年の4月中旬、この地域にあるおおい町立郷土資料館を訪ねた。館内に記載された「おおい町の歩み」を読むと、当地の古い歴史をあらためて確認することができる。それによると、当地の最も古い歴史は縄文時代。弥生時代には、この地で稲作も始まっており、若狭地方でも早い時期に弥生文化が伝播し定着した地域でもある。また、大島半島を中心に若狭地方一帯に広がった土器製塩の跡も多く発掘されており、当地における土器製塩は平安時代まで続けられていたことも確認されている。奈良時代から平安時代にかけての律令制下では、国の下には「郡」や「里」という行政機構が置かれ、若狭国には「遠敷郡《おにゅうぐん》」「三方郡」の2郡が置かれた。825（天長2）年には遠敷郡から「大飯郡」（名田庄を除いた地域）が建郡されたが、律令期の初めには都から仏教文化の伝来もあり、この地には早くから寺院が建立されたと考えられている。現在、域内で奈良時代に建てられた寺院跡は確認されていないが、山田集落から奈良時代の古代瓦（布目瓦）が採集されており、この周辺に寺院もしくは役所が存在したことがうかがえる。また、仏像をはじめとする仏教美術品は数も種類も豊富で、重要文化財に指定されている優品が多数残されている。鎌倉時代に入ると、本郷地区は本郷氏により、佐分利地区は武藤氏により治められた。名田庄地域は、平安時代末頃に成立した荘園、「名田荘」に由来する。名田庄は暦道・天文道・陰陽道と深いかかわりを持つ地で、日本の天文暦学の祖、安倍晴明の子孫が応仁の乱の戦火を逃れ、この地に移り住んだことから、特に陰陽道との関係が深い地ともいわれている。江戸時代になると、若狭国は京極高次に与えられ、当地における幕藩政治が始まる。1634（寛永11）年には武蔵国川越から酒井忠勝が入封、小浜藩主となり、以後230年以上の間、当地を支配する。明治に入り、この地は敦賀県、滋賀県などに併合され、その1881（明治14）年に、ようやく現在の福井県に編入された。1888（明治21）年には市制町村制が公布され、その翌年に大飯地域では「佐分利村」「本郷村」「大島村」が発足、１８９７（明治30）年に名田庄村が誕生する。１９５５（昭和30）年には佐分利村・本郷・大島村が合併し大飯町が誕生。２００４（平成16）年、大飯町と名田庄村との間に合併協議会が発足、多くの議論を重ね地域の人々の期待と将来への思いを込め、２００６（平成18）年、おおい町が誕生した。

▼おおいの祭り

おおい町では、正月や節分、お盆などには各集落で伝統的な行事が行われる。特にお盆には各集落でそれぞれ特色のある盆踊りがみられる。その中には、福井県の無形民俗文化財に指定されている行事も多く、お盆に集落の家々を回って門念仏を行う鹿野・父子区の「六斎念仏」や、福谷区の勇壮な火祭り「大火勢」などはその代表でもある。

▼若州一滴文庫

若州一滴文庫は、作家水上勉氏が主宰した若州人形座の拠点として、また宗教・美術・文学などの資料を展示する施設として１９８５（昭和60）年に開設された。この文庫の名は、おおい町大島出身の儀山善来《ぎさんぜんらい》和尚が言った「曹源一滴水《そうげんいってきのみず》（＝一滴の水も粗末にするな）」という思想に感銘を受けた水上勉氏により付けられたらしい。若州一滴文庫は、「子どもたちに本と出会い、人生や夢を拾ってほしい」という水上勉氏の強い思いが込められている。

▼「若狭パール」、「ふくいサーモン」、「そともめぐり」

おおい町では農業・漁業・林業など一次産業が盛んだが、過去には銅山や石灰の採鉱も行われていた。また、水のきれいな若狭湾は真珠の養殖に適しており、当地では１９５３（昭和28）年から真珠養殖が始っている。粒が大きく光沢の良い「わかさパール」は、人気も高い。また、２０１４（平成16）年から「ふくいサーモン」の養殖も始まっており、２０２２年には５万６０００匹、１３０ｔの出荷を予定している。また、１９７９（昭和54）年には大島半島に原子力発電所（関西電力）が運転を開始している。

観光面では、2022年4月、若狭フィッシャーマンズ・ワーフから蘇洞門《そとも》めぐり遊覧船を運行する株式会社そとも めぐりが同町成海の〝道の駅うみんぴあ大飯〟から小浜市の〝景勝地・蘇洞門〟をめぐる新たな遊覧ルート「うみんぴあ大飯観光船」の運行を始めた。成海桟橋を発着点に、夫婦亀岩などの奇岩や「大門・小門」と呼ばれる洞門をめぐる約1時間のコース。ただ、現在は新型コロナウイルス感染防止のため、定員を30人に限定。年間約2500人の利用を目指している。

17 〝すし〟発祥のまち「高浜町」

▼〝すし〟発祥のまち

福井県の最西端には、青葉山（別名・若狭富士）をはじめ若狭湾国定公園に指定された美しい海と山々に囲まれたまち、高浜町がある。この町は、人口わずか1万人余りの小さなまちだが、人口に占める労働力人口の割合が県内トップで、財政豊かなまちでもある。

参考までに、この地の歴史を辿ると、高浜は若狭地域の一角として古来、天皇へ海の幸を献上する御食国《みけつくに》として知られていた。この地で水揚げされた魚介類は御贄《みにえ》（天皇家に捧げる食材）として「干物」や「すし」に姿を変え、奈良や京の都に運ばれたのである。奈良の平城京跡から発見された贄木簡《にえもっかん》には、高浜に関する食材として鯛やカマス、貽貝《いがい》など多くの海産物の名が記載されており、なかでも「すし」は若狭国遠敷郡青の里（現高浜町青郷地区）より、「多比鮓（鯛のすし）」として献上され、その名が記された「すし」の木簡は日本最古であるらしい。つまり、高浜は「すし」発症の地なのである。また、奈良時代の高浜は、リアス式海岸であるため狭いわりに海岸線が長く、そのためいたるところで製塩業が営まれていた。それを裏付けるように、現在でもこの地方一体（高浜から美浜の間）に57カ所の製塩遺跡を確認することができる。このように、６世紀から８世紀にかけ、高浜は製塩業が極めて盛んな地域だった[10]。

話をこの地域の歴史に戻そう。南北朝から戦国時代にかけては、足利氏、一色氏、若狭武田氏を経て、逸見昌経氏が勢力を得る。逸見氏は、清和源氏の流れを汲む甲斐の名族として興ったといわれる。若狭入部の時期は定かではないが、守護武田氏の被官人として入部し、砕導城、高浜城を拠点に若狭の西域を中心に勢力を広めた。また、地子銭免除などの善政により領民にも慕われ、高浜町の基礎を築いた人物でもある。関ヶ原の戦いの後は京極氏が納めたが、江戸時代中期以降、高浜は小浜藩の一部となり、一国一城令により高浜城は廃城となった。明治に入ると、１８８９（明治22）年、中津海村・鐘寄村・畑村など10地区を持って高浜村が発足。１９１２（明治45）年には、高浜村が町制施行して高浜町となった。新生高浜町の発足は、１９５５（昭和30）年のことである。

▼民宿の数では福井県１位

高浜町の産業といえば、もともとは夏場の海水浴客を主体とした観光業が有名であった。例えば、アジアで初の国際環境認証「BLUE FLAG」を取得した人気のビーチ、「若狭和田ビーチ」は、バツグンの透明度と遠浅の海、白く広い砂浜が特徴で、景観も良く、日本の夕日百選にも選ばれている。そのほか、白浜海水浴場・鳥浜海水浴場、城山海水浴場など域内には７つの海水浴場を数え、多い時には年間１００万人を超える浴客でにぎわった。しかし、近年は、レジャーの多様化や２０２０年以降の新型コロナウイルス感染症の影響を受け、厳しい事業環境が続いている。とはいえ、レジャー客にはなくてはならない民宿はというと、２０２０年現在１０３件を数え、これは福井県全体の民宿数（６５１件）［福井県交流文化部観光誘客課 2021］の約２割弱を占めている。

こうしたなか、２０２１年には、ごく当たり前のように享受してきた自然の恵みを活かして焼き魚、煮魚、刺身、寿司、干物、練り物など、バラエティに富んだ調理法で訪れた人々を魅了する、魚と旅するマーケット「UMIKARA（うみから）」がオープンした。若狭湾に面した立地を活かし、高浜町の漁港から水揚げされた新鮮な海産物を購入できたり食堂で味わえたりと、海の恵みを体感できる施設である。これは、高浜の地域資源を活かした「漁業の6次産業化」の姿であり、漁業組合、地域商社、自治体が連携。魚価アップから町の活性化を目指す取り組みといえる。漁師から魚が買える昼市やセリ体験といった、高浜町の漁業に触れられる定期イベントも開催。将来的には、料理や魚のさばき方を学べる教室も追加する予定だ。施設を運営する地域商社や漁師・漁業組合が連携し、「獲る、作る、売る、伝える」の観点から魚介の価値を高め、漁業関係者の収入をアップ。連動して製造加工や販売業を営む人々の生活も潤わせるといった、町の活性化を目指す取り組みなのである。

そのほか、高浜と言えば、日本人の僧として、はじめて欧米に仏教を紹介し、「禅」を「ZEN」として伝えた「釈宗演」生誕の地であるほか、都とのつながりの中で築造された七年祭が催される佐伎治神社、真乗寺、円松寺、円福寺など寺社仏閣も数多い。

▼高浜七年祭

最後に、若狭で最大級の夏祭りと言われる「高浜七年祭」を紹介しなければならない。この祭りは、巳年と亥年の数えで7年ごとに、7日間にわたって行われる夏祭りである。祭りの起源は定かではないが、昔、疫病（流行病）などの災厄は、御霊（死者の悪霊）や疫神の祟りであると信じられており、それらを鎮めるために行われた「御霊会《ごりょうえ》」に由来するともいわれている。3基の神輿が巡行し、太刀振・お田植・神楽など多彩な芸能が奉納され、多くの人々で賑わいをみせる。最終日には鳥居浜海岸に巡行し足洗いでフィナーレを迎えるという。奉納される数々の芸能、クライマックスの足洗い、そのすべてが見事で、人から人へと継がれる芸能の素晴らしさや熱を帯びた神輿巡行の迫力、そして「神事」としての厳かな空気を堪能してもらいたいものだ。

注

(1)各市町の人口は、２０２２(令和４)年4月1日現在の福井県統計調査課［2022］から抜粋した。ちなみに、この時点の福井県の人口(推計)は、75万４０００人である。

(2)「ばいもしょ」とは、昔、水海村の草分けとされる2軒の旧家の使用人が5本の棒を奪い合い、お互いに競い合ったのがはじまりと伝えられている。毎年2月13日、神主の神事の後、姥と福童役が問答を行い、５本の棒が拝殿の外に投げられる。その棒を子どもたちが奪い合い、拝殿に戻って、その棒で床を叩きながら数回まわる。２０２1年は、コロナ禍のため中止となった。

(3)木望の森プロジェクトとは、池田町にある森や木の資源や素材を利活用することで、木にふれる豊かな暮らしの創造や、森林環境の保全・育成、若者の雇用や移住・定住の拡大、小さな地域循環型経済を作りだすことを目的としている。世界全体でＳＤＧｓに取り組まなければ地球の未来がないように、池田町もまた持続可能な社会に向けた挑戦に乗り出している。

(4)福井県交流文化部観光誘客課［2021］は、新型コロナウイルス感染症による影響が少ない２０１9年を基準とした。

(5)越前町織田文化歴史館常設展示場より抜粋。

(6)北前船については、本書「第2章　地域発展のルーツを探る」から「3　近世・明治期のモノづくり」を参照。

(7)美浜発電所では１９７０(昭和45)年11月に1号機が運転を開始。これは日本の加圧水型商業炉としては最初のもので、以来2号機、3号機と運転を始めたが、1、2号機については、２０１５(平成27)年3月17日に廃炉を決定し、今後、加圧水型原子炉の廃止措置研究のパイオニアとして活用する模様。(関西電力ＨＰより)

(8)福井県立若狭歴史博物館［2015：28-33］。

(9)おおい町佐分利川右岸の山麓の農業集落。この周辺に残存していた古墳の数は、小集落の割には余りにも多く、60基以上を数えるという。

(10)古代から現代にいたるまで、製塩工程は海水の塩分濃度を上げる工程、採鹹《とから》と海水を煮詰める工程、煎熬《せんごう》に大別され実際のところ、煎熬工程に関してはほとんど不明の部分が多く、万葉集などの文献から推察するしかない。刈った藻を干して付着した塩分を海水で洗い流し、太陽熱と風により濃い海水を作るといった方法をとったらしい。その濃い海水を土器に移し敷石炉に並べ、煮詰めて塩を作ったようである（高浜町郷土資料館より）。

第Ⅱ部　地域の産業・企業の特徴

第4章　地域産業の特質

私が小学生の頃、私の故郷、福井県松岡町（現永平寺町）のまちなかを歩くと、朝から晩まで必ず聞こえてくる音があった。「ガチャトン、ガチャトン……」という機を織る音である。もう半世紀ほど前の話だ。前述のように繊維産業は越前に8世紀初めごろ伝わった産業である。明治時代に入り、羽二重、高級絹織物、1900年代にはいると絹織物から人絹織物、化合繊織物へシフトし、戦後は、ポリエステル長繊維のテキスタイル生産に特化して、川上（原糸メーカー）から川下（産地商社）までの多様な業種が集積する一大産地として大いに発展した。しかし、今はそのころの面影はない。とはいうものの、福井県の製造業の中では事業所数、従業者数ともにいまだトップの地位にあり続けている。一方、この繊維産業と並んで福井県の代表的な地場産業と言えば、誰もがチタン枠の製造で国内シェア95%を誇る眼鏡枠産業を思い浮かべるであろう。眼鏡枠産業は20世紀初頭、福井市南の浅水地区から始まり、戦後、鯖江市神明地区を中心に集積した歴史的にはまだ新しい産業である。ただ、全国的にみて金属加工産地は、新潟県の燕産地と福井県の越前鯖江産地しか残っていない。燕がステンレスを中心とする板材の加工産地なら、鯖江は眼鏡枠という線材の加工産地として知られている。その眼鏡枠産地の現状はというと、今のところはイタリア、中国との競合の中で何処かしら寂しさが漂っているが、それだけに、眼鏡枠産地の現状および将来については誰もが気になるところでもある。そして最後に福井県の重要な地場産業として7つのうち5つが越前に集中立地する伝統的工芸品産業を挙げなければならない。越前漆器、越前和紙、越前打刃物、越前焼、越前箪笥、若狭塗、若狭瑪瑙といった伝統的工芸品産業の起源はいつか、各産業において所説あるが、古いものは1500年前から、新しいものでも400～500年前から産地が形成されていたと聞いている。

いずれにせよ、これらの産業は戦前、戦後を通じて幾多の試練を乗り越えながら、今もなお越前を中心に地域に密着した産業として息づいている。本章では、福井県の繊維産業、眼鏡枠産業、そして7つの伝統的工芸品産業に的を絞り、これら産業が長い時を経ながら現在までその価値を失うことなく集積を維持した要因、つまり、それら産業が保有する固有の価値、特質を明らかにするとともに、これら地場産業はこれからどこへ向かうのか、発展の方向性についても若干のコメントを加えたい。

1　繊維産業

▼福井繊維産業の特徴

前述のように福井の繊維産業は、古くは712（和同5）年に朝廷が越前の国に綾錦絹織物の生産を命じたことが始まりとされる。そのころ福井は既に全国有数の絹織物の産地であったことは前述した。ちなみに、ここ百数十年の産地動向をみると、明治～大正の絹織物時代、昭和初期～戦後のレーヨン時代、昭和30年代のナイロン時代、そして昭和40年代からのポリエステル時代と進み、昭和60年代には韓国、台湾などの追い上げが厳しさを増す中、設備面でもフライ織機からエアジェットルーム、ウォータージェットルーム、レピアなどの革新織機を導入して裏地中心に量産型体制を構築していった。ただ、時を同じくして新合繊、複合繊維が登場し、多種多様な製品開発が可能となったことから、福井産地は裏地から表地中心の多品種・小ロット型産地へと変貌していく。しかし、平成時代を迎えると、バブル崩壊以降、円高に加えて国内需要の不振の中で度重なる不況にみまわれ、産地規模の縮小を余儀なくされた。それでも、福井の繊維はいつの時代も時流に合わせ新素材、新製品を着々と生み出し世界各地から注目を集めてきたのである。勿論そ

表4-1　全国上位を占める福井の繊維製品（2019年実績、従業員4人以上の事業所）

種別	品目	製造品出荷額（百万円）	2020年全国順位	全国に占める割合（%）
織物	羽二重類（交織を含む）（広幅のもの）	625	1	38.6
	ビスコース人絹織物	481	1	83.1
	ポリエステル長繊維織物	15124	1	38.4
ニット	合成繊維丸編ニット生地	4409	2	20.1
	ニット製ズボン・スカート	8498	1	38.8
	ニット製ズボン・スカート	3842	1	65.8
	ニット製スポーツ上衣	4158	2	20.9
染色・整理	ニット・レース染色・整理	6107	1	60.1
レース・繊維製品	編レース生地	5088	1	39.4
	細幅織物	11700	1	31.6

資料：経済産業省［2020］.

の実力は今も変わらない（表4-1）。

参考までに、福井の代表的な織物は日本一の生産を誇る広幅織物で、主に一般の衣料用に用いられる。細幅織物は日本の9割程度を占めるリボン、織マークのほか、帯地、紐など、用途も多彩である。各種ニット素材に代表される編物は、機能性重視のスポーツウエアやインナーのほか、美しさを兼ね備えたレースなどに用いられている。このスポーツウエアにおいては、全国トップレベルの生産地でもある。そして、この生産を支えるのは、織り、編みの技術だけではない。染色加工技術や縫製技術、糸加工、さらには流通にいたるまで、福井の繊維産業は、一連の製品生産の流れに基づいて産地が形成されているのである。参考までに、このように製品企画から生産、流通に至るまで総合的に集積している産地は全国でも珍しく、繊維が福井の基幹産業として今も存在している強みはここにあるといっても過言ではない（表4-1）。

▼福井産地は、系列と賃織り体制が産地をつくりあげた

福井の繊維産地についてもう少し具体的な話をしよう。一般に、繊維産業という場合、川上の合織メーカー（紡績業を含む）、川中のテキスタイル工業（織編業、撚糸サイジング業・染色加工業）、川下のアパレル、そして商社が含まれる。前述のように福井の繊維産業は、これら全ての業種を包含した形で産地が形成されてきた。中でも織物（織布業）やニットなどのテキスタイル工業のウ

エイトが高く、その生産額は全国で3本の指に入る。また、主力の織物製造品の中では合繊織物の比重が極めて高く、しかもその大半がポリエステル長繊維品の生産である。

以上のように、福井の繊維産業は一連の工程を産地内で分業しながら、特にテキスタイルの川中部門に特化した産地であり、このことが、長い間、川上の合繊メーカーや川下のアパレルメーカーから圧力を受ける環境を生み出してきた。ではなぜ、このような一種独特の繊維産地ができ上がったのであろう。その要因としてどうしても見過ごすことができない産地特性がある。それは、戦後まもなく、福井産地では、合繊メーカー（東レ、帝人等8社）と地元機屋との間で、諸外国では例のない系列生産という有機的垂直連携の生産システムが構築されていったことである。つまり、合織メーカーと産地の機屋は商品開発、技術開発、素材の販売などで密接な関係を保ち、産地の織物生産量の6割がメーカーチョップ[1]といわれる合織メーカーのリスク負担（残りの4割は自社リスク及び商社リスクの商品）で賄われていった。そのため、産地では合織メーカーおよび商社を核とした賃加工で占められ、合織織物業および染色加工業の8割強の加工量が賃加工となった時代もあった。

ではなぜ系列化が進んだのか。当時、福井の機屋では、戦後の自由経済化により以前の事業活動を取り戻し、原糸を購入して布を織りそれを売るという本来の姿に戻った。しかし、朝鮮動乱で原糸価格が乱高下し、織物価格も暴落するなど厳しい経営環境にさらされ、これを回避するには系列傘下の一員として生きる以外に方法がなかったのである。もちろん、原糸メーカーの方にも事情があった。不況が長引き原糸の在庫が増加し、輸出も世界不況の中で思うように伸びない。その中で、原糸メーカーは糸で持つより織布で持つ方が織布部門の強化につながり、それだけビジネスの範囲が広がる。商社（問屋）の場合も同様である。単なる注文の中継ぎよりも、商社自体が傘下に系列機屋を持つことで、ビジネスの活動範囲が広がる。こうした原糸メーカー、商社、機屋の三者事情が重なって福井産地の系列化が急速に進んだ。要するに、こうした系列化と賃織り体質のメリットは、在庫リスク・販売リスクを発注元に転嫁することになり、結果的には産地企業に経営の安定化と生産への専門特化をもたらしたのである。

しかし、その半面、合繊メーカーや商社への依存関係を強めることで経営の自主性を失い、そして何よりも市場との隔たりの中で消費者ニーズへの的確な対応や判断力を欠如した状況を引き起こす結果を生み出した。つまり、産地企業の多くは、自ら製品企画・開発することなく合繊メーカーや商社の指示どおりに正確かつ迅速・低コストで応えていく「スペックイン型生産体制」を構築することで安定した経営環境を確保し、中小の織布業を中心とした福井産地がつくりあげられたのである。

ただ近年の動向をみると、発注者の指図で単純に生産する機屋は小規模事業所などでみられるだけで、中規模以上の企業では自社開発した製品を合繊メーカーや商社の販売ラインで流す自主的賃加工へとシフトしている。かつての原糸メーカーや大手商社を中心とした垂直連携システムではなく、その時々に応じて系列を変えることも可能な柔軟な垂直連携システムに変化しているのである。既に、大手染色業者では衣料、それ以外の分野を合わせて自販比率が6～7割に達する例もみられるほか、ラベルやリボン、レースを製造する業種でも自主生産自主販売比率が高く、ニット業界も賃加工から自主生産自主販売へと転換しつつある。それでも、福井産地の生産額に占める加工賃収入のウエイトは、2019年現在で全体の約4割を占めており、小規模事業所を中心に今もなお賃織体制が重要なシステムとして産地を支えていることをうかがわせている[2]。

▼福井産地の現状

表4-2は、福井繊維産地の事業所数、従業者数、出荷額などである。製造業の中では、事業所数、従業者数の面で最も多く、主要産業としての地位を保持しているが、近年の状況は決して楽観できるものではない。例えば、事業所数については、現在は488事業所（従業員4人以上事業所）を数えるが、バブル時代の1989（昭和64）年には3・7倍の1802事業所（繊維1469件、衣服333件）を数えた。従業者数も1989年の3万3044人から2020年には1万4611人に減少している。

表4-2　福井繊維産業の産業中・細分類別　事業所数、従業者数、製造品出荷額等（従業者４人以上の事業所）

業　　種	事業所数		従業者数		製造品出荷額等	
	実数(件)	構成比(%)	実数(件)	構成比(%)	実数（万円）	構成比(%)
繊維工業品	**488**	**100.0**	**14,611**	**100.0**	**23,056,130**	**100.0**
化学繊維	7	1.4	630	4.3	1,566,116	6.8
炭素繊維	1	0.2	20	0.1	X	
化学繊維紡績	1	0.2	144	1.0	X	
ねん糸（かさ高加工糸を除く）	26	5.3	291	2.0	266,411	1.2
かさ高加工糸	9	1.8	222	1.5	256,820	1.1
その他の紡績	2	0.4	14	0.1	X	
綿・スフ織物	2	0.4	18	0.1	X	
絹・人絹織物	76	15.6	1,848	12.6	2,827,101	12.3
細幅織物	47	9.6	845	5.8	1,078,904	4.7
その他の織物	2	0.4	21	0.1	X	
丸編ニット生地	12	2.5	238	1.6	688,380	3.0
たて編ニット生地	21	4.3	689	4.7	1,325,104	5.7
絹・人絹織物機械染色	23	4.7	2,504	17.1	5,031,999	21.8
織物整理	9	1.8	235	1.6	127,157	0.6
織物手加工染色整理	3	0.6	53	0.4	25,168	0.1
綿状繊維・糸染色整理	5	1.0	54	0.4	57,005	0.2
ニット・レース染色整理	8	1.6	755	5.2	1,159,411	5.0
繊維雑品染色整理	10	2.0	335	2.3	461,948	2.0
綱	2	0.4	90	0.6	X	
網地（漁網を除く）	4	0.8	184	1.3	482,835	2.1
レース	17	3.5	279	1.9	567,191	2.5
組ひも	3	0.6	63	0.4	66,474	0.3
上塗りした織物・防水した織物	5	1.0	47	0.3	40,742	0.2
その他の繊維粗製品	30	6.1	341	2.3	440,914	1.9
織物製成人男子・少年服（不織布製及びレース製を含む）	3	0.6	187	1.3	106,331	0.5
織物製成人女子・少女服（不織布製及びレース製を含む）	14	2.9	289	2.0	365,495	1.6
織物製乳幼児服業（不織布製及びレース製を含む）	1	0.2	4	0.0	X	
織物製シャツ(不織布製及びレース製を含み、下着を除く)	1	0.2	35	0.2	X	
織物製事務用・作業用・衛生用・スポーツ用衣服・学校服(不織布製及びレース製を含む)	3	0.6	69	0.5	110,919	0.5
ニット製外衣(アウターシャツ類, セーター類などを除く)	5	1.0	238	1.6	731,267	3.2
ニット製アウターシャツ類	12	2.5	332	2.3	458,087	2.0
その他の外衣・シャツ	33	6.8	883	6.0	756,693	3.3
織物製下着	3	0.6	48	0.3	21,563	0.1
ニット製下着	7	1.4	438	3.0	640,007	2.8
補整着	7	1.4	172	1.2	149,433	0.6
和装製品（足袋を含む）	6	1.2	93	0.6	204,848	0.9
スカーフ・マフラー・ハンカチーフ	1	0.2	6	0.0	X	
他に分類されない衣服・繊維製身の回り品	2	0.4	16	0.1	X	
寝具	7	1.4	138	0.9	126,511	0.5
帆布製品	7	1.4	336	2.3	745,417	3.2
刺しゅう	6	1.2	59	0.4	42,958	0.2
他に分類されない繊維製品	45	9.2	1,348	9.2	1,659,283	7.2
福井県製造業全体	2,032		72,879		225,907,590	

注：事業所数および従業者数は, 2020年６月１日現在の数値である. それ以外の項目は, 2019年１年間の数値である.
資料：福井県編［2020b］.

表4-3　福井繊維産地製造業の個社別売上高（上位20社）

（単位：百万円、人）

売上ランク	商号	主な事業	最新・売上高	決算期	従業員数
1	セーレン　株式会社	染色整理業	49,206	2022.03	1,464
2	サカイオーベックス　株式会社	染色整理業	14,321	2022.03	483
3	株式会社　ＳＨＩＮＤＯ	細幅織物業	6,800	2021.07	242
4	ウラセ　株式会社	染色整理業	6,758	2022.03	194
5	株式会社　ミツヤ	染色整理業	4,134	2021.04	220
6	株式会社　カツクラ	綿・スフ織物業	3,503	2021.12	96
7	松文産業　株式会社	綿・スフ織物業	3,043	2022.03	200
8	株式会社　ニットク	綿・スフ織物業	2,900	2021.05	259
9	酒伊編織　株式会社	たて編ニット生地製造業	2,842	2021.01	48
10	株式会社　マルサンアイ	染色整理業	2,794	2022.03	125
11	福井経編興業　株式会社	たて編ニット生地製造業	2,771	2022.03	79
12	東洋染工　株式会社	ニット・レース染色整理業	2,758	2022.02	230
13	井上リボン工業　株式会社	細幅織物業	2,738	2021.07	125
14	日本ダム　株式会社	細幅織物業	2,497	2021.12	113
15	株式会社　アップテック	織物整理業	2,448	2021.03	145
16	フクイボウ　株式会社	化学繊維紡績業	2,210	2022.03	123
17	セーレンケーピー　株式会社	丸編ニット生地製造業	2,097	2022.03	83
18	ミツカワ　株式会社	丸編ニット生地製造業	1,992	2022.03	41
19	小浜製綱　株式会社	網製造業	1,894	2022.03	76
20	冨士経編　株式会社	たて編ニット生地製造業	1,712	2021.12	41

資料：帝国データバンク福井支店.

福井産地の売上高でみた有力メーカー20社（表4-3）は以下の通りである。決算期が違うため単純に比較できないが、概ね、染色関連の大手製造業をはじめ業種を問わず生活資材・産業資材・雑品など衣料品以外の分野で活躍する企業が上位を占めている。

一方、福井繊維産地の売上高で見た商社20社（表4-4）は以下の通りとなった。製造業同様に決算期が異なるため単純な比較はできないが、製造企業に近い白崎コーポレーションや日本特殊織物は除いて、これまで福井産地を支えてきた産元商社が名を連ねている。

▼衣料品、資材・雑品ウエイトの状況

前述したように福井産地では、中国、韓国、台湾などの追い上げが厳しくなる中、本来の衣料品分野から離脱し、その高度な技術を駆使してファッション衣料は無論のこと、医療、自動車シート、エアバッグ、コンピュータ部品など衣料品以外（生活資材・産業資材・雑品等）の分野へとシフトする動きが

表 4-4　福井繊維産地製造業の個社別売上高（上位 20 社）

（単位：百万円、人）

売上ランク	商号	主な事業	最新・売上高	決算期	従業員数
1	広撚　株式会社	繊維卸売業	6,492	2021.05	48
2	株式会社　白崎コーポレーション	繊維卸売業	4,202	2022.01	104
3	日本特殊織物　株式会社	繊維卸売業	4,100	2022.03	10
4	熊澤商事　株式会社	繊維卸売業	2,884	2021.11	20
5	株式会社　ユニオンパック	繊維卸売業	2,371	2022.03	17
6	菱光サイジング　株式会社	繊維卸売業	2,275	2022.03	44
7	福昌センイ　株式会社	繊維卸売業	2,010	2021.09	18
8	福広　株式会社	繊維卸売業	1,789	2021.11	16
9	株式会社　ニシヤマ	繊維卸売業	1,537	2021.04	19
10	林民　株式会社	繊維卸売業	1,393	2021.09	8
11	株式会社　マツミ	繊維卸売業	1,177	2021.06	12
12	明林繊維　株式会社	繊維卸売業	1,155	2021.06	12
13	株式会社　原田幸商会	繊維卸売業	1,100	2021.11	2
14	ひかり商事　株式会社	繊維卸売業	1,056	2022.04	16
15	ＴＳトーヨー　株式会社	繊維卸売業	1,003	2021.08	6
16	冨田商事　株式会社	繊維卸売業	972	2021.06	9
17	株式会社　中健商店	繊維卸売業	922	2021.09	14
18	福井山本　株式会社	繊維卸売業	905	2021.04	14
19	株式会社　田中商店	繊維卸売業	903	2021.06	8
20	藤井　株式会社	繊維卸売業	852	202104	10

資料：帝国データバンク福井支店．

強まった。しかし、産地全体で見た場合、こうした衣料品以外のウエイトはどれぐらいを占めるのであろう。あくまで、著者の独自の調査ではあるが、その結果（表4-5）によると、調査した繊維関連企業41社中、衣料品分野（41社合計：３３４億２０００万円）のウエイトは50・３％、衣料品以外（生活資材・産業資材・雑品等）のウエイトは45・５％であった。ギャレックス株式会社、株式会社アタゴ、富士経編株式会社のように衣料品の生産で１００％を占める企業もあれば、株式会社カズマ、株式会社ニットク、小浜製鋼株式会社のように衣料品分野以外の製造が１００％を占める企業も見られるなど、現在の福井産地は多様な生産状況であることがわかった。ただ、いまだ予想以上に衣料品分野の生産量は大きく、やはり福井産地は、衣料分野で高技術を保有する産地だけに衣料分野の生産が今後とも一定の割合を示していくことが予想される。今回の調査では、41社の売上高合計は６６３億８０００万円であり、福井産地の年間製造品出荷額など２３００億円（２０２０年現在）の28・８％を占めた。これを考慮すると、

表4-5　福井繊維産地における衣料品分野、衣料以外（資材・雑品等）分野のウエイト

（単位：百万円）

項目	売上高	衣料以外（%）	衣料（%）	その他（%）	衣料以外	衣料	その他
株式会社Ｓ	6,800	22.0	66.0	12	1,496	4,488	816
Ｇ株式会社	6,009	0.0	100.0	0	0	6,009	0
株式会社Ｋ	4,990	100.0	0.0	0	4,990	0	0
Ｉ株式会社	3,817	5.0	95.0	0	191	3,626	0
株式会社Ｋ	3,503	88.0	12.0	0	3,083	420	0
株式会社Ｎ	2,900	100.0	0.0	0	2,900	0	0
Ｓ株式会社	2,842	0.0	87.0	13	0	2,473	369
Ｆ株式会社	2,771	60.0	40.0	0	1,663	1,108	0
株式会社Ａ	1,820	0.0	100.0	0	0	1,820	0
Ｍ株式会社	2,264	0.0	83.0	17	0	1,879	385
Ｍ株式会社	2,038	80.0	20.0	0	1,630	408	0
Ｍ株式会社	1,992	50.0	50.0	0	996	996	0
Ｓ株式会社	1,936	70.0	30.0	0	1,355	581	0
Ｆ株式会社	1,826	22.0	22.0	56	402	402	1,023
株式会社Ｔ	1,713	0.0	100.0	0	0	1,713	0
株式会社Ｎ	1,710	85.0	15.0	0	1,454	257	0
Ｆ株式会社	1,712	0.0	100.0	0	0	1,712	0
Ｏ株式会社	1,664	100.0	0.0	0	1,664	0	0
Ｄ株式会社	1,570	100.0	0.0	0	1,570	0	0
Ｋ株式会社	1,550	70.0	30.0	0	1,085	465	0
Ｏ株式会社	1,350	90.0	0.0	10	1,215	0	135
Ｙ株式会社	1,285	60.0	40.0	0	771	514	0
Ｔ株式会社	1,000	0.0	100.0	0	0	1,000	0
Ｋ株式会社	839	30.0	70.0	0	252	587	0
Ｈ株式会社	752	60.0	40.0	0	451	301	0
Ａ株式会社	750	0.0	100.0	0	0	750	0
株式会社Ｂ	444	87.0	13.0	0	386	58	0
Ｔ株式会社	433	7.0	93.0	0	30	403	0
Ｍ株式会社	427	78.0	22.0	0	333	94	0
株式会社Ｏ	402	100.0	0.0	0	402	0	0
Ｋ株式会社	400	0.0	100.0	0	0	400	0
株式会社Ｍ	360	0.0	100.0	0	0	360	0
Ｈ株式会社	319	35.0	65.0	0	112	207	0
Ｙ株式会社	311	100.0	0.0	0	311	0	0
有限会社	307	100.0	0.0	0	307	0	0
Ａ株式会社	301	100.0	0.0	0	301	0	0
Ｆ株式会社	300	75.0	25.0	0	225	75	0
Ｔ株式会社	254	60.0	40.0	0	152	102	0
Ｍ株式会社	250	100.0	0.0	0	250	0	0
株式会社Ｍ	243	40.0	60.0	0	97	146	0
株式会社Ｍ	226	70.0	30.0	0	158	68	0
合計	66,380	45.5	50.3		30,232	33,420	2,728

注：本資料は，あくまで著者が独自集計したものであることに留意.
資料：筆者作成.

表4-6　広幅織物業の機種別織機台数

（単位：台、%）

		普通織機	自動織機	無杼織機	合計
2019年	台数	1,490	537	4,258	6,285
	構成比	23.7	8.5	67.7	100.0
2020年	台数	1,454	459	4,063	5,976
	構成比	24.3	7.7	67.9	100.0

資料：福井県繊維協会［2022］.

今回の調査結果はある程度信頼のおけるものであることを付け加えたい。

▼これからの福井産地

そろそろ福井繊維産地のまとめに入ろう。前述したように、現在の福井産地は、これまで培った高度な技術力を武器にポリエステルやナイロンといった合繊長繊維を主体とした広幅織物、ニット、レース、細幅織物、染色加工など多様な繊維製品を生産。その結果、産地の特徴としては、「川中」と呼ばれる織物や経編みの中間加工業者が多く集積し、その高度な技術を駆使してファッション衣料だけでなく、医療、自動車シート、エアバッグ、コンピュータ部品など衣料品以外（生活資材・産業資材・雑品等）の分野でも活躍する企業が増えている。その結果、産地では二極化が進み、その1つは、大手・中堅企業を中心に高機能テキスタイルやハイテク産業資材といった衣料品以外の分野へ傾斜を強める動きであり、もう1つは、小規模零細企業を中心に、これまで蓄積された技術力と川下への粘り強い営業力で、職人技を発揮し小ロットのファッション・テキスタイルや生活資材でアパレルへの直接販売を手がけ自立化を図る動きである。こうした変化は、産地の新しい姿として大いに評価すべきではあるが、その一方で大きな課題も浮上している。それは、産地内分業を維持するうえで不可欠な撚糸業、サイジング業、整形業の縮小、加えて染色整理業での人出不足の深刻化などの問題が顕在化し、産地全体の生産キャパが縮小していることである。また、現在でもフライ織機などの普通織機が1454台存在する事実を見ると（表4-6）、今後はこれら織機を保有する小規模機屋がシュリンクしていくことも予想される。それ以上に懸念されることは、今回のコロナ禍により、自然廃業、自主廃業する企業が増加し、思った以上に産地規模縮小が加速度的に進むことである。福井産地は、今まさにその節目に差し掛かっているような気がする。

基本的に、繊維産業が福井に根づいた背景を考えると、第1に、大阪、京都など集散地が近隣に存在したこと。第2に、繊維産業にとってふさわしい気候条件に恵まれたこと。第3に、江戸時代から武家夫人の手内職として発展するなど女性労働者が労働予備軍として存在したこと。第4として、越前は、従来の習わしにとらわれることなく、積極的に新しい物事に取り組んでいこうという進取の気性に富む地域であったこと。これについては、コロナ禍における繊維関連企業の技術・製品開発の事例からもうかがうことができる(3)。しかし、これら以外に、福井には独特の地域性があったことも見逃せない。それは、福井の産地構造が、「川中」に特化する分業化した垂直連携の生産システムを構築し、産地内部で受発注から出荷・納品までの全てが完結する地域完結型の産地を構築したこと。もっと言えば、モノづくりを地域外に出さない「閉鎖的産業空間」を構築してきたことも挙げられよう。それは、1950年代に導入されたチョップ制（賃加工）の存在からも理解することができる。生産の垂直連携システムが「閉鎖的産業空間」にぴったりはまり、産地内での産業連関が極めて有効に機能したのではないか。

今後の繊維産地を考えると、産地の在り方としては、国内市場が縮小する中での旧来型グローバル化（海外での生産拠点・販売拠点の構築）ではなく、新冷戦時代の中でブロック化する経済圏（欧州、米国、中国等）ごとに、サプライチェーンをどのように再構築していくかが課題となろう。もちろん、産業集積の機能が弱まっていく中では、モノづくりにおいても他産地とのモノづくり連携を視野に入れて補完機能の充実を図ること、すなわちオープンイノベーションなどの導入を考慮したマネジメントを検討することも必要となろう。

表4-7　眼鏡関連製品の出荷額シェア（2019年、従業者4人以上規模）

項目	地域	生産額		事業所数		その他の生産地域
		金額（百万円）	構成比（%）	事業所数（件）	構成比（%）	
眼鏡	全国計	3,322	100.0	21	100.0	大阪、兵庫、新潟、東京、愛知、徳島、長野
眼鏡	福井県	1,802	**54.2**	12	57.1	
眼鏡枠	全国計	49,962	100.0	75	100.0	東京、栃木、岐阜、大阪、兵庫、奈良、愛媛
眼鏡枠	福井県	47,297	**94.7**	67	89.3	
眼鏡レンズ（コンタクトレンズを含む）	全国計	67,490	100.0	41	100.0	長野、京都、埼玉、秋田、栃木、埼玉、千葉、長野、岐阜、愛知、兵庫、広島、宮崎
眼鏡レンズ（コンタクトレンズを含む）	福井県	10,746	15.9	13	31.7	
眼鏡レンズ（コンタクトレンズを含む）	岐阜県	9,684	14.3	3	7.3	
眼鏡レンズ（コンタクトレンズを含む）	愛知県	17,594	26.1	7	17.1	
眼鏡レンズ（コンタクトレンズを含む）	大阪府	1,709	2.5	6	14.6	
眼鏡の部分品	全国計	7,108	100.0	54	100.0	東京、大阪、北海道、福島、栃木、埼玉、兵庫
眼鏡の部分品	福井県	6,649	**93.5**	45	83.3	

資料：経済産業省［2020］.

2　眼鏡枠産業

（1）鯖江眼鏡枠産地の集積構造

▼圧倒的な全国シェア

眼鏡枠産業は、その生産品目がチタンやプラスチックを素材とする「眼鏡枠」と、サングラスや老眼鏡などの「眼鏡」、それに「眼鏡レンズ（コンタクトレンズを含む）」や「部品類」に大別される。そして、その大半を生産している地域が越前を中心とした福井県である。ちなみに、2020年の工業統計表（品目別統計表）から福井県の全国に占める出荷額シェア（表4-7）をみると、最も生産量の多い眼鏡枠は94・7%、眼鏡54・2%、部品93・5%となっており、眼鏡枠や眼鏡部品では圧倒的なシェアを誇っていることがわかる。そして、この福井県にあって眼鏡製造業が集中立地している地域が越前の地、鯖江なのである。

参考までに、鯖江市が独自集計している統計から産地規模をみると、2016年現在で事業所数453件、従業者数4803人、製造品出荷額等776億円となっている。最近の傾向として、中国向けＯＥＭ需要の増加や新製品が相次ぎ製造品出荷額などの伸びが目立った２０１６（平成28）年は別として、事業所数、従業者数、製造品出荷額などは概ね減少傾向にあり、産地規模の縮小が続いている（表4-8）。この要因として、国内市場ではバブル崩壊以降の景気低迷が長期化し、需要不振、価格破壊が進行していることもさることながら、１９８０年代後半から急激に進行した産地企業の海外シフトや、それに伴う持ち帰り輸入の増加、中国品の国内外市場への浸透など構造的な要因によるところが大きい。

また、産地を構成するメーカーを業種別にみると、２０１６年現在、全体の56・1％が研磨加工業、塗装・七宝加工業、組立加工業などの中間加工業で占められ、完成品製造業は21・2％に過ぎない。そのほか部品製造業が14・3％、レンズ製造業が４・４％、機械製造業が４・０％となっている。しかし、４人以上の事業所を対象とするデータでみれば、事業所数は傾向として完成品製造業（１９９８年１９６件→２０１８年62件、▲68・3％）、中間加工業（１９９８年４８８件→２００３年56件、▲88・5％）などで減少が激しい（表4-9）。

▼小規模・零細企業を中心に集積度の高い典型的な地場産業

眼鏡製品は、金型製作から仕上げに至る２００以上の工程を経て製造されるが、鯖江産地の特徴として、「完成品メーカー」や「中間加工メーカー」、「部品メーカー」、さらには「材料販売業者」や「産地商社」などの企業のほか、大多数を占める家内工業者が、細分化された一連の工程を担うことで複雑な分業体制を構築している（表4-10、図4-1）。いわゆるイタリア企業、中国企業にみられる企業内での分業・一貫生産体制に対し、鯖江産地は地域内での分業・一貫生産体制が確立した産地であり、しかも小規模・零細企業中心に産地が構成されていること。こうした産地構造がこれまでの環境変化に対応可能なクッション材の役割を果たしてきた。

このように、鯖江眼鏡枠産地は、複雑な分業体制を多数の小規模・零細企業が下支えするといった典型的な労働集約型の地場産業であり、このことが同産地の大きな特徴となってきたのである。そして、こうした産地構造であるが故に、

表4-8　福井県における眼鏡枠産業の推移（全事業所）

		事業所数（件）		従業者数（人）		製造品出荷額等（百万円）	
1984年	(S59)	650		6,879		69,023	
1987年	(S62)	749	15.2	7,879	14.5	82,338	19.3
1992年	(H4)	714	▲4.7	7,977	1.2	122,358	48.6
1997年	(H9)	852	19.3	7,058	▲11.5	99,715	▲18.5
2000年	(H12)	800	▲6.1	6,611	▲6.3	97,734	▲2.0
2005年	(H17)	601	▲24.9	5,596	▲15.4	67,986	▲30.4
2011年	(H23)	519	▲13.6	4,485	▲19.9	53,981	▲20.6
2016年	(H28)	453	▲12.7	4,803	7.1	77,600	43.8

注：2005年以前は工業統計，鯖江市独自集計により，2011年（平成23年）以降は経済センサス活動調査．鯖江市独自集計により計上．鯖江市独自集計を基準としているため．福井県全体の実態と異なる．

表4-9　眼鏡関連製造事業所の業種別内訳（全事業所）

全体	事業所数						
	2008（平成20）年		2011（平成23）年		2016（平成28）年		増減率 H28-H23
	実数（件）	構成比（%）	実数（件）	構成比（%）	実数（件）	構成比（%）	構成比（%）
完成品製造業	**108**	**20.3**	**130**	**25.0**	**96**	**21.2**	**▲ 34**
主に金属枠製造	71	13.4	83	16.0	63	13.9	▲ 20
主にプラ枠製造	27	5.1	42	8.1	29	6.4	▲ 13
主にレンズ等眼鏡製造	10	1.9	5	1.0	4	0.9	
部品製造業	**69**	**13.0**	**68**	**13.1**	**65**	**14.3**	**▲ 3**
丁番・ネジ製造業	5	0.9	20	3.9	10	2.2	▲ 10
その他の部品製造業	64	12.1	48	9.2	55	12.1	7
中間加工業	**314**	**59.1**	**283**	**54.5**	**254**	**56.1**	**▲ 29**
ロー付け加工	64	12.1	53	10.2	39	8.6	▲ 14
研磨加工	80	15.1	72	13.9	75	16.6	3
メッキ加工	12	2.3	12	2.3	15	3.3	3
塗装・七宝加工	54	10.2	63	12.1	49	10.8	▲ 14
組立加工	39	7.3	52	10.0	49	10.8	▲ 3
その他の中間加工業	65	12.2	31	6.0	27	6.0	▲ 4
機械製造業	**15**	**2.8**	**21**	**4.0**	**18**	**4.0**	**▲ 3**
その他の部品製造業	**25**	**4.7**	**17**	**3.3**	**20**	**4.4**	**3**
合計	531	100.0	519	100.0	453	100.0	▲ 66

資料：鯖江市［2021］．製造品出荷額等の金額は，百万円未満を四捨五入したため，原資料と合わない．

表4-10　1998年と2018年における眼鏡関連製造事業所の業種別比較（従業員4人以上規模）

全体	事業所数（件）			従業者数（人）			製造品出荷額等（百万円）		
	1998年（平成10年）	2018年（平成30年）	増 減	1998年（平成10年）	2018年（平成30年）	増 減	1998年（平成10年）	2018年（平成30年）	増 減
完成品製造業	**196**	**62**	**▲ 134**	**3,239**	**1,920**	**▲ 1,319**	**56,714**	**30,932**	**▲ 25,782**
主に金属枠製造	131	48	▲ 83	2,759	1,781	▲ 978	51,112	28,770	▲ 22,342
主にプラ枠製造	36	14	▲ 22	221	139	▲ 82	2,474	2,161	▲ 313
主にサングラス、老眼鏡、他の眼鏡製造	29			259			3,128		
部品製造業	**82**	**49**	**▲ 33**	**926**	**780**	**▲ 146**	**12,288**	**6,073**	**▲ 6,215**
丁番・ネジ製造業	8	2	▲ 6	320	53	▲ 267	3,534	172	▲ 3,362
その他の部品製造業	74	47	▲ 27	606	727	121	8,755	5,900	▲ 2,855
中間加工業	**488**	**56**	**▲ 432**	**2,111**	**678**	**▲ 1,433**	**19,735**	**5,554**	**▲ 14,181**
ロー付け加工	138	11	▲ 127	481	91	▲ 390	2,150	600	▲ 1,550
研磨加工	119	4	▲ 115	301	15	▲ 286	1,422	194	▲ 1,228
メッキ加工	20	5	▲ 15	579	233	▲ 346	11,395	2,838	▲ 8,557
塗装・七宝加工	74	14	▲ 60	336	144	▲ 192	2,744	998	▲ 1,746
組立加工	44	8	▲ 36	137	89	▲ 48	634	686	52
その他の中間加工業	93	14	▲ 79	277	106	▲ 171	1,389	235	▲ 1,154
機械製造業	**30**	**12**	**▲ 18**	**285**	**287**	**2**	**1,340**	**1,279**	**▲ 61**
レンズ製造業	**37**	**25**	**▲ 12**	**415**	**396**	**▲ 19**	**4,868**	**12,640**	**7,772**
合計	833	204	▲ 629	6,976	4,061	▲ 2,915	94,944	56,478	▲ 38,466

資料：鯖江市［2020］.

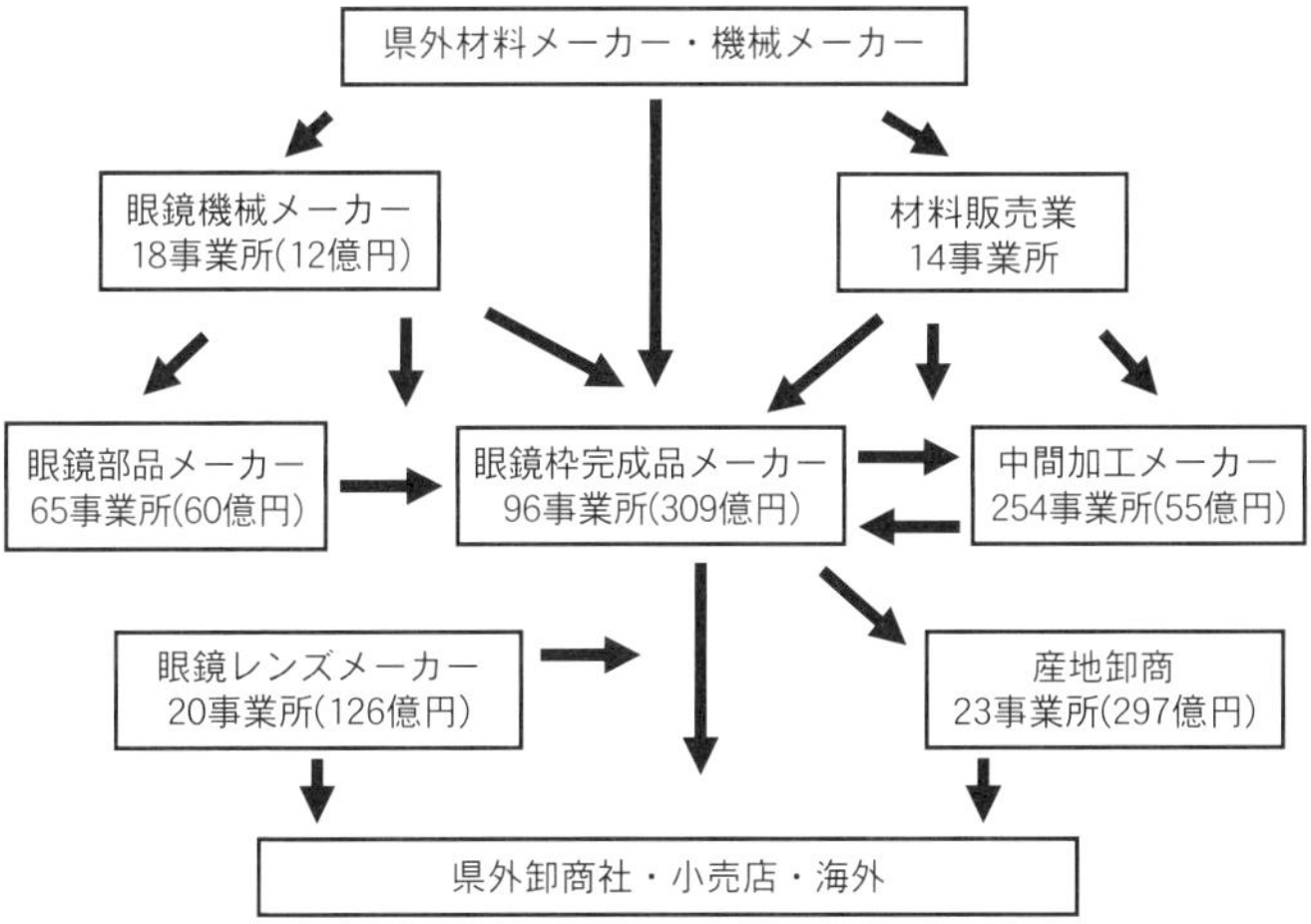

図4-1　県眼鏡産地の業種構造

注 1 ：福井県眼鏡協会へのヒアリングなどから独自作成.
注 2 ：（　）は，2016 年の全事業所の出荷額など.
注 3 ：材料販売業，産地卸売商数は組合員数は，2022 年の福井県眼鏡協会の組合員数を適用.
注 4 ：産地卸商の市場規模は，2022 年における独自調査による.

レンズメーカー・時計メーカーなど大資本が直接参入するインセンティブにはならず、独立した産地としての成長を可能とした。なぜなら、分業工程が複雑で、かつ労働集約型を特徴とする眼鏡枠づくりが生み出す付加価値が、レンズや時計などのそれと比べて極めて低いがために、ビジネスとしての魅力が薄かったためであろう。しかし、こうした産地ではあるが、1980年代半ばになると、円高の進行から高級品はドイツ、フランス、イタリア製品と、中・低級品は韓国、台湾製品と競合し、国際競争力の低下を招いた。そのため産地では、素材面で硬度が高く加工が困難なチタンを使用するなどメタルフレームへと特化し高度な技術力をつける一方、分業体制による多品種少量生産体制を確立することで産地の成長を維持してきたのである。

▼複雑な流通構造

眼鏡製品は、フレームとレンズが別々の生産と流通経路を経由し小売店で最終製品となる医療用具であり、かつファッション製品でもあるといった製品特性から、その流通経路は複雑なものとなっている。こうした流通経路にかかわる業態としては、大手レンズメーカーや産地卸商、消費地卸商、輸入業者、そして消費者と直接結びつく全国約1万2000の小売業が挙げられるが、これらが複雑に絡み合い、それぞれの利益を最優先した形での流通経路が構築されている。(4)

具体的に流通段階での力関係をみると、前述のように眼鏡の販売は小売段階でフレームとレンズを組み合わせて完成する製品であることから、小売業者が他業種に比べ高い収益性を得ながら、市場においても絶えず主導的な立場を維持している。特に大手チェーンストアなどの量販店では、産地メーカーとの直接取引や海外からの直接仕入により価格競争力をつける一方、多店舗展開などによる規模の経済性を駆使し、これまで高い成長を続けてきた。また、大手レンズメーカーも、眼鏡レンズの大半のシェアを獲得すると同時に、フレームの分野においても傘下の産地メーカーによるOEM生産を確立し、強力な自社ブランドを武器に内外での販路を拡大していった。このように、眼鏡枠の流通経路をみる限り、川下の優位性は動かし難く、そのため川中の産地卸商、消費地卸商の力が大きく後退しているほか、川上の産地メーカーも価格決定権の弱い流通構造の中で収益悪化が恒常化しているのである。

（2）眼鏡枠産地形成の背景

ここでは、福井県が誇る眼鏡枠産地について、その集積構造の特徴を述べた。その特徴には、難加工性材料の加工技術に特化した産地であることや早くからグローバル化[5]が進んだ産地であることなど、その産地の特徴を挙げれば枚挙にいとまがない。ただ、ここで述べたい産地特性はこれぐらいにして、なぜ眼鏡枠産地がこの鯖江中心に形成したのか、その背景を探りたい。

鯖江眼鏡枠産地の発展過程を整理すると、おおよそ4つの時期に分けることができる。第1期（1905年～戦間期）は形成期で、１９０５（明治38）年、麻生津村生野（現福井市生野町）の富豪、増永五左衛門が困窮する農民の生活を救うために、冬場の手内職、副業として眼鏡枠づくりを導入し、以後、「帳場制」の導入などにより技術習得、品質向上に努め、戦前には国内における眼鏡枠の一大産地として、その基盤を固めた時期である。第2期（戦後～1970年）は成長期で、戦後まもなく産地内分業・一貫生産体制を確立するとともに、新たな生産設備の導入が進み、輸出が本格化するとともに、販売面でもこれまでの時計店、眼鏡店から土産品店などあらゆる流通網を使った販売方法に切り替え、１９７０（昭和45）年には製造品出荷額などで１００億円を突破するまでに至った時期。また、素材面では、既存の真鍮、銀、赤銅、金に代わってセルロイド枠が、製品面ではオードリー・ヘップバーンに代表されるサングラス生産が全盛期を迎えた時期でもある。第3期（1971年～1992年）は変革期で、１９７１（昭和46）年のドルショック、１９７３（昭和48）年のオイルショック、１９８５（昭和60）年の円高などを輸出志向から内需志向への転換、品質、デザイン力の向上、チタンなど新素材加工技術の開発、自動化・省力化設備の導入、ＤＣブランド戦略の導入などで乗り切り、１９９２（平成4）年には製造品出荷額などが過去最高の１２００億円に達した。また、この時期に入ると、１９７０年代には

ＨＯＹＡ、ニコンなど大手レンズメーカーやシチズン、服部セイコーなど時計メーカーの眼鏡市場参入が本格化、流通面でも１９７０年代半ばにディスカウンターなどの大手量販店が登場、こうした中で産地内ではグループ化、系列化の動きが活発化した。第４期（１９９３年～）は成熟期で、バブル崩壊と円高進行、それに伴う国内景気の長期低迷により産地はかつてない不況に見舞われ、産地企業の海外生産が加速度的に増加。加えて２０００年代に入ると主な進出先である中国からの製品流入が加わり、産地の中小下請メーカーを中心に生産水準の低下が恒常化した。

そして、こうした鯖江眼鏡枠産地の成長・発展要因を整理すると以下の理由を提示することができる。

・農家の副業からスタートした鯖江眼鏡枠産地は、豊富で勤勉な労働力をベースに、当時競合する産地であった大阪、東京に比べ、コスト面で一貫して優位な状態を維持できたこと。また、早くから「帳場制」を導入し、技術の向上が図られたことで、質の高い労働力も保有していたこと。

・眼鏡づくりは、製造工程が比較的単純で手作業による部分が多く、また生産設備も安価なことから、比較的容易に参入ができたこと。

・眼鏡枠製造を始めた頃、日露戦争勃発による軍事用望遠鏡や防塵眼鏡の需要が増大する一方、国民生活の中にも戦況を知らせる新聞、雑誌が相次ぎ発刊され活字文化が定着するなどから、眼鏡需要の増大がもたらされたこと。

・第二次世界大戦後には、大阪、東京が空襲により壊滅的な被害を受ける中、鯖江は旧陸軍連隊跡地の民間払い下げで、この地にいち早く眼鏡関連企業が集積し、戦後まもなく産地内分業・一貫生産体制が構築された。つまり、産地には完成品メーカーを頂点とする補助関連産業の集積がなされたこと。

・大手レンズメーカーや時計メーカーが眼鏡分野へ進出した際、鯖江の集積に着目、産地に集中して生産を委託したため、眼鏡枠に関する技術や情報の集積をますます促進させたこと。

・「帳場制」に代表される産地内企業の競争関係が早くから存在し、こうした競争意識により、常に国際水準の技術、品質、デザインを生み出すことが可能であったこと。
・眼鏡枠産業は、繊維産業などと比較し規模が小さく、しかも鯖江の地に集中していることから、長らく国家産業としての保護・支援は皆無の状況にあり、こうした現実がかえって功を奏し、産地企業の間に自助努力、チャレンジ精神を育み、結果として、今日の眼鏡枠産業の成長・発展に寄与してきたこと。
・発祥の地、生野は農家数36戸に対し耕地面積はわずか17haと小さく、貧しさが故の危機意識の存在が新しい産業創出の原動力となったこと。
・出稼ぎ習慣のない福井県ではおのずと地域内で就労機会を求める傾向が強いが、全国的に見て小さな福井県で多くの職場があるわけでもなく、県内にとどまるには、おのずと創業、新事業への挑戦が必要となる。これは、福井県が人口一人当たり社長数で全国1位であることからもわかるが、こうした福井県独特の風土が眼鏡枠産業においてもみられた。つまり、旺盛な独立心・起業化精神の存在が、一大集積を生み出した鯖江眼鏡枠産地の原動力となったこと。

などである。ただ、これ以外にも、鯖江産地形成の要因がいくつか隠れているような気がする、その第1の要因は、産地を形成するに最も必要な雇用確保が比較的容易であったこと。福井県は女性就労者の割合が全国1位であることからもわかるように、産地形成にあたって労働集約型産業である眼鏡枠産業は女性就労者を中心に比較的安価な労働力を確保しやすかったことがあげられる。第2の要因は、産地内分業一貫生産体制という眼鏡枠産地の垂直連携システムが地域内で完結する眼鏡枠づくりを誘発したこと。第3の要因は、やはり繊維産業同様に福井県特有の「閉鎖的産業空間」が存在したことで、どちらかといえば、関係する企業間での生産ネットワークや販売ネットワークがさほど広域化しない、地域完結型の産地を形成しやすかったのではないか。

▼衰退期に入った鯖江眼鏡枠産地

　これまでの鯖江産地は、外需が悪ければ内需が、内需がダメであれば外需が支えるといったバランスのとれた産地であった。言い換えれば、地域特有の「閉鎖的産業空間」が眼鏡枠産業を産地内分業一貫生産体制という生産システムに向かわせ、そのシステムがうまく機能したのである。しかし、形成から120年を迎えた鯖江産地では、内外の環境変化に遭遇し、これまでの産地特性が機能不全に陥り、産地存亡の危機に直面している。

　その環境変化とは、大きく分けて以下の3つに集約することができる。第1の変化は、20年以上にわたり続いた産地有力メーカーの海外戦略が最終段階に入ったことで、輸出代替効果、逆輸入効果 が進行していること。産地企業の海外戦略を振り返ると、1980年代と1990年代以降の2つの時期に分けその特徴をみることができる。まず、1980年代の特徴は、産地企業が海外市場での販売力強化を狙って、米国や欧州など需要の見込める地域に販売拠点の整備を行った時期。その後の1990年代以降は、プラザ合意を契機とした超円高進行やバブル崩壊による国内市場の低迷などを主因に、ローコストに比較優位を求めた生産拠点の海外シフトが進んだ時期である。そして、20世紀末には、イタリア企業と産地有力企業の間で戦略的提携が進むといったところまでに達した。このように、産地企業の海外戦略は、まず海外に市場を求め、次にコスト面での国際競争力をつけ、さらに国際連携にまで発展したという点で、他の産業の海外戦略と比較しても優れたものであったと評価できる。しかし、生産拠点の海外シフトも二十数年を経過し進出先の生産が軌道に乗り出したことで、その結果として、産地では、進出先工場からの世界市場向け直貿増加や、主な進出先である中国からの逆輸入増といった負の影響が出始めている。第2の変化は、中国眼鏡メーカーの成長とそれに伴う日本市場、国際市場での産地間競争の激化をあげることができる。産地有力メーカーの海外シフトは大半が中国に集中し、いまや眼鏡部品の一部を除けば生産ラインの全ての分野が中国にシフトしたといっても過言ではない。いい換えれば、産地がそのまま中国へシフトしたわけであり、これに伴って中国への技術移転も進んだ。その結果、中国の現地企業は技術的にも力を蓄え国際市場への参入を本格化し、鯖江の海外市場向け輸出も大きく停滞し始め、現在では

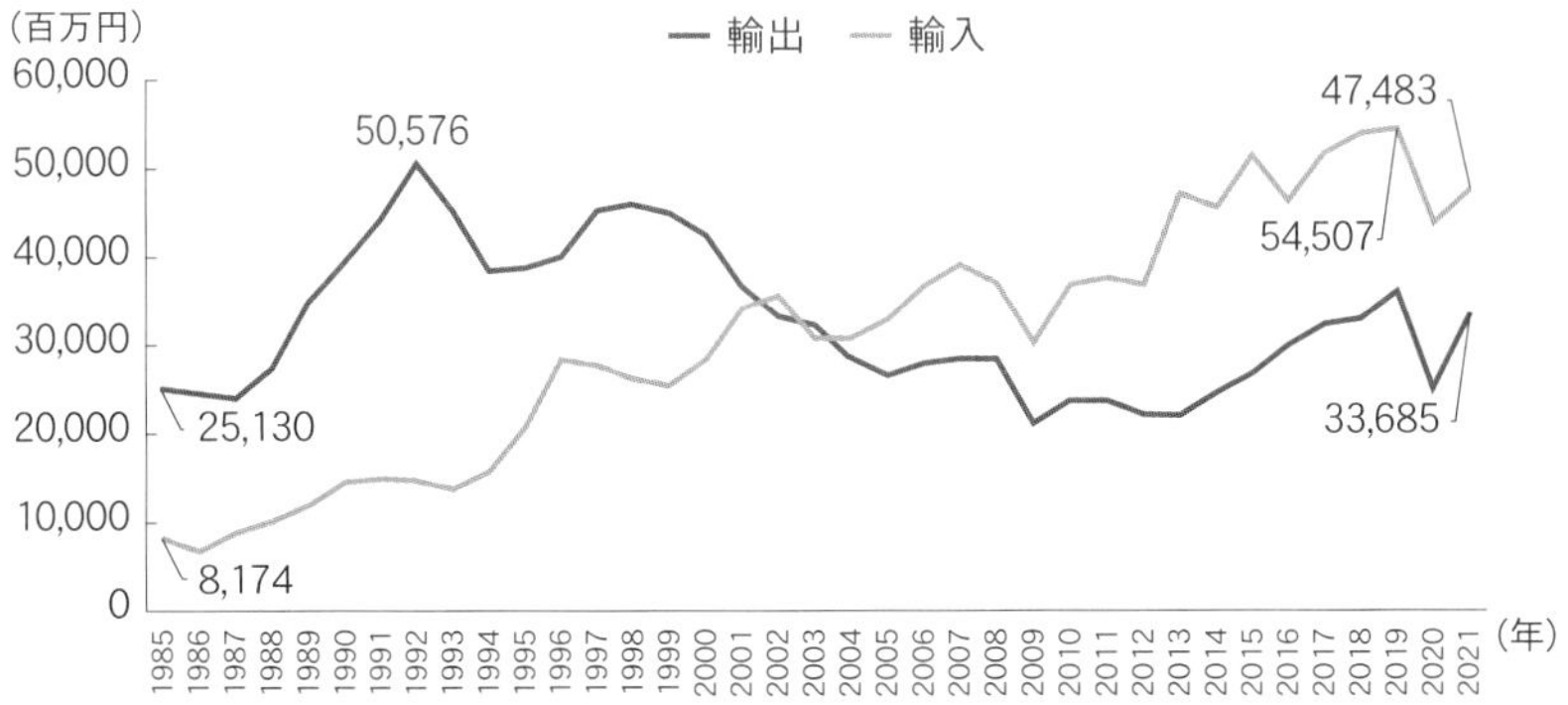

図4-2　眼鏡枠（眼鏡枠＋眼鏡）輸出入の推移

資料：日本関税協会「貿易統計　各月版」.

輸出額と輸入額の逆転現象が起きている（図4-2）。こうした中で、世界の三大眼鏡産地、イタリア、中国、日本における産地間競争が熾烈化している。例えば、ブランド保有率ナンバーワンのイタリア企業はその囲い込みをはかり日本企業が最も得意としたライセンス契約によるブランド戦略に軋みが生じていること、日本国内での海外メーカーによる販売子会社設立ラッシュ、加えて中国企業はローコストを武器に国際市場に乗り出し最大消費地米国でのシェアを伸ばしている事実がそれを物語っている。第3の変化は、日本市場での価格破壊の進行である。中国企業のパワーアップに伴う現象として、国内では、近年、中国品を供給元とする超激安店が誕生、消費者の低価格志向が進行し、中低級品市場に対しブランド製品、高機能・高付加価値製品などの高級品市場といった市場の二極分化が進んだ。それに伴い有力チェーンストアを中心とした小売店サイドでは中低級品などの海外買い付けがこれまで以上に増加、眼鏡枠の流通構造がさらに複雑化し、産地の生産・受注低下に拍車をかけている。

これまで述べた多様な環境変化に伴い、鯖江産地では産地規模の縮小が続いている。これに加えて、近年、産地内ではイタリア最大手の眼鏡枠メーカーの参入により、鯖江産地そのものがM&Aなどにより、統廃合が進み、海外メーカーに牛耳られる可能性も懸念される。

▼鯖江眼鏡枠産地の方向性

前述のように、産地誕生以来120年以上を過ぎた鯖江眼鏡枠産地は、内外の環境変化に伴い産地存亡の危機に直面している。では、このような状況からいち早く離脱していくには、産地にとっていったいどのような変革が必要となるのか。それには、以下の3つの方向性が考えられる。

1つ目は、産地内大手メーカーなど一定の量をこなす必要がある企業では、イタリアメーカーなどとの連携により相手先ブランドでの製品供給も視野に入れた戦略が必要となろう。前述のように偶然にも今産地内には大手イタリアメーカーが存在するのだから、それを逆手にとって利用することを考慮しなければならない。2つ目は、近年、産地の流通企業では200~300枚の多品種小ロットでハウスブランドを付けて販売するといった企業も見られる。こうしたオーガナイザー企業の動きをもっと強力化し、価格、デザイン、流通面でも鯖江産地のフレキシブルな対応力を見せつける戦略も必要と考える。せっかく川上から川下までが集積する産地が存在するのだから、そのメリットを最大限発揮できる機動力を売りとすることも必要となろう。そして最後の3つ目、鯖江の眼鏡枠産地は、今、内外の環境変化に直面し、大きな変革の時期を迎えている。それは、今後の産地がこれまでの眼鏡枠生産を唯一とする産地特性から脱皮し、本業（眼鏡）部門を発展的手段と位置付けながらも、一方ではこれまで培った技術、流通網などを武器に新分野進出を視野に入れた展開（複合産地化）をはかるべき時期にあることを意味する。言い換えれば、鯖江がこれまでの「眼鏡枠産地」というイメージから脱し、その得意とする難加工性材料の加工技術により、あらゆる線材の加工に対応可能な「金属微細加工産地」へと転換することである。新潟県燕産地が板材の金属加工産地なら、福井の鯖江産地は線材の金属加工産地として、内外にその存在を示さなければならない。

3 伝統的工芸品産業

▼伝統的工芸品と「伝産法」

古代から、人々の日常生活と密接にかかわりあいながら、多様な生活用品を供給する産業として長く維持・発展してきた産業がある。それが、伝統的工芸品産業と呼ばれるものである。全国には、伝統工芸とされるものが約1300種類あるといわれるが、そのうち経済産業省から指定を受けた伝統的工芸品は2022年3月現在で237を数えている（表4-11）。では、伝統的工芸品とはいったい何か。正式には「経済産業大臣指定伝統的工芸品」といい、「伝産法」（「伝統的工芸品産業の振興に関する法律」1974年制定）によって定められた要件を備えることで、経済産業大臣から指定を受けることができる。では、要件とは何か。①主として日常生活の用に供されるものであること、②製造過程の主要部分が手工業的であること、③伝統的技術または技法によって製造されるものであること、④伝統的に使用されてきた原材料であること、⑤一定の地域で産地を形成していることなどの要件を備えることである。経済産業大臣より伝統的工芸品の指定を受けると、後継者の育成、技術・技法の向上、事業の共同化、原材料対策、需要開拓、品質の表示などにつき、計画にもとづいて事業を行うに必要な経費の一部を国、都道府県、協会などから助成がある。つまり、工芸品産地にとって指定を受けることは、産地振興の有効な手段ということになる。

▼伝統的工芸品産業の近況

伝統的工芸品産業の需要をみると、戦後は高度成長による所得水準の向上などから人々の暮らし向きが変化し、同時に趣味・嗜好の変化も影響したこと、さらに原材料の供給難、人材不足などから同産業にかかわる市場が狭められてきた。ただ、1960年代に入ると、公害問題や高度成長によるひずみが表面化すると同時に、大量消費や使い捨て文化への

近畿	滋賀	3	彦根仏壇　信楽焼　近江上布
	京都	17	西陣織　京鹿の子絞　京仏壇　京仏具　京漆器　京友禅　京小紋　京指物　京繍　京くみひも　京焼・清水焼　京扇子　京うちわ　京黒紋付染　京石工芸品　京人形　京表具
	大阪	8	大阪欄間　大阪唐木指物　堺打刃物　大阪仏壇　大阪浪華錫器　大阪泉州桐箪笥　大阪金剛簾 浪華本染め
	兵庫	6	播州そろばん　丹波立杭焼　出石焼　播州毛鉤　豊岡杞柳細工　播州三木打刃物
	奈良	3	高山茶筌　奈良筆　奈良墨
	和歌山	3	紀州漆器　紀州箪笥　紀州へら竿
	計	40	
中国	鳥取	3（1）	因州和紙　弓浜絣　出雲石燈ろう
	島根	4（1）	出雲石燈ろう　雲州そろばん　石州和紙　石見焼
	岡山	2	勝山竹細工　備前焼
	広島	5	熊野筆　広島仏壇　宮島細工　福山琴　川尻筆
	山口	3	赤間硯　大内塗　萩焼
	計	16	
四国	徳島	3	阿波和紙　阿波正藍しじら織　大谷焼
	香川	2	香川漆器　丸亀うちわ
	愛媛	2	砥部焼　大洲和紙
	高知	2	土佐和紙　土佐打刃物
	計	9	
九州	福岡	7	小石原焼　博多人形　博多織　久留米絣　八女福島仏壇　上野焼　八女提灯
	佐賀	2	伊万里・有田焼　唐津焼
	長崎	3	三川内焼　波佐見焼　長崎べっ甲
	熊本	4	小代焼　天草陶磁器　肥後象がん　山鹿灯籠
	大分	1	別府竹細工
	宮崎	2（1）	本場大島紬　都城大弓
	鹿児島	3（1）	本場大島紬　川辺仏壇　薩摩焼
	計	21	
沖縄	沖縄	16	久米島紬　宮古上布　読谷山花織　読谷山ミンサー　壺屋焼　琉球絣　首里織　琉球びんがた　琉球漆器　与那国織 喜如嘉の芭蕉布 八重山ミンサー 八重山上布　知花花織　南風原花織　三線
合　計		237	

注：指定品目数の（　）内の数字は，指定が他の都府県・経済産業局と重複する内数をあらわしている．
資料：伝統的工芸品産業振興会『伝統的工芸品指定品目一覧［都道府県別］』より．

表4-11　伝統的工芸品指定品目一覧（都道府県別）

2022年3月18日現在

地域別	都道府県別	指定品目数	品　目　名
北海道	北海道	2	二風谷イタ　二風谷アツトウシ
東北	青森	1	津軽塗
	岩手	4	南部鉄器　岩谷堂箪笥　秀衡塗　浄法寺塗
	宮城	4	宮城伝統こけし　雄勝硯　鳴子漆器　仙台箪笥
	秋田	4	樺細工　川連漆器　大館曲げわっぱ　秋田杉桶樽
	山形	5（1）	山形鋳物　置賜紬　山形仏壇　天童将棋駒　羽越しな布
	福島	5	会津塗　大堀相馬焼　会津本郷焼　奥会津編み組細工　奥会津昭和からむし織
	計	23	
関東・甲信越	茨城	3（1）	結城紬　笠間焼　真壁石燈籠
	栃木	2（1）	結城紬　益子焼
	群馬	2	伊勢崎絣　桐生織
	埼玉	5（1）	江戸木目込人形　春日部桐箪笥　岩槻人形　秩父銘仙　行田足袋
	千葉	2	房州うちわ　千葉工匠具
	東京	18（1）	村山大島紬　東京染小紋　本場黄八丈　江戸木目込人形　東京銀器　東京手描友禅　多摩織　江戸和竿　江戸指物　江戸からかみ　江戸切子　江戸節句人形　江戸木版画　江戸硝子　江戸べっ甲　東京アンチモニー工芸品　東京無地染　江戸押絵
	神奈川	3	鎌倉彫　箱根寄木細工　小田原漆器
	新潟	16（1）	塩沢紬　小千谷縮　小千谷紬　村上木彫堆朱　本塩沢　加茂桐箪笥　新潟・白根仏壇　長岡仏壇　三条仏壇　燕鎚起銅器　十日町絣　十日町明石ちぢみ　越後与板打刃物　新潟漆器　羽越しな布　越後三条打刃物
	山梨	3	甲州水晶貴石細工　甲州印伝　甲州手彫印章
	長野	7	信州紬　木曽漆器　飯山仏壇　松本家具　内山紙　南木曽ろくろ細工　信州打刃物
	計	59	
東海	岐阜	6	飛騨春慶　一位一刀彫　美濃焼　美濃和紙　岐阜提灯　岐阜和傘
	静岡	3	駿河竹千筋細工　駿河雛具　駿河雛人形
	愛知	15	有松・鳴海絞　常滑焼　名古屋仏壇　三河仏壇　尾張仏具　豊橋筆　赤津焼　岡崎石工品　名古屋桐箪笥　名古屋友禅　名古屋黒紋付染　尾張七宝　瀬戸染付焼　三州鬼瓦工芸品　名古屋節句飾
	三重	5	伊賀くみひも　四日市萬古焼　鈴鹿墨　伊賀焼　伊勢形紙（用具）
	計	29	
北陸	富山	6	高岡銅器　井波彫刻　高岡漆器　越中和紙　庄川挽物木地（材料）　越中福岡の菅笠
	石川	10	加賀友禅　九谷焼　輪島塗　山中漆器　金沢仏壇　七尾仏壇　金沢漆器　牛首紬　加賀繍　金沢箔（材料）
	福井	7	越前漆器　越前和紙　若狭瑪瑙細工　若狭塗　越前打刃物　越前焼　越前箪笥
	計	23	

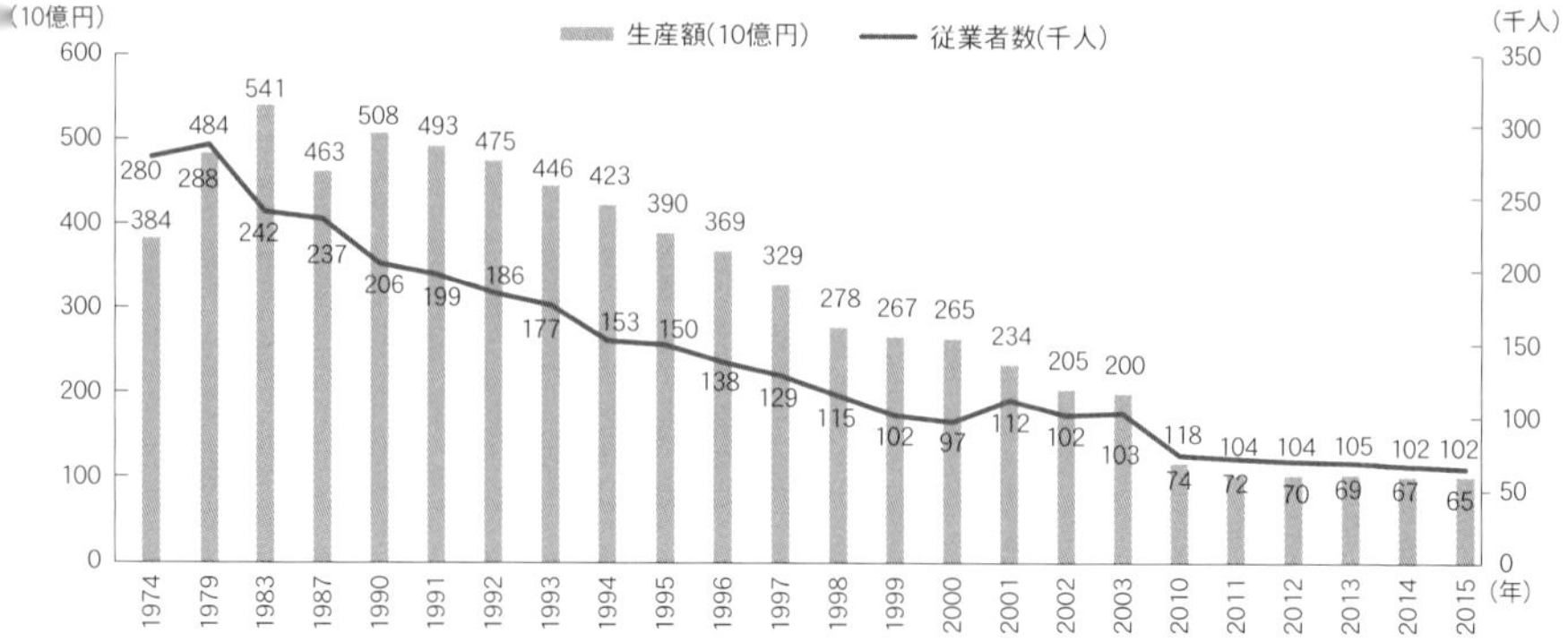

図4-3　伝統的工芸品のの生産額・従業者数の推移

資料：日本工芸産地協会［2018］.

不満などから、再び伝統的なものへの憧れ、回帰、手仕事への興味、本物志向が浮上し、伝統的工芸品産業に対する再評価がなされるようになった。しかし、この頃から、さらに深刻化する原材料の入手難、高学歴社会到来による後継者の確保難などが課題を呼び、現在では、産業基盤そのものを喪失する危機的状況にある産地もみられるようになった。

ちなみに、同産業の動向をみると、生産額の面では１９８０年代初頭にピークを迎えた後、その後はバブル崩壊後の長い経済低迷や安価な海外製品の台頭、ライフスタイルの変化などによって生産額が年々減少し、現在はピーク時に比べて５分の１、約１０００億円程度の生産額にとどまっている。従業者数も高齢化の進展などを背景に１９７９年の28万８０００人から大きく減少、２０１５年には６万５０００人程度となっている（図4-3）。

ただ、今後の動向としては、ゆとりと豊かさをもたらす質の高い製品を求めるニーズの高まりや地域独自の文化を見直そうとする風潮の高まり、「和」の暮らしや「ものづくり」に対する再評価、欧米における「和」の生活様式に対する関心の高まり、それに循環型経済社会を体現している産業であるという評価などから、伝統的工芸品産業に対する見方も再評価が進んでおり、こうした社会の工芸品に対する評価が実際の需要にどう現れてくるかを確認したいところである（図4-4）。

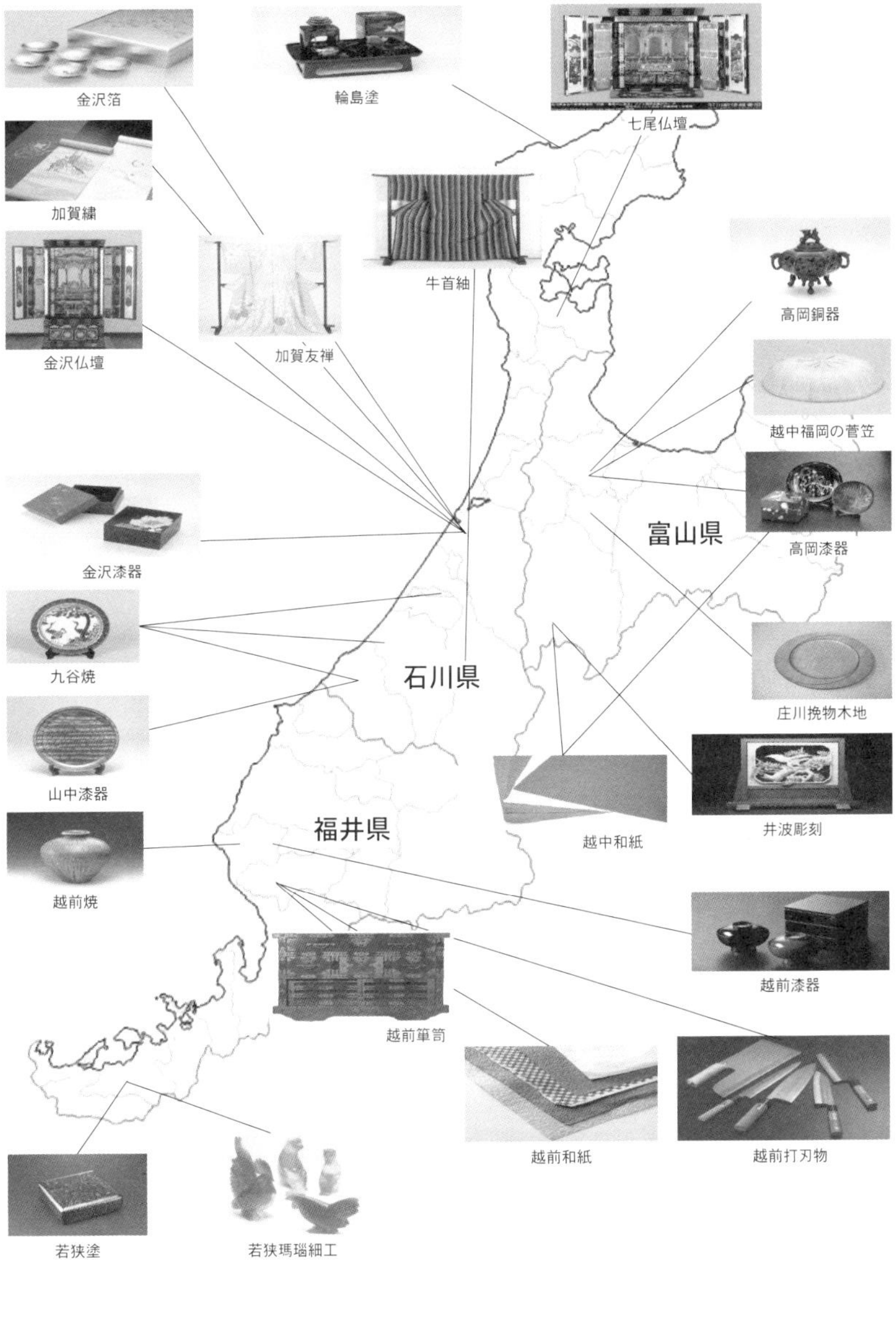

図4-4　北陸3県の伝統的工芸品

資料：KOGEI JAPAN All rights reserved.（https://kogeijapan.com/locale/ja_JP/list/?pref=16-17-18）.

表4-12　北陸3県の伝統的工芸品指定品目

2022年4月1日現在

地　域	指定品目数（品目）	構成比（%）	品目名
富山県	6	2.53	高岡銅器　井波彫刻　高岡漆器　越中和紙　庄川挽物木地（材料）　越中福岡の菅笠
石川県	10	4.21	加賀友禅　九谷焼　輪島塗　山中漆器　金沢仏壇　七尾仏壇　金沢漆器　牛首紬 加賀繍　金沢箔（材料）
福井県	7	2.90	越前漆器　越前和紙　若狭瑪瑙細工　若狭塗　越前打刃物　越前焼　越前箪笥
北陸3県計	23	**9.70**	
全　国	237	100.00	

注：伝統的工芸品とは，「伝統的工芸品産業の振興に関する法律」により定められた各種の要件を備えることで，経済産業大臣から指定を受けた工芸品をいう．
資料：伝統的工芸品産業振興協会（https://kyokai.kougeihin.jp/traditional-crafts）．

▼北陸の伝統的工芸品産業

一方、北陸地域の状況については、伝統的工芸品産業の指定品目数は23品目（指定品目数：富山県6、石川県10、福井県7）を数え（**表4-11**）、シェアでみれば全国の9・70％と、北陸3県の経済力（2・3〜2・4％）に比べれば極めて大きい（**表4-12**）。つまり、北陸の経済において伝統的工芸品産業は重要な産業なのである。

ただ、一事業所当たりの年生産額や従業者数は各県とも全国を下回り、全国同様、総じて零細性が強い。産業の成長性についても、1990年まで全国に比べ堅調な伸びを示したものの、近年は事業所数、就業者数、年生産額ともに落ち込みがみられ、特に事業所数、従業者数の落ち込みは全国を超える水準となっている。

以上から、北陸の伝統的工芸品産業は全国に比べ拠点性は高いが、近年、事業所数、従業者数、年生産額の全てに落ち込みがみられ、特に、事業所数の落ち込みが著しい。また、こうした北陸産地を支える伝統的工芸品産業の業種構造は零細事業所中心であり、労働生産性は他の工業に比較して極めて低位にあることも特徴として加えておく。

▼福井の伝統的工芸品産業

こうした中で、福井県の伝統的工芸品産業の状況をみると、福井県には、経済産業大臣の指定7品目（越前漆器、越前和紙、若狭瑪瑙細工、若狭塗、越前打刃物、越前焼及び越前箪笥）のほか、現在、県は本県の風土と暮らしの中で育まれた工芸品29品目を「福井県郷土工芸品」として指定している（表4-13）。

このうち、指定7品目の状況[6]をみると、越前焼を除いて、どの産業も1990年代前半をピークに事業所数、就業者数、年生産額の全ての面で衰退傾向にあるといわれている（表4-13）。ちなみに、2017年現在の7産地合計の生産額は、おおよそ90億円と推計され、1995年当時の4割程度と考えられる。特に若狭瑪瑙は、①原石の入手困難、②輸入品、他製品（甲府の水晶、各地のガラス細工）との競合、③後継者難などの問題から、1999（平成11）年には産地組合も解散し事実上崩壊の危機に見舞われている。また、若狭塗に関しても高級品が故の売行き不振、後継者難などから産地としての原型を失いつつある。

以上のように、福井県の伝統的工芸品産業は、大半の産業が時代の流れと共に事業所数、生産額、従業者数などの減少から産地規模自体の縮小を招いており、ここ20年余りで7産地の出荷額が半減するなど伝統的工芸品産業として置かれている地位、環境が極めて厳しい状況にある（図4-5）。

▼伝統的工芸品産業の未来

2022年の秋、東京で開催された57回目の全国漆器展では、鯖江市の越前漆器協同組合が前年に続き最高の桂宮賞に輝いた。同組合の受賞はこれで17度目となる。個人部門でも4点が入賞した。ここ2年の受賞作品をみると、2021年、経済産業省製造産業局長賞に選ばれた「陶漆《とうしつ》　五色片口小鉢《ごしょくかたくちこばち》」は、薄作りの越前焼に漆を塗った5枚組の器で、縁の片側には注ぎ口もあり、酒器や小鉢にも使える多用途、多機能型に特徴がある。そのほか、本物志向のワイングラス、家飲みが楽しくなるような「酒器」などコロナ禍時代を逆手に取った作品や、江戸時代を彷彿させる「飯椀（ごはんを盛るお椀）」など、時空を超えて楽しめる斬新な作品が数多く出品され、伝統的と言われるものの、漆器産業が間違いなく日々進化していることを確信させた。

表4-13　ふくいの伝統工芸品（36品目）

伝統的工芸品（7件）

品　目	指定年月日	主な生産地
越前漆器	昭和50年5月10日	鯖江市
越前和紙	昭和51年6月2日	越前市
若狭瑪瑙細工	昭和51年6月2日	小浜市
若狭塗	昭和53年2月6日	小浜市
越前打刃物	昭和54年1月12日	越前市
越前焼	昭和61年3月12日	越前町
越前箪笥	平成25年12月26日	越前市

郷土工芸品（29品目）

品　目	指定年月日	主な生産地	主な製品
よもぎ草染		大野市	盆、皿、盛器、茶托、花瓶、コースター
越前和蝋燭		福井市	生蝋燭、朱蝋燭、金蝋燭、銀蝋燭、絵蝋燭
銀杏材木工品		福井市	まな板、和紙張板、仕立板、へら
越前竹人形		福井市 坂井市(丸岡町)	人形、壁掛、置物
三国箪笥		福井市	船箪笥、枠箪笥、張箪笥、車箪笥
武生桐箪笥	平成6年10月14日	越前市	桐箪笥
武生唐木工芸		越前市	座卓、衝立、花台、花瓶、壁掛、棚、菓盆
越前水引工芸		福井市	宝船、御所車、鳳凰、門松、結納飾、熨斗
若狭パール		おおい町	ネックレス、指輪、ブローチ、タイピン
若狭和紙		小浜市	染原紙、書道半紙、民芸紙、ノート、便箋
うるしダルマ		小浜市	置物、キーホルダー
三国仏壇		坂井市(三国町)	塗仏壇
越前指物		越前市	組子ランマ、ランマ、建具
武生唐木指物	平成9年3月31日	越前市	花台、座敷机、棚、衝立、硯箱、器局、掛額
越前鬼瓦		嶺北全域	鬼面瓦、置物、壁掛
鯖江木彫	平成11年3月31日	鯖江市	欄間、衝立、置物、額
油団		鯖江市	油団
福井仏壇	平成15年10月16日	嶺北全域	漆仏壇
越前〆縄		越前町	〆縄
万司天神掛軸	平成21年3月31日	福井市	天神掛軸
組子指物	平成26年7月25日	高浜町	文箱、茶箱、衝立、欄間、障子、花生、盆
石田縞	平成27年3月25日	鯖江市	名刺入、座布団 越前石田縞着物、帯
越前洋傘		福井市	雨傘、日傘、晴雨兼用傘
福井三味線		福井市	三味線
越前菅笠	平成28年11月25日	福井市	菅笠
三国提灯		坂井市	提灯
越前竹細工		鯖江市	衣装行李、文子、花篭、網代笠
今谷焼		おおい町	食器、花器、アクセサリー、置物
福井モダン刺し子	平成32年3月16日	越前市	さっくり、のれん、衝立、かばん、タペストリー

資料：福井県地域産業・技術振興課伝統工芸振興室.

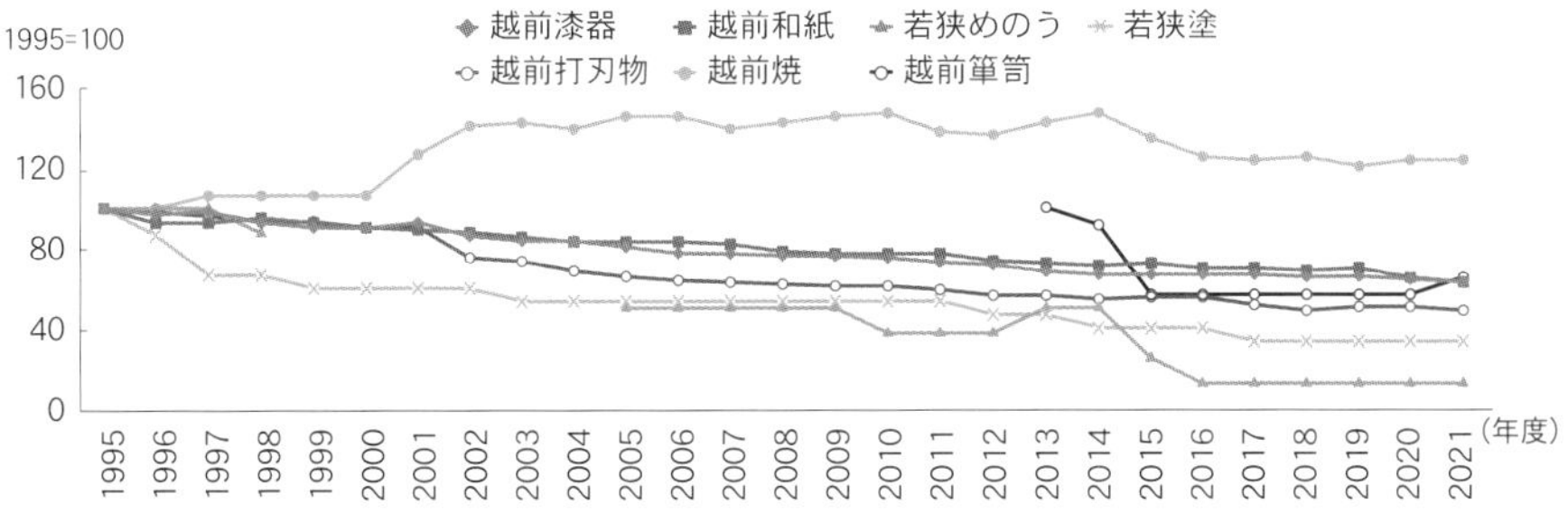

図 4-5　福井県内の伝統的工芸品産業（事業所数）の推移（指数）

注１：若狭めのう細工は、2000 年に組合解散。その後のデータは独自推計による.
注２：越前箪笥は、2000 年に組合解散。その後のデータは独自推計による.
注３：上記以外は独自推計による.

前述のように、２０２２年３月現在、経済産業省から指定を受けた伝統的工芸品の品目数は２３７品目を数え、そのうち福井県には７品目、全国の約３％を占めている。福井県の経済力からすれば、福井県はまさに伝統的工芸品の一大産地といえるわけだ。

ではなぜ、福井県でこうした伝統的工芸品づくりが盛んになったのか。それには、この地域がそれら工芸品を根付かせる気候条件を保有していたことや、歴史的にみて、この地が大陸文化の往来の地であったこと。各産地とも、産地内分業一貫生産体制を整備し、ほぼ受発注の仕組みが産地内で完結できたこと。つまり、前述した繊維産業や眼鏡枠産業と同じく、産地生産者は産地内問屋に流通を任せるなど「閉鎖的産業空間」を確立してきたこと。それが前近代的な時代においては有効に機能したことが考えられる。ただ、これらの伝統的工芸品産業が繊維や眼鏡枠と一つだけ相違する点は、７つの産地にあって、漆器、和紙、打ち刃物、越前焼産地では、原材料仕入、技術の導入、販売などの面で、それぞれの補完機能を高めるためにお互いが連携しながら産地の維持・発展に努めてきたことが挙げられる。例えば、福井県では、古くから打ち刃物の販売を漆器産地の漆かき職人が行っていたことや、越前箪笥の制作には漆と打ち刃物の技術が必要であったこと。そして、昨年受賞した小鉢[7]のように、漆器と越前焼、和紙と漆器といったコラボレーションによる製品づくりがなされていたことなどがそれである。

表4-14 福井県7大伝統産業の特徴（その1）

（単位件、人、%）

項　目	越前漆器（河和田塗り）	越前和紙	若狭塗（箸）	越前打刃物
1. 基準年	2021年	2021年	2021年	2021年
2. 事業所数	203	52	28（若狭塗5）	51
3. 従業者数	955	261	15	195
4. 組合加入率	65.5	100.0	80.0	90.2
5. 起源	・西暦527年、継体天皇が御冠の塗りかえを片山に住む塗師に命じ、それを請けた塗師が黒漆で御冠を塗りかえ、併せて「三つ椀」と称する黒漆の食器を献上したのが始まり。	・一説には1500年ほど前に発祥したといわれるが、仏教が広まった奈良時代に写経のため越前和紙を求めたことがルーツと言われている。	・慶長年間（1596～1614年）、小浜の豪商組屋六郎左衛門が、国外から入手した漆塗盆を藩主酒井忠勝公に献上したのが始まり。	・1333（延元2）年、京都粟田口の刀匠、千代鶴国安が府中（現在の越前市）に来往し、刀剣作りの傍ら農具用の鎌を製作、その技法を近郷の人々に伝授した。
6. 技術	・優雅な古典美と堅牢さに特徴がある。椀、盆、膳、重箱などの渋下地の手法をもとに、蒔絵、沈金の加飾技法を取り入れたもの。	・溜め漉き、流し漉きにより、越前奉書をはじめ襖紙、小間紙など多品種の和紙を生産。手漉き和紙は、生産量、品質の良さで全国1位。	・元来、伝統的な若狭塗の技法によるものであったが、現在は化学塗料を機械的に塗りつける「引き抜き法」（ゴム板に細孔をあけておき、塗料容器の中で箸生地をすばやく挿入して引き抜く）を採用。	・“廻し鋼着け”、“二枚広げ”と呼ばれる火づくり鍛造技術。
7. 生産品目	・高級品の手工業製品と低級品の機械量産品分野（業務用）に二極化。 ・現在、機械量産品の業務用食器が国内全体の8割程度を占める。	・手漉きの高級和紙をはじめ、機械抄き和紙では多種類の和紙を生産しており、襖紙、壁紙などの内装用紙などは産地の主力製品。	・箸の素材別生産量を見ると、木素材が大半で、その他竹、プラスチックを素材とするものもみられる。 ・そのうち木素材の50%を東南アジアから輸入しており、円安の悪影響を受けている。	・包丁類（包丁）の生産が大半を占め、その他農機具（鎌、鍬）、利器工匠具（刈込はさみ、工匠具）など。
8. 産地の特徴	・事業所数は、製造卸、中間加工、素地・原材料を合わせると200余りを数えるが、就業者数は1事業所当たり4人程度と家内労働の零細事業所が大半。 ・そのほか、就業者の半数は女子労働者で占められるなど、他産地に比べ女子労働力への依存度が高い。	・小規模零細事業所が多く、特に手漉き和紙業者は、壁紙・襖紙業者と比較して採算性が厳しい。	・若狭塗箸の年間需要は、年間7000万膳～8000万膳。全国の8割以上のシェアを誇っている。 ・産地の塗箸製造業者は20件程度。残りが素材加工業者。これらの企業は、近代化された機械設備を持つ大手メーカーから下請け零細企業まで企業規模の格差が大きい。	・製造業者の大半が、ステンレス鋼を用いた刃物づくりを行っており、炭素鋼を素材とするものは少ない。 ・そのため、産地業者は生業的色彩が強いが、近年は、海外の人気も高まり生産額は増加傾向となっている。

9. 発展過程	・明治以前は、他県へ移出されることがほとんどなく、域内での自給自足タイプの産地。 ・1950年代のプラスチック素地導入に伴い、従来の手工業型の木製漆器から機械量産型の合成漆器へシフトし、業務用漆器の販路拡大がなされる。	・1960年代に入り、これまでの手漉きによる生産から機械抄きによる生産へと移行。大量生産体制を確立する。 ・その後、住宅ブームに伴い、主力品目を住関連製品（襖・壁紙）に置くことで大幅な伸びを示したが、近年はライフスタイルの変化などにより、需要の低下が続いている。	・小浜市の西津地区は、元来、漁師町であったが、戦後、急速に発展した合成樹脂塗料の台頭により、箸製造業者に転換するものが増加。その後、社会の大量消費機運と産地の近代化、量産化の進展がマッチして、短期間のうちに著しい発展を遂げた。	・江戸末期から明治にかけ、独特の技法による品質と切れ味により最盛期を迎えたが、戦後、他産地がステンレス製の刃物生産に転換するなかで、当産地はあくまで手作りの刃物産地に固執し、遅れをとる。1960年代に入り、一部の製造業者がステンレス包丁へと転換。
10. 流通	・産地問屋主導型 自社製造を主体とした産地問屋が産地をリードしており、全製品の8割程度が自社製品として売られている。いわゆる産地内ＯＥＭ体制が確立。 ・産地問屋は、分業化された加工専門業者を組織化、系列化して統括し、しかも販売の窓口となっている。 ・ただ近年は、自社ブランドによる直販も増加している。	・産地問屋主導型 一部、ネット販売や自家売りも増えているが、いまだ主流は当産地にある問屋主体の流通。 ・製造業者は生産量の8割程度をこれら問屋（県外問屋も含む）に依存している。	・産地問屋主導型 産地問屋を経由して小売段階へと流れる。近年、流通ルートが複雑化しルートの選択肢が増加しているとはいえ、依然、問屋機能は大きい。 ・また、商品は、「若狭小浜」のブランドを出さずに販売されるのが大半であり、中には他の漆器産地を経由し、他産地のブランドで販売されるものもみられ、若狭塗箸はＯＥＭ供給基地として機能している。	・産地問屋主導型から直販型へ受注を産地問屋に依存する旧来型の販売は、徐々に減少しているが、依然、海外も含めて商社取引が多い。 ・一部の製造業者では、相手先ブランドによるＯＥＭ生産を行っているが、近年は、自社ブランドによる直販が増加している。
11. 問題点	・1950年代以降、観光ブームなどから外食産業の市場規模が急速に拡大し、安価な業務用漆器分野が急成長したが、近年は景気低迷、他産地との競合、安価な輸入品の導入などの中で出荷額が落ち込んでいる。 ・後継者の確保、育成の問題。 ・新商品開発と需要開拓。 ・文化性に対するやや軽い意識。 ・海外製品の品質向上。 ・漆器に使用される栃の木、けやき、水目など資源不足や材料費の高騰も懸念される。	・ライフスタイルの変化など住関連分野の需要が大幅に落ち込み、近年は1995年の102億円をピークに生産が下降している。 ・問屋依存の販売形態の継続。特に、主力の襖・壁紙は産地問屋が独占しており、製造業者が単独で販売できない。 ・製造品の多くが半製品であるため、消費者のニーズが読み取り難い。 ・日本産の楮、ミツマタ、雁皮などは原料価格が高く採算に合わない。中国、韓国など、もっぱら輸入品に依存している。	・単価の切り下げ。 ・産地としての知名度の低さ。 ・業界内部が不統一。 ・海外への技術流出。生地の生産技術の海外移転。 ・中国製品の台頭。・生産者の高齢化が進み、後継者難が最大の課題。	・以前は、手打ちの刃物として製作期間を要する割に知名度が低い状態であったが、越前刃物の知名度が海外で高まるにつれ、近年は徐々に、伝統工芸士が製作した製品でもステンレス刃物を下回る単価で取引されるケースが多い。（芸術的な面での価値が低い ・後継者難。 ・合理化への立ち遅れ。 ・需要の減退。 ・供給に時間がかかり、全体の生産キャパが増えにくい。

注：若狭塗については，本来の技法に基づく「若狭塗箸」の他，全ての箸を含む「箸産地」で捉えている．よって，（　）部分のみが本来の「若狭塗」の伝統的工芸品分野にあたる．
資料：筆者作成．

表4-14 福井県7大伝統産業の特徴（その2）

（単位件、人、%）

項　目	越前焼	若狭瑪瑙	越前箪笥
1. 基準年	2021 年	2021 年	2021 年
2. 事業所数	79	1	15
3. 従業者数	96	1	35
4. 組合加入率	29.1	組合なし	86.7
5. 起源	・平安時代末期頃から旧宮崎村小曽原地区を中心に、朝鮮半島から伝わった須恵器生産の経験を基に始まる。	・奈良時代、大陸からの渡来人がこの地に住みつき、当地の原石を使って玉造りを始めたのが起源とされている。	・江戸時代後期から明治時代に形成された産地。
6. 技術	・つぼやかめなどの比較的大物を作る，ねじ立て技法いわゆる“輪積み成形”と、鉢、すり鉢などの製作に用いる“ねじ立てはつぎ”技法。	・瑪瑙原石に焼きいれを行う“焼きいれ技法”。	・無垢材を使用し、釘を使わないほぞ接ぎ技法が使われる。 ・表面は漆塗りで飾り金具は越前打刃物技術が使われている。高級品はすべてケヤキ材を用い、塗装法も春慶塗や呂色塗など。
7. 生産品目	・花器、日用食器が各々 30%、酒器、日用茶器が各々 10%、その他茶道具、インテリア用品など。最近はカラフルな焼き物や薄手の焼き物などが人気を呼んでいる。	・当初は、数珠、櫛、根掛け（髪の根もとを括る）。明治に入り、仏像、動物、鳥、魚などの置物へ変化。現在は、イヤリング、ネックレス、指輪、ブローチなどの小物が中心だが、生産者の減少から、先行きの継続が危ぶまれている。	・高級箪笥、オーダーメイド家具。
8. 産地の特徴	・窯元の半数以上が旧越前町織田地区や宮崎地区に集中している。また、これらの経営状況をみると、その大半は零細な個人陶房で、1960 年代の陶芸ブームに陶芸家を目指し当地に根づいたものも多い。	・事業主イコール職人という零細形態のなかで高齢化が進み、生産額は 1980 年の 1 億 6000 万円をピークに減少傾向。 ・1999 年には、産地の組合も解散し、崩壊の危機にさらされている。	・使い込むほどに味わい深い風合いとどっしりとした重厚感がある。 ・箪笥の角を保護するために付けられた金具は、魔除けとして猪目（いのめ）と呼ばれるハート型の金具になっており、金具のユニークさも越前箪笥の魅力となっている。

9. 発展過程	・戦後、窯業試験場の設立や後継者の養成などが図られ、1960年代の陶芸ブームの中で「越前陶芸村」構想が沸きあがり、その後、県外から移住する作家が増え、徐々に窯元数が増加。	・大正時代から昭和初期にかけ最盛期をむかえたが、第2次世界大戦により大半の業者が廃業。伝統ある地場産業を復活させようと1952年に「若狭めのう商工業共同組合」を設立、復興に努めたが、2000年に解散。	・明治期、多くの箪笥職人がこの地で開業し、越前市内に街並みを形成した。 ・当時のタンス町では、秋の収穫後に一番の賑わいをみせ、嫁入り前の娘を連れた親が、その道具の箪笥や長持、鏡台などを品定めに来たらしい
10. 流通	・産地直販型 産地組合、越前焼工業協同組合に所属する窯元の場合、60%が組合を通じ販売、主な販売先は組合の直売所、百貨店、専門小売店。残りは、独自の展示会や直販による販売。非組合員は、独自展示会や直販による。従って、流通システムがいまだ確立されているとは言いがたい。	・産地直販型 若狭めのう会館（1999年閉鎖）などを通じて若狭地方中心とした一般観光客向けの土産品需要に頼る。	・産地直販型 販売は、生産者の自家売りが主流で、こうした流通が産地の縮小につながっている。
11. 問題点	・陶芸家の多くは独自の焼き物に専念しているため、産地としてのまとまりが悪い。 ・手作り主体であるため、需要に見合う供給が出来ないことがある。 ・手作りの場合、規格品による大量生産ができないため、販路拡大が困難。 ・ロット、納期などの面で発注者のニーズに対応できない。 ・将来に向けて良質な素材確保が困難。	・北海道の原石が枯渇。ブラジル産に頼るが質が劣る。 ・ライフスタイルの変化による需要の喪失(高級品需要の減退)。 ・後継者の育成難。	・ライフスタイルの変化から箪笥に対する需要が減少し、近年、事業所数が半減、それに伴い生産額、従業者数の減少が続いている。 ・自家売り主体であるため、新しい需要の開拓が進みにくい。

注：若狭塗については, 本来の技法に基づく「若狭塗箸」の他, 全ての箸を含む「箸産地」で捉えている．よって,（　）部分のみが本来の「若狭塗」の伝統的工芸品分野にあたる.
資料：著者作成.

一方、これら伝統的工芸品の発祥を振り返ると、若狭塗は近世からとやや新しいが、漆器や和紙は古代、若狭瑪瑙、越前箪笥は奈良時代、越前焼は平安時代、打ち刃物は鎌倉時代に成立していた。このように、伝統的と呼ばれるだけあって、かなり昔からあったということがわかっている。そして、最も古い越前漆器や越前和紙の生成期、古代と言えば、福井県の越前では、あの越国が存在し、507年には第26代、継体天皇を輩出したことや、これと併せて、この時代、伝統的工芸品産業以外に、大変重要な産業が存在していたことも確認しなければならない。それは、若狭・越前地方を中心とする「塩づくり」である。特に、若狭の塩は、6～8世紀の奈良時代、全国の塩産出量の約4割余りを占め、大いに発展したといわれる。しかし、江戸時代には瀬戸内の塩にその地位を譲ることになる。

では、なぜ塩づくりは衰退し、伝統的工芸品は今まで生き延びたのであろう。その理由は、伝統的工芸品が技術やデザインなどで誰にでもそう簡単にまねのできない特徴を持っていたこと。さらに、伝統的工芸品は、地元の多様な産業とコラボして、さらに新しい価値を創り続けていったためではなかろうか。

そして今、この伝統的工芸品産業のネットワーク機能が大いに活躍する時代が来たように思える。確かに、消費ニーズの変化とともに停滞感を強めた時代もあったが、最近はちょっと新しい動きも見えてきた。例えば、岩手のカラフルな南部鉄瓶がフランスで人気を呼んだことは記憶に新しい。越前で言えば、打ち刃物がそうだ。現在はヨーロッパでの人気が高い。前述した越前漆器も技術、デザイン、そして流通面でも世界の市場で対応可能な体制整備に乗り出している。また、越前打ち刃物、越前和紙、越前焼などでも、そこに多くの若者が入り込み斬新なモノづくりに取り組んでいる。こう考えると、越前では伝統的工芸品産業が再び新しい輝きを見せ始めているようにも感じる。さらに時代は、地方創生が示すように、東京一極集中、中央集権から地方分権、地方圏の時代に。今や中央政府がコントロールし、日本全体を発展させることができない時代となった。また、人々の消費活動も、多様化、高度化、複雑化、細分化し、マスプロダクト、マスマーケットでは対応できない時代でもある。こうした時代だからこそ、伝統的工芸品が手仕事の技を十二分に発揮しながら、未来をつなぐ産業として発展できる時代がやってきたといえるのではないか。

福井県の中部、丹南地方では、年に一度だけ〝見て、知って、体験する〟ものづくりの体感型マーケット「ＲＥＮＥＷ」が開催される。鯖江市と越前市、越前町のものづくり産地を巡る工房見学イベントである。同イベントでは、越前漆器、越前和紙、越前打ち刃物、越前焼、地場の繊維産業、眼鏡枠産業などが協力し、生産者の普段出入りできないものづくり工房を顧客に開放し、実際のものづくりの現場を見学・体験することができる。それだけでなく、産地の新商品を購入することができる。いわゆる、この地域挙げてのモノづくり一大イベントが開催されるわけだ。コロナ禍の２０２２年秋、８回目の「ＲＥＮＥＷ」も開催された。今回は越前漆器、越前和紙、越前打刃物、越前箪笥、越前焼、眼鏡、繊維の７つの産業を中心に、過去最多の１００社余りが参加した模様で、職人と交流しながら買い物を楽しんでもらったり、ワークショップでものづくりの現場を体感してもらったり、産地の魅力を存分に味わってもらった。そのほか、新たな取り組みとして、スタッフがおすすめスポットを紹介する飲み物付きの休憩所「ＲＥＮＥＷトラベルスタンド」の開設。各産地への移動手段となるワンコインタクシーも運行し人気を呼んだ。工芸品の雑貨店を全国展開する中川政七商店（奈良市）とコラボした展示販売会「大日本市鯖江博覧会」も同時開催されたようだ。

今、福井の伝統的工芸品産地は大転換の時期に来ている。それはまさに、これまでの「排他的産業空間」から離脱し、産地内企業或いは産地間におけるオープンイノベーションが進展しているがゆえにほかならない。

注

（１）チョップ＝chopとは、「銘柄、商標、品質」の意味。原糸メーカーが自社の責任で品質管理などをした織物などの製品のことをいう。産地の機屋から見ると、原糸メーカー支給の糸で織物を仕上げ、原糸メーカーに納めるシステムのため、リスク負担がない。

（２）２０２０年の福井県の工業統計によると、繊維産業の製造品出荷額は、２０１９年現在で２３０５億円となっているが、このうち加工賃収入は９１８億円で、全体の39・８％を占めている。

（３）本書「第６章　地域業の挑戦」、「コロナ禍での開発動向」を参照。

（4）総務省［2018］によれば、時計、アクセサリーなどを併設している店舗を含め、眼鏡小売業は1万2058件を数える。
（5）日本企業の場合、1985（平成7）年のプラザ合意による円高を契機に海外シフトが始まるが、眼鏡枠産業の場合は既に1970年代後半から海外進出が始まっている。
（6）7産地ごとの状況は、表4-14を参照のこと。
（7）今年の作品も、越前漆器と越前焼のコラボした作品が最高賞（知事賞「陶漆　六角皿　飛びカンナ」）を受賞している。

第5章　地域企業の新展開

総務省統計局［2021d］によれば、福井県にある事業所は、同年6月現在で3万9734を数え、そのうち3万2391の事業所は嶺北地方に存在する。つまり、全体の81・5％が越前にあることになる。その事業所をみると、事業規模は小粒だが高い技術を持つ企業数はどの地域と比較しても引けを取らない。ここでは、そうした事業所の中から、製造企業を中心に10事業所を取り上げ、各企業の特徴、企業戦略などを紹介したい。

1　株式会社川鋳

――空調用大型冷凍機の鋳物製圧力容器では、国内シェアNo．1――

【企業概要】

設　　立　1972（昭和47）年
資 本 金　4000万円
代 表 者　代表取締役社長　川上裕之
事業内容　普通鋳鉄鋳物、強靭鋳鉄鋳物、球状黒鉛鋳鉄鋳物、合金鋳鉄鋳物など
売 上 高　6億円（2022年6月）

従業員数　30名（2022年4月）
本社住所　坂井市春江町石塚28－31

▼超ハイテクシステムと職人の感性により、業界No．1の高級鋳造技術を確立

1955年創業で半世紀以上の歴史を持つ株式会社川鋳。同社の製品群は、普通鋳鉄をはじめとして、FC－350クラスの高級鋳鉄や強度が高く耐圧・耐地上衝撃に優れる球状黒鉛鋳鉄など、高度な技術を要する製品で占められている。

同社がつくり出す主力製品は数多く存在するが、その中で特徴的な製品を挙げるとすれば、その1つに巨大ターボ冷凍機を挙げなければならない。これは、地上4階、地下1階の成田空港第2ターミナルビル全体の空調を制御している圧力容器で、この冷凍機1基で家庭用エアコンの6万台に相当するという。巨大なだけにコンプレッサーにかかる圧力は大きく、導入当初は失敗を繰り返したものの、一般に使われる鋳鉄ではなく強度の高い「球状黒鉛鋳鉄」を使用し、技法も鋳物づくりで最も技術が必要な「鋳造方案」といわれる設計図を斬新につくり替え、新たな型をつくって完成にこぎつけた。悩んだ末に発想を転換しチャレンジしたことが成功の要因という。そのほか、東京スカイツリーやドバイ市街地への大型空調コンプレッサーの設備も完了している。

また、2009年には、三菱重工業の世界最大級の発電用風車に使われる「増速機」を製造。これは、回転する羽根のエネルギーを発電機に伝える主軸の回転数を増幅させ、効率よく発電するための重要な装置で、風車の高さは80m、羽根が48m、増速機の重量は18tにおよぶ。発電容量は2400kWで、最大出力時には1200世帯の電力を賄える。材質はやはり一般の鋳鉄の2倍以上の強度を持つ「球状黒鉛鋳鉄」を使用。「鋳造方案」の設計図を何度もつくりなおしコンピュータ解析の導入などにより、半年の試行錯誤の末完成にこぎつけた。こうしたキャリアから同社の特徴を挙げるとすれば、同社はこれまで鋳物が持つ特性の常識を覆す研究・開発や、鋳物の可能性を最大限活かす努力の積み重

ねにより、新たな製品づくりにまい進してきた企業といえよう。

現在、市場シェア1位を誇る圧力容器を採用したターボ冷凍機は、海外にも輸出されている。その他、人工衛星、旅客機、発電所など、一見、鋳物メーカーとは思えない様々な分野で同社の製品が活躍しているのである。それを支える超ハイテクシステムと職人の技や感性が同社の一番の強みでもある。「他社が真似のできない分野にこそビジネスチャンスが存在する」と語る川上社長。今後も、他社が手に負えない分野の開拓や高度な技術を要する分野に位置し続けることが、同社が目指す最大の戦略なのかもしれない。

▼不良品率は業界平均の100分の1

業界では鋳造部品の不良率が業界平均で10%と言われるが、同社はその100分の1（0.11%）に過ぎない。創業当初から「単なる〝鋳物屋〟ではなく〝鋳物メーカー〟を目指す」という同社の思いは、職人の技や感性をコンピュータで管理する同社独自の「湯流れ・凝固解析システム」として構築された。ここでいう湯とは溶けた金属を指しているが、その流れにより鋳造部品の内部のどこに空洞ができているのかをコンピュータで予測することで、金属が固まる前にその部分を補正することが可能となった。まさに、最先端技術と職人の合わせ技により業界No.1の地位を守り続けているのである。言わば、近年、注目を集めるDX化の先駆けとして、同社の歴史がつくられてきたのである。そんな川上社長ではあるが、「こうしたハイテク機を使いこなすのはヒトですから……」と、デジタル機器が発展しても、その優位性はヒトにあることを強調する。

▼さらなる技術開発に挑む

「コロナのせいで、新素材とか新しい分野の仕事に時間をかけることができました」と語る川上社長。近年は、コロナ禍で同社も生産量は落ちたが、その分、多様な研究や開発も進んだ。その一つが医療分野への参入である。これは陽子線治療装置の製作に係るもので既に昨年から施策が始まり、同社の3本柱の1つになってきた。3本柱とは、この医療分野と中核となっている産業機械の製作、それに原子力関連事業分野。具体的には、まず、産業機械の代表格は同社が業界Ｎｏ．1の技術を誇る大型空調設備の製作。医療分野とは、陽子線治療システムやＭＲＩ検査装置の製作。ＭＲＩはセラミックが使用されるが、その検査装置を使用することで内部は約1000度に達する。それを冷却するには鉄では無理で、同社の耐火温度が高い鋳造技術が活かされる。原子力関連分野とは、原子力発電所が抱える危険性のない再利用可能なクリアランス金属を溶かし製品にする仕事である。その他、新幹線のブレーキシステムの部品開発にも成功している。

▼同社のモットーは「論語と算盤」

突然、川上社長から、渋沢栄一の「論語と算盤」という言葉が飛び出した。この言葉の意味は、出世や金儲け一辺倒になりがちな資本主義の世の中を、論語に裏打ちされた商業道徳で律すること。そして、公や他者を優先することで、豊かな社会を築くという意味だ。もっと具体的に言えば、この言葉には2つの主張が隠れている。1つは、道義を伴った利益を追求せよということ。そしてもう1つは、自分より他人を優先し、公益を第1にせよ、という主張である。要は、金儲けをすることと、世の中に尽くすことを両立しなさい、というわけである。川上社長は話を続ける。「コロナで、売り上げは伸び悩んだが、利益はコロナ以前より良くなりました。利益が出たら社員に還元する。その次は地域へ還元する。社員の賃金は毎年上げていく。そういう形でやっています」と。川上社長の社員重視、公益重視の姿勢が読み取れた。同社は、「論語と算盤」の言葉通り、道義の伴った利益の追求を行い、結果として、同社の人づくり、地域づくりにもつながっているのである。

同社では、毎年1回、創作展を主催している。同社の社員が企画し運営する。参加者は地域住民が主体だ。今では県外からも多数の参加者が来るようになったという。例えば、毎年ある温泉街の女将さんたちがやってきて、帯留めを鋳物で作りたいなどの思いから木型をもってくるそうだ。それをどうやって砂型で取って金属で流し込むか。こうした指導を同社の社員が担当している。今まではやらされる立場だったが、今度は教える立場になると、どの社員も生き生きと取り組むそうだ。コロナ禍で今は中断しているが、この創作展の進化系として創作オリジナルコンペも十数年前から実施しており、同社のゲストルームには川上社長自らの作品や社員の力作が展示されている。

創作展やオリジナルコンペなどの開催の目的は、鋳物ファンの増加と地域社会への鋳物技術の伝承というところにあるのかもしれない。しかし、こうした自社独自のイベント内容を語る川上社長の笑顔からは、地域社会の一員としての使命感とともに、やはり鋳物メーカーのトップとして、さらなる技術力向上を果たそうとする厳しさもうかがえた。

2　清川メッキ工業株式会社

――ナノめっき技術を活用し「誰も手掛けていない」分野に挑む――

【企業概要】

設　　立　１９６３（昭和38）年

資 本 金　４０００万円

事業内容　１．各種電気めっき（クロム、亜鉛、銅、ニッケル、スズ、金、銀、プラチナ等）

各種無電解めっき（銅、ニッケル、金、銀、パラジウム、プラチナ等）

２．機能性めっき（金めっき、複合めっき、硬質めっき、耐食性めっき等）

３．化成皮膜処理（リン酸、マンガン皮膜処理、黒染）

４．アルミニウムの陽極酸化（アルマイト）など。

売 上 高　70億円（２０２２年４月期）

従業員数　330名（グループ全体、2022年4月現在）
所　在　地　福井県福井市和田中1-414

▼歴史博物館「忠考庵」

同社の本社別棟工場に歴史博物館「忠考庵」がある。1995年に創建された建物だが、その博物館を見学すると、創業以来、様々なモノへのめっき加工を模索してきた同社の歴史を辿ることができる。同社の創業は1963年、地元の福井と大阪でめっきの修業を積んだ創業者の清川忠会長が一念発起、100坪ほどの土地と自動車の解体修理工場を購入し中古の機械を揃えて、機械部品などのめっき工場として独立したのが始まりだった。最初の仕事は、ヤマハ、ホンダ、カワサキなどのオートバイに使用されるリムをアルマイト処理すること。当時は、三元合金のアルマイト処理はできても光沢アルマイト処理はできなかった。さらに、その仕事の相手が一部上場企業だっただけに担当者にもなかなか会えず、取引をまとめるのは至難の業であったようだ。それでも清川会長の持ち味でもある粘り強さで何とか商談に漕ぎ着け、他社では不可能だった全自動光沢アルマイト処理機ラインを2～3年で完成させる。そのおかげで、当時は日本中どこへ行っても、同社で開発した光沢アルマイト処理されたオートバイが走っていたようだ。

▼電子部品めっきから半導体へ

その後、今から半世紀ほど前、福井松下電器株式会社が電子部品の固定抵抗器に参入した時のことである。同社が、その部品のめっき試作と実験を行うことになった。俗に言う8Gタイプ（3・2㎜×1・6㎜）の大きさの製品である。当時の同社は、大きなロールやシャフトなどの織機のロームめっきを得意としていたため、電子部品へのめっきは初めてのことであった。しかし、できないとはいえない。寝る間もいとわず、試作、試作の毎日が続き、なんとか技術開発に成功したのである。その後、電子部品めっきは4～5年で何十倍と生産が増え、これを契機に大手企業との太いパイプができ上がっていく。しかし、それから後も小型化する電子部品への対応が続き、求められたものは２０１２、１６０８、１００５、０６０３部品と劇的に微細化を進める電子部品への対応であった。思えば、これ以降が同社にとってのナノめっきプロジェクトのスタートでもあったわけだ。しかし、頭を悩ましたのが、０６０３部品よりも小さいサンプル部品であった。顧客からもそれ以下の微小部品は出てこない。そこで目を付けたのが紛体であった。失敗を繰返しながら3年後の１９９８年、紛体めっきが完成。電子部品の微細化にかなう紛体めっきがようやく完成したのである。これで、電子部品の微細化についても対応できる。しかし、０６０３部品より小さい０４０２（０・４㎜×０・２㎜）部品のニーズが出てきたのは２００４年のこと。時代より6年以上も早く開発された技術にニーズはなかった。そこで、微細部品のニーズを待ちながらも始めたのが、福井大学との共同研究によるニッケル水素電池の開発である。しかし、電池メーカーからは０・１㎜、０・03㎜、０・００１㎜へと要求が高まっていく。こうして、ミクロンからナノ、１００万分の１㎜への挑戦が始まった。これには2年あまりの歳月がかかった。大きな苦労があったものの、何とか技術の確立に成功。こうして誕生したのがナノめっきである。その成果もあって、現在、０・８㎛のあらゆる材料にあらゆる形にあらゆるめっきが可能となった。そして、その成果の証として、２０１２年には紛体めっきの特許により特許庁長官奨励賞を受賞。こうして、現在では、スマートフォン、パソコンなどの機械部品だけでなく、医療、宇宙分野、エネルギー、自動車、半導体など様々な分野でナノめっきが使用される時代となっている。同社が歩んだ道のりを振り返ると、前半は大物のめっき、その後は中物や小物が主流になっていった。そして、現在は中、小物から小型電子部品の抵抗器やＩＣ、プリント基板、半導体などの携帯電話、或いはコンピュータ、いわゆる０４０２の世界。だが、最近はそれよりさらに小さくなり、ナノの世界。つまり、電子顕微鏡でしか見えない、埃のようなものにめっきをするという時代に入っている。そして最近は、同社のめっき技術を活かして、熱電素子を組み込んだ高効率ＳｉＣパワーモジュールの開発を目的とした研究も進んでいる。こうした中、２０１９年には全鍍連（「全国鍍金（めっき）工業組合連合会」）が主催する全国技術めっきコンクールで亜鉛めっき部門において厚生労働大臣賞を受賞。厚生労働大臣からの受賞はこれで13回目となる。

▼優しい職場環境づくりと〝Ｉビジョン経営〟

同社を支える人材はというと、全社員の3割強は女性、障害者、シニア、外国人研究生らも働く多様な職場だ。それだけに社員の満足感を上げる仕組み仕掛けも綿密で、２０１４年4月には、同社をリタイアした高齢者や障害者の雇用を目的に同社の成分分析技術と品質管理ノウハウを駆使したハーブを生産する植物工場を本格稼働させた。その他、生産現場の省力化をはじめＤＸ化の推進、ユニバーサル性の高い洗面所など環境整備に余念がない。また、清川社長の弟、卓二専務が中心となり進めるプロジェクトが〝Ｉビジョン経営〟である。この経営手法は、自社の理念、ビジョン、方針をベースに、それを部門計画、個人目標へと落とし込んでいくもの。Ｉビジョンを部門目標、個人目標に落とし込み、ボードに貼りだすことで、誰もがその目標と問題点を評価できる「魅える化」を実現することで、社員のモチベーション向上にもつながっている。

▼自由なる創意の結果が、大いなる未来を拓く

同社では、本社近くの自社敷地内に延べ面積２７００㎡の3階建て工場を新設。半導体向けめっき加工の能力を2割増強する。ハイブリッド車（ＨＶ）や電気自動車（ＥＶ）に使われるパワー半導体の需要が増えると予想し、設備の増強を決めた。納入先の自動車会社などによる性能試験を経て、２０２３年以降に製品の出荷を始める予定だ。

めっき業界、特に、同社が手掛ける電子部品や半導体分野は、微細がゆえに顧客の課題、ニーズ・ウオンツも多く、そのためには、顧客の想いに即座に対応できる、いわばソリューション体制の確立が重要となる。そこで、同社では、本社にある「テクノロジー開発センター」や福井大学にある「清川サテライト研究所」を活用しながら、取り逃がし製品を希望の製品に変えていく努力も怠らない。「当社は加工業ですから、お客様から〝こんなものが欲しい〟という注文がある中で、そのニーズに合わせてめっきすることが仕事です」、「ですから、誰も手がけていない開発案件が、当社が挑戦する対象です」、「仕事になる確率は俗に言う千に3つ。3つを求めて千を試しているのが現実ですが……」と清

川肇社長（工学博士）は話す。

同社の企業理念は「自由なる創意の結果が、大いなる未来を拓く」。創意とは、「これまでに誰も思いつかなかった新しい思いつき、独創的な考え方、つまり人真似をしない」ということ、未来を拓くとは、「次の世代に役立つ新たな技術を切り開き、世の中に貢献するということ」と豪語する清川社長。

２０２２年には、次世代技術開発に向け「ソリューションセンター」が完成。「皆様のご要望にお応えできるよう、なお一層のめっき技術向上に努める所存でございます」と語る清川社長の横顔には、未来を拓く熱い想いがみなぎっていた。

3　小杉織物株式会社

――コロナ禍のピンチを逆手に取り、絹製マスクの開発に挑む――

【企業概要】

設　　立	１９６４（昭和39）年創業
資 本 金	１０００万円
代 表 者	代表取締役　小杉秀則
事業内容	帯の企画製造（浴衣・着物帯・男性用角帯・伊達締め等）
売 上 高	12億円（２０２１年10月）
従業員数	80名（２０２１年10月）
本社住所	福井県坂井市丸岡町猪爪５―３―１

▼浴衣帯の製造分野ではＮｏ．１のシェアを誇る

福井県坂井市にある小杉織物株式会社。同社は浴衣帯の生産ではシェア９割を誇る繊維メーカーである。「操業当初は、細幅織物と帯の生産だけでした」と語る小杉社長。理髪店を営んでいた祖父が起こした会社を、両親から引き継いだのが１９７６（昭和51）年のことである。当時は、帯の産地と言えば京都の西陣や群馬の桐生が中心であり、その中で同社は福井のどこにでもある小さな機屋に過ぎなかった。こうした環境から脱出するため一念発起し、小杉社長は浴衣帯の形をベースに米国向けデニムのファッション衣料開発に乗り出す。オイルショック直後のことだ。これが意外とブームを呼び飛躍のきっかけとなった。その後もプラザ合意後の円高、バブル崩壊後の不況、中国、台湾など海外織物産地の追い上げなど経済環境は大きく変わる。しかし、小杉社長はそんな中でも日本の市場だけにこだわらず、世界を相手にその時代のファッションニーズにあったモノづくりにまい進する。安価な中国製に対抗するため、帯専用の高速織機を導入し、低コスト製造で苦境脱出をはかった時もあった。「他のどの企業よりも高い開発力を備え効率的な生産体制を確立すること、そして真似のできない質の高い独創的な商品をつくり続けること、それが大事」と語る小杉社長。その言葉から、日本の着物文化や帯文化に捉われない、そうした既成概念を超えたモノづくりに挑戦し続けるアグレッシブな小杉社長の姿を感じ取ることができた。

そうこうしているうちに現在では競合メーカーは徐々に姿を消し、同社の浴衣帯のシェアは国内市場の９割超を占めるまでに至っている。浴衣本体や下駄、和装小物などの生産が海外へとシフトする中で、商品価値やコストに見合った価格設定で勝負に挑む同社の戦略が成功したわけだ。

また、同社の販売形態を見ると、呉服店経由もあるが主力はインターネット販売である。これが若者にシェアを伸ばす要因ともなった。商品企画とデザインはオリジナル、特殊構造は協力会社に要請する場合もあるが、原糸は中国から直接買い付け、糸から後の加工はほぼ内製化。国内工場では高速織機を24時間、３６５日稼働している。これが海外製品と競合しても負けない同社の強みとなっているのである。

▼誰でも簡単に着ることができる浴衣セットの開発

同社は、浴衣帯メーカーとして年間約130万本を製造し、浴衣帯、振袖用袋帯、名古屋八寸帯、男性角帯など年間600〜700種類のデザインを新たに生み出してきた。2017年には、だれでも簡単に着ることができる浴衣セット、「浴衣3点セット」の開発・販売に乗り出した。目玉は、増えてきた訪日観光客に浴衣を着てもらうこと。「外国の方のように浴衣に慣れていない方でも簡単に綺麗に着られるセットを開発することが、年々停滞している浴衣文化の発展に必要だと思っております」と語る小杉社長。国内の浴衣を含む和装（呉服）市場は減少。30年ほどで約5分の1にまで減少している厳しい現実がある。このままでは、浴衣文化が危ない。そういう危機感が小杉社長の開発意欲に火をつけた。

今回開発したのは、外国人観光客向けを意識した誰でも綺麗に簡単に着られる、従来の浴衣とは一風変わったセット商品である。「セパレート浴衣」は、通常の浴衣を上下に分離し、巻きスカートのような形ですぐに着られる仕様になっている。上下分離の女性向け浴衣は、これまで商品としてはあったが、浴衣帯を可愛く上手に結べないという問題があった。そこで、セパレート浴衣を製造している業者と相談し、浴衣帯を改良。そしてでき上がったのが、「ワンタッチ浴衣帯」だ。この「ワンタッチ浴衣帯」は帯を巻いて止めるだけ。まさに「ワンタッチ」で完了する。同社が長年研究を重ねて作った商品である。色合いや柄など、合わせて選ぶのが難しい帯だが、浴衣の柄に合うものをコーディネートしてセットとして着ることができる。この「セパレート浴衣」と「ワンタッチ浴衣帯」に合わせて、社内でデザインした浴衣帯の柄を活かした鞄をセットにすることで、トータルコーディネートが可能となる。

さらに2018年には、新型ワンタッチ帯も開発した。この帯は、従来のワンタッチ帯の場合、胴と羽根の部分が別の2点構成だが、新商品は完全に一体化した。面ファスナーで留めて、次に胴ごと羽根に回せばでき上がり。価格も3000円程度と手ごろな品だ。

▼コロナ禍、絹製のマスクを開発

２０２０年に入り、あの忌まわしい新型コロナウイルス感染症の拡大は同社にも大きなダメージとなって跳ね返った。元来、得意とする浴衣帯は祭りなどのイベントでの需要が大きく、コロナ禍で社会活動が停滞する中、受注は大きく落ち込んだ。24時間、３６５日稼働の生産ラインがほぼゼロの状態。９割のシェアがあるだけに、同社の危機は浴衣帯性産業全体の衰退になりかねない。その時思いついたのが絹製のマスク生産だ。マスクの部材は、マスク生地、マスクの形状を整えるワイヤー、中に挟むフィルター、そして耳に掛けるゴムの４点。マスク需要の拡大でどの部材も専門メーカーに在庫がない。ところが、「当社で使っている糸や資材、高速織機でやれることがわかったんですよ」と語る小杉社長。まず、マスク生地は織られた着物のシルクの生地（着尺）。帯はマスクと同じ幅。ワイヤーは、一部の帯商品で利用していた形状記憶ワイヤーを使用した。なぜそんなワイヤーがあったか。十数年前、たまたまワンタッチの帯で自由にアレンジできる帯がないかと探していたところ、マスクに使用されているワイヤーを帯に入れて自社で創作できる帯を開発したことがあったのだ。フィルターは、帯の硬さを出すために入れていた高密度不織布の芯地を代用した。最後のゴム、子ども用で伸び縮みする〝へこ帯〟がある。その素材を使って自社で織りあげた。あとはマスクの製作だ。その製作方法は、同社のフィリピンから来た研修生が自国の文化として持っていた。つまり、マスク製作の技術や材料は、全て同社がこれまで培ったノウハウ、保有する資源で賄えたわけだ。このマスクは、肌にやさしい絹で、適度な通気性を持ち洗って使える。袋状の４層生地に不織布を使った５層構造、保湿性や吸湿性、防臭性も高いということで、試作品を得意先に持ち込むやいなや大量受注を受け、フル稼働に入った。

▼絹の雑貨屋を目指して

「ぎりぎりの立場に立たされたら誰だって何とかしようと思いますよ。思いつくことはそんなに差がないと思うのです。問題は、思いついたことをやるか否か。それが能力の差として現れるんだと思います。うちは、たまたまその能力があったということではないでしょうか」と語る小杉社長。そして、「今は、シルク屋になろうと思っているのですが、ボディタオルを作ったりナイトキャップとかパジャマも作っています。既に販売も始めています。名前も何もなく、マスクと一緒に並べて売っているだけですが、絹の雑貨屋みたいなものです。そういったものをもっと販路を広げていかないといけないなあと思っています」と話す小杉社長の横顔には、将来に向けて長い経験に裏打ちされた自信と闘志がみなぎっていた。

4　サカセ化学工業株式会社
――ヘルスケア用キャビネット・カートからサスティナブル製品（商品）開発へ――

【企業概要】

設　　立　1962（昭和37）年
資 本 金　9600万円
代 表 者　代表取締役社長　酒井哲夫
事業内容　メディカル製品（ヘルスケア用キャビネット・カート、ヘルスケア用具）、高機能シート、航空機樹脂部品の企画、開発、設計、製造、販売など
売 上 高　25億円（2022年6月）
従業員数　164名（2022年7月）
本社住所　福井県福井市下森田町3-5

▼ヘルスケア用キャビネット・カートでは国内トップシェア

福井県福井市の北部、旧国道8号線沿いに位置するサカセ化学工業株式会社。同社は、独自のプラスチック加工技術を活かし、ヘルスケア用キャビネット・カートを全国の病院に供給。同分野では国内トップシェアを誇る。たった7名の社員と小さな成形機3台からスタートした同社であったが、あれから60年あまりを経た現在、従業員数も164名（2022年7月現在）を数え、自社独自のブランド製品づくりや、その技術水準はとどまるところを知らない。記念すべき自社ブランド製品第一号は、1970年、プラスチック多段式収納ケース「ビジネスカセッター」の開発であった。その後も数多くの独自ブランド製品を開発。例えば、熱硬化性樹脂〝シリコーンゴム〟への挑戦。シリコーンゴムとは熱を加えて固める。最初は皆、首をひねった。樹脂は熱で溶かして、冷やして固めるものだ。その常識を打ち破った。今では、液状シリコーンゴムを素材とする様々な製品がクリーンルーム内でつくられている。さらに、2021年には大阪に拠点のある化学メーカーと共同で、精密電子部品の製造現場用に透明性と制電性を併せ持つ業界初の高機能シートを開発。また、同年には、航空、宇宙および防衛業界向けの品質マネジメント規格であるAS9100（JIS Q9100）の認証を取得。2018年から始めたエンジン部品などの航空機用樹脂製品づくりの事業拡大を図る。

同社の強みは、スーパーエンジニアリングプラスチック（耐熱150℃以上の樹脂の総称：PEI、PPSU、PSF、PEEK、PPSなど）の大型射出成形を得意とすること。保有する1300tの大型射出成形機で最大9kg弱のスーパーエンプラ製品を成形することができる。酒井社長は、「スーパーエンプラは、過酷な環境で長時間使用できる優れた耐久性を持っている」、「このAS9100（JIS Q9100）の認証取得を機に、ヘルスケアは無論、バイオをはじめ宇宙・航空・防衛など多様な分野にスーパーエンプラへの代替品を提案し、ガラスや金属から高機能樹脂への置き換えを提案していく」と話す。

▼成長の秘密

このように、同社は酒井社長のトップマネジメントのもと、得意のヘルスケア分野以外にもバイオ、航空、宇宙、防衛など多様な分野への事業展開が進んでいるわけだが、その成長の秘密は次の3つの戦略によるところが大きい。

第1の戦略は、1970年に開発した「ビジネスカセッター」の開発を皮切りに、数多くの独自ブランド製品の開発に注力してきたこと。もともと同社では、創業当時は他社メーカーの下請けに依存してきたが、利益の薄い下請け部門からの脱却は急務というトップの熱い意向から、まずは金属加工部門、次に木工部門といった具合に内製化をやり遂げ、現在、同社のモノづくりは100%自社製品の製造で賄われている。

第2の戦略として、同社ではヘルスケア施設の調査・分析に沿った商品の企画に始まり、開発、設計、製造、販売、アフターフォローに至るまで、すべての工程を一貫して日本国内の自社工場で行っていること。工場内を見ていると、まるで町工場の集合体の様でもあり、言葉を換えれば、一日中一つ屋根の下で異業種交流が行われている様にも思える。そこには「日本人の持つ細やかなモノづくり」を大切にしているトップの想いを感じることができる。顧客のニーズ、ウオンツを大事にしながらカスタマイズされた商品群、一品対応のモノづくりは、やがて同社独自の「非価格競争力」へとつながっていった。

第3の戦略は、前述した第2の戦略にもつながることだが、同社独自の販売戦略に見出すことができる。国内の支店、営業所数はさほど多くはないが、そこに配備されている営業社員は、まるでコンサルタントのごとく顧客それぞれに合ったシステム提案を実践している。顧客の条件や要望に対して、柔軟に、かつ迅速に対応し、顧客のニーズ、ウオンツを開発スタッフ、技術スタッフと共有し、商品の企画、開発につなげているのである。そして、製造スタッフが、顧客の要望に応えるために「手作り＝一品製作」から大型スーパーエンプラなどの「射出成形＝量産」まで自社内で体制を整え、日々、最先端の生産技術を磨いているのである。

▼第2戦略棟

２０１４年、最新鋭の加工機械を設置し、生産技術と研究設備を集結させた「第2戦略棟」が完成した。ヘルスケア部門のキャビネット・カートのグローバルＮｏ．1をめざす第1戦略棟に対し、この新工場はスーパーエンジニアリングプラスチックの大型成形、新構造材の開発、ロボット技術の研究、そしてグローバル化への模索を行う拠点となっている。現在は半導体ウエハーの搬送ケース、動物飼育用ゲージなどを手掛け、スーパーエンプラ中・大型成形品の「駆け込み寺」となることをめざしている。また、社内外の人々の交流拠点となるオープンラボを設け、お客様と同社の新たなつながりも大切にしている。「とりわけ力を入れているのが、ポストメディカルの事業開拓です。将来は特殊カート、特殊ファニチャーのリーディングカンパニーになります。そのトリガー（引き金）として2つの戦略棟が活躍すると考えてください」と語る酒井社長の横顔には、将来への夢、自信があふれていた。

▼自己循環型ビジネスモデルの確立を目指して

自己循環型とは、個別のユーザーとダイレクトに結びついて、双方向で情報交換しながら商品やサービスのアップグレードを繰り返すサスティナブルなビジネス行動をいう。酒井社長は、その例として、飛騨高山の高級家具を挙げる。飛騨高山の高級家具は半永久的にメンテ、アフターを施す結果、その高級家具が顧客にとって愛着のある宝物に変わっていく。しかし、飛騨高山の高級家具は工芸品に近く、決して工業製品ではない。「サカセは工業製品のジャンルで、自己循環型ビジネスモデルを確立します」と豪語する酒井社長。２０２1年には、そのための未来創生本部を新設した。同本部は既存の開発部、機能品事業部、新規開拓部を束ねる上部組織であり、トップ自らが本部長を務める。既に、個別ユーザー対応型のコンピュータシステム、言い換えれば、サカセ流ＤＸ（D2C＝Direct to Consume）の研究開発も始まっている。また、２０２2年7月に長期修理対応の全社システムも稼働した。勿論、自己循環型の思想を重視した第一号商品（トランスフォームシステム）の開発も行った。また、病院用自立走行ロボットカートの研究開発も進んでいる。

そして、これら戦略が生まれた背景を探ると、そこには、単に利益重視の欧米型経営論ではなく、あくまで社員重視、旧来型の日本的経営論の重要性を重んじるトップの思想が生み出したものであることを理解する必要がある。それはまさにトップ自らが語る「公益資本主義」という言葉で示されよう。ワンチーム、ワンサカセの組織風土こそ同社の財産なのである。

5　株式会社ＴＯＫＯ
――アルミ折れ戸「イスターカーテン」では、国内シェアＮｏ．１――

【企業概要】
設　　立　１９５９（昭和32）年
資 本 金　９８００万円
代 表 者　代表取締役社長　佐々木知也
事業内容　アルミ建材製品の開発・設計・製造・販売
売 上 高　55億円（グループ全体）（２０２２年６月）
従業員数　２８０名（グループ全体）（２０２２年４月）
本社住所　福井県鯖江市熊田町１-１００

▼オンリーワンの技術、「蝶番《ちょうつがい》」をつかった製品開発に挑む

アルミ製折れ戸と言えば、施設の中が見える透明シャッターの定番品、「イスターカーテン」を思いだす人も多いことであろう。株式会社ＴＯＫＯは、アルミ製折れ戸の国内シェアＮｏ．１を誇る企業である。同社の製品は、空港ターミナルビルをはじめ、全国の商業施設、学校、病院などあらゆる施設で採用され、2014年にはグッドデザイン ロングランライフデザイン賞を受賞した。また、2022年4月には東京ドームの過去最大規模のリニューアル工事で、VIPルーム全28室に同社の看板商品、大開口折れ戸「イスターカーテン」が採用された。アルミ製の枠にガラスがはめ込まれ、高さ2・2m、横幅2・6〜4・7m。同社が開発したアルミ製の全面蝶番《ちょうつがい》の技術により、気密、水密、耐風性、遮音に優れ、折れ戸を全開にすれば、室内で飲食や商談しながらスポーツ観戦も楽しめる多用途、多機能型の折れ戸でもある。「扉の開閉ができる部品として、蝶番《ちょうつがい》が知られていますが、当社が日本で初めてアルミ製の全面蝶番開発に成功しました」と語る佐々木社長。現在、折れ戸製品のアイテム数は20種類以上を数え、同業他社の追従を許さない。また、2〜3年前からは、産地木材を使った木製折れ戸にも注力している。

▼「空間の有効利用」を開発テーマに

同社は、創業以来、シャッターの製造販売会社として常に時代に先駆けた独創的な製品を数々つくり出してきた。テーマは、「創造と挑戦」、誰も思いつかない、どこにもないオンリーワン製品をつくり出す。それが発展成長の原動力となった。しかし、現在の同社に至るまでには、厳しい時代を生き抜いてきた歴史も話さなければならない。

現在の佐々木社長は2代目に当たり、創業は実父である先代社長。北陸を基盤とした東洋シャッターの販売店を始めたのがきっかけである。つまり、同社はメーカーではなく販社からのスタートであった。しかし、生粋の技術者でもあった先代社長は創業後3年余りでモノづくりに挑戦。同社のその基盤ができ上がった。アイデアマンであった先代社長は常に新しい製品づくりに注力し続けたそうだ。ひょっとして、そのDNAが現在の佐々木社長に受け継がれているのかもしれない。佐々木社長が、この事業を引き継いだのは1998年、今から24年前のことである。バブル崩壊真っただ中にあった同社は大きなダメージを受けた。そこで佐々木社長が最初に採った戦略は、全国に三十数カ所あった直営の営業所のスリム化である。一挙に10営業所まで統廃合し、その後は直営方式から代理店方式に切り替えた。市場も東京、大阪などの大きな需要が期待できる大都市とその周辺地域に集中させ、今では大都市プラス周辺の神奈川、埼玉、千葉などが同社の中心的なマーケットとなっている。こうした改革は功を奏し、トップを引き継いだ頃の厳しかった自己資本比率も今では50％以上に達しているほか、佐々木社長が引き継いだこの二十数年間、赤字は一度も出していない。

しかし、ここで見逃せないのは、佐々木社長のアグレッシブなマネジメントとともに、「空間の有効利用」をテーマに同社が徹底して貫いた折れるドアの開発であった。１９７０年、現在のヒット商品「イスターカーテン」の先駆けとなる折り戸の開発に成功する。「当時、ドアが折れるという概念はなかったですね。引き戸と押すドアの２種類しかなかったです」、「公衆電話のドアも折れたりしましたよね。あれもうちが出してから折れるようになったのです」、「日本の住宅は風呂場や勝手口が狭い。折って開口部を広くしようという発想で売り出しました」と佐々木社長は話す。そして、まもなく「イスターカーテン」の開発に成功する。

現在、同社では、営業を中心とした情報と自由な発想をベースに完成度を高めていくという、全部門が一体となった商品開発体制がとられている。そのため、従業員の１割が開発スタッフとして働くなど、開発要員は多い。そして、営業や開発スタッフの自由な発想によって独創性あふれる商品が完成し、市場に提供されているのである。

「一歩先を〝想像〟し、半歩先を〝創造〟する、ＴＯＫＯがつくっているのは開放感です」と語る佐々木社長の横顔からは、新製品開発に対する自信がみなぎっていた。要は〝狭い日本の住空間を少しでも広く使えるようにする〟、それが同社のこだわり、開発力につながっているような気がした。

▼逆ＯＥＭで市場を制す

同社では、学校は学校用、幼稚園は幼稚園用、病院は病院用といった具合に、ユーザーに応じてきめ細かな製品群を整備するなど、それぞれのユーザー、それぞれのニーズに合わせたモノづくり、製品開発が実践されている。それは、ニッチな市場に大手の参入を許さないためだ。もっと言えば、ニッチな市場での市場占有率を同社が高めれば、ＹＫＫ、リクシルといったサッシメーカーなどが参入できないためでもある。その分、大手ユーザーなどのニーズにも応え、エクステリア製品については9割あまりがOEMで製品提供を行っている。いわば大手メーカーのブランドを利用するために逆OEMで市場を押さえているわけだ。「中小企業の生きる道は、市場の小さいところを押さえる、ニッチトップのやり方が一番」だと、佐々木社長は話す。参考までに、同社の製品分野をみると、住宅製品が20%、エクステリアが40%、イスターカーテンが40%となっている。最近はエクステリア部門での「カーテンゲート」、産地木材を使った新製品の木製折れ戸などにも注力している。ただ、製品開発に関しては、決してマーケットイン型の開発ではなく、プロダクトアウト型の製品開発に徹している。「中小企業がマーケット調査しても、市場の動きを100%理解することはできない。それより、自社の1割いる開発要員に可能性を託す。その方が成功確率は高い」と佐々木社長は話す。それが証拠に、アコーディオン方式の門扉も同社が日本で初めて開発した。当時はあまり需要がないと言われながら、今では同社の主力商品の1つになっている。そのほか、折り畳みベッドの開発。狭い部屋を広く使おうということで同社の開発製品でもある。「TOKOさんはなんでもコンパクトにしちゃうんだね、とずっと言われてきたが、あれも先代のアイデアなんです」と佐々木社長がほほ笑む。

▼SDGsへの取り組み

同社では、今年はじめて福井県鯖江市で毎年行っている、持続可能な地域づくりを目指した工房見学イベント「RENEW」に参加した。これまで捨てていた端材を使って、子供たちに楽器をつくり楽しんでもらう。そんな企画である。ところが、それが思わぬ反響を呼んだ。100人以上の家族連れが来社し、ショールームでモノづくりを楽しんだ。大成功である。素敵なSDGsをやっていますねと評価された。「地域の人々にSDGs教育とものづくり教育ができ、TOKOの良さを存分に発揮できたイベントになりました」と語る佐々木社長。同社でもSDGsの活動に賛同し、従業員満足度の向上や環境に配慮した製品づくりをベースに、地域貢献活動と企業文化向上を図り、従業員が働きやすい環境づくりに取り組んでいるのである。

6 日華化学株式会社

――NICCAイノベーションセンターを中核に、さらなる可能性に挑む――

【企業概要】

設　　立　1941（昭和16）年
資 本 金　28億9800万円
代 表 者　代表取締役社長　江守康昌
事業内容　1．繊維工業用界面活性剤の製造、販売
　　　　　2．金属、製紙、塗料、染料、合成樹脂用界面活性剤の製造、販売
　　　　　3．クリーニング、業務用洗剤の製造、販売
　　　　　4．化粧品・医薬品の製造、販売
売 上 高　484億7400万円（連結、2021年12月期）
従業員数　1454名（連結、2021年末時点）
本社住所　福井県福井市

▼グローバルな研究開発型企業として

日華化学株式会社は、繊維加工工程に不可欠な繊維加工用界面活性剤分野で国内トップシェアを誇る。具体的には、主な事業として化学品部門が売上高比で約7割、化粧品部門が約3割という内訳。化学品部門の中心となっているのは、

繊維用化学品分野で化学品部門売上の半分程度を占める。そのほかクリーニング＆メディカル分野も徐々に増加している。メディカル分野はクリーニングをベースに当初は介護施設などで発生するシーツ、衣類などの汚れものを洗浄、殺菌するところから始めたが、現在では病院の医療器具の洗浄、消毒といったところまで発展してきた。あと3割の化粧品部門では、美容室向けのヘアケアやスタイリング剤、パーマ液やヘアカラー剤などが順調に伸びている。

また、主要ユーザーである繊維産業の国外移転などが進む中、これまで培った界面活性剤の技術を応用して、健康・衛生、自動車、各種機械、半導体、インテリア用品、精密機器、化粧品、環境関連といった、様々な分野へ参入するなど、新たな事業への転換・多角化が進んでいる。

例えば、自動車や様々な分野で使用される金属部品の加工時に使われる洗浄剤の開発。これまでの洗浄剤は高温で使用するのが一般的であったが、今回の新製品は常温で使用可能で消費電力を35％削減できるなど環境にも優しい。これが評価され、２０２１年度近畿地方発明表彰発明協会会長賞を受賞した。さらに、第16回福井県科学学術大賞を受賞した製品はキャタライザー型脱墨剤で、これまで困難とされてきたＵＶ硬化型インクを使用した印刷物のリサイクルを世界で初めて可能にした製品である。繊維分野にて開発した触媒技術を紙分野に応用展開して福井発・世界初の技術で古紙全体のリサイクルを推進したことが評価された。

また、同社では福井県企業としては最も早い時期（１９６８年）から海外展開を始めて、現在9カ国、14拠点を数えている。進出先は中国や韓国、アセアン、米国以外にもバングラデシュ、インドなど徐々に南西方面への展開が進んでいる。

今もなお、同社はグローバルな研究開発型企業として成長を続けているのである。

▼イノベーションの歴史、お客様とともに考え、悩み、創造する

同社の創業は、１９３９年、江守商店の2代目経営者江守清喜氏が、当時、経営困難にあった「宮下精練剤工業所」の再建に乗り出したことにより始まる。以降、新製品開発と中国向けの輸出を柱に業績を回復させ、翌年には、日本の『日』

と当時の中華民国の『華』を合わせて、合資会社日華化学工業所へと改称。そして、創業80有余年を経た現在、中国を中心に海外９カ国13の拠点を有するまでに成長を遂げることになる。

ではなぜ、ここまでの成長を可能としたか。その要因を同社の代表取締役社長江守康昌氏が、次のように話す。「父は、研究開発と営業は車の両輪だと話していました」、「祖父は『製品を売るにあらずして技術を売る』をモットーとしている」、「これを私なりに解釈いたしますと、当社の商品です、使ってみてください、値段はこうですという商売ではなく、当社はお客様の課題を一緒に考え、悩み、創造していきますよ、ということです」。この言葉から、江守社長の考え方として、「お客様に困りごとがあれば日華に頼もう、新しい製品ニーズがあれば日華と一緒に創ろう」といった、お客様のパートナー的役割を担える企業を目指している姿を読み取ることができる。

そして、それを支えているのが、同社の研究開発体制であろう。前述のように、同社は80年以上にわたり繊維加工をはじめ、金属加工、紙・パルプ、クリーニング、化粧品、自動車、環境などの各分野で業界をリードする製品を開発してきた。現在は、キーテクノロジーである界面科学をコアに、応用分野を、環境・健康、天然物、エネルギー、新素材まで広げ、新技術を生み続けている。そんな同社の研究開発の特徴は、研究員自らが、お客様の現場で生きた情報を仕入れ、研究に反映していることである。多品種・多機能製品群を背景に、お客様の課題やニーズを現場で直接分析した上で製品開発が行われているわけだ。

▼ＮＩＣＣＡ イノベーションセンター

２０１７年、同社の研究開発体制をさらに強化すべく、別の建物にあった化学品と化粧品の研究所を１つの建物に統合した「ＮＩＣＣＡ イノベーションセンター」が開所した。鉄筋鉄骨コンクリート４階建て、延べ床面積は約７５００㎡の巨大な建物だ。１階はオープンスペースで、講演会や技術交流会など外部との交流を促す空間。２階はヘアケア製品開発などの毛髪科学研究所、３階は化学品の研究を主体とする界面科学研究所となっている。15度の地下水で調温した熱媒を建物を象徴する中央の大きな壁に埋め込んだパイプに流し、冷房や暖房に使う電気を節約。一般的な建物に比べCO_2が約20％削減でき、エネルギー効率も良いという環境配慮型の施設でもある。訪れる人は千差万別で、同社に関連するビジネス客は無論、それ以外に中学生、高校生、大学生も多い。建築家など建物を見たいという来訪者も多く、こうした多様な人々が集うことで、これまでになかった人々とのつながりができ、新たなビジネスのチャンスが広がっているという。イノベーションセンターを軸に、さらにビジネスパートナーとの距離を縮め、社内外の情報・ノウハウを組み合わせることで、さらなる新事業創出につなげること。同時に、地域がこのイノベーションセンターを活用することで地元にとってもオープンイノベーションの推進につながっていくのではないだろうか。

▼新しい価値を創造する「創発の場」を目指して

同社のイノベーションセンターは、「ＢＡＺＡＡＲ」というテーマで、人に来ていただいて予期しない出会いから活発なコミュニケーションを通して価値を創造しようという狙いがあった。そのため、当初は「face to face」のコミュニケーションをしようという形で始めたが、予想以上の来訪者がある中で、「heart to heart」のコミュニケーションを目指す形に転換している。つまり、これまでの「ＢＡＺＡＡＲ１・０」から「ＢＡＺＡＡＲ２・０」へと進化する時が来たわけだ。同社の強みは、お客様と一緒になって現場で課題を発見し最良の解決方法を生み出すこと。そうした同社の強みを新たな領域でも発揮していく。お客様と心を通わせ、心を砕いて仕事に取り組み、社会に通じる新しい技術・ノウハウを生み出していく。それが「ＢＡＺＡＡＲ２・０」の目指す姿でもある。

最後に、江守社長は次のように語った。「福井はモノづくりが盛んで、かつ質実剛健の地域。そんなイメージがありますが、それだけではクオリティ・エクセレンスでとどまってしまいます」、「夢は、世界中のお客様から最も信頼されるイノベーション・カンパニーですね」。江守社長の横顔には、同社の理念、キーワードともいうべき言葉、「企業は人なり」、「大家族主義」といった先代、先々代から受け継がれてきた企業風土を守りつつ、夢を着実に実現させていこうとするトップの熱い想いが感じられた。NICCA イノベーションセンターを中核に、世界に羽ばたくグローバル企業、イノベーション・カンパニーとして、ますますの発展を期待してやまない。

7 フクビ化学工業株式会社

——化学に立脚した新たな価値創造、提案と、環境共生型社会形成を目指して——

【企業概要】

設　　立　1953（昭和28）年
資 本 金　21億9390万円
代 表 者　代表取締役社長　八木誠一郎
事業内容　1．建築資材の製造・販売
　　　　　　住宅用内装材・外装装飾部材、集合住宅用床システムなど
　　　　　2．産業資材の製造・販売
　　　　　3．精密化工製品の製造・販売
　　　　　　反射防止などの機能性精密樹脂製品など
売 上 高　367億4100万円（連結）、2022年3月
従業員数　970名（連結）、748名（単体）（2022年3月期）
本社住所　福井県福井市三十八社町33-66

▼プラスチック異形押出成形技術、薄膜コーティング技術を2本柱に多様な分野に挑戦

同社は、1953年、先代の八木熊吉氏が繊維産業に次ぐ第2の産業育成を目指して、福井市木田町で合成皮革のシートの下に織布を張り建築部材である床材を製作するなど、塩化ビニール建材用製品の製造販売を主とする福井ビニール工業株式会社を設立したことにより始まる。当時は、全国的にもプラスチックの需要がほとんど期待できない、いわゆる揺籃期であったが、技術的にも資金的にも幾多の困難に遭遇しながら、たゆまぬ技術開発、新製品開発が功を奏し設立後数年で経営は安定したという。その後、同社の努力が起爆剤となり、福井県内にも多くのプラスチック加工関連メーカーの誕生を見る。つまり、同社は福井県にプラスチック産業を根付かせた草分け的存在であり、言い換えれば地域内フロンティア企業の1つといえよう。

設立以来70年近くを経て、同社の主力製品を見ると、戸建住宅、アパート、マンションなどの「建築資材部門」を主力に、マイクロバスのエアコンダクトや新幹線の照明カバー、住設部品といった「産業資材部門」、それに自動車メーター、携帯電話、デジカメ、医療機器、魚群探知機のモニターなどの反射防止液晶保護パネルといった光学的な加工を要する「精密化工部門」の3部門を中心に事業活動が行われている。これらに加え最近は、照明分野の1つとして、イルミネーション部材にも成形技術を応用。高透明樹脂と拡散性樹脂を2種同時に押し出して成形した「光ガイディングバー（導光棒）」は円筒状からテトラポッド形状まで複雑な形状を作り出すことが可能なため、サイン（看板）関係の加飾照明や階段の補助灯など用途が広く、エンドユーザーからも注目を集めているという。

そして、これら製品づくりのコア技術となっているのが世界トップレベルの「プラスチック異形押出成形技術」、メーターなどディスプレイ部、カメラレンズ要保護パネルなどに使用される「薄膜コーティング技術」なのである。後者は、「ハーツラスAR」ブランドとして今や市場で広く認知されている。その誕生はウェットコーティング法開発の基礎となる精密重合技術に始まり、特殊分野として中性子の検出パッチなどに利用された。具体的には、原子力発電所での被爆検出にも利用されているほか、NASAのスペースシャトルに搭載され、宇宙開発事業団の宇宙放射線実験でも活躍

したという。

▼第6次中期経営計画での取り組みと第7次中期計画の方向性

同社は、「化学に立脚し、新たな価値を創造、提言する」「企業経営を通じて地域に貢献し、環境共生型社会形成に寄与する」という理念のもと、２０２０年4月には、『「暮らしを変えるCreators」一歩先をいく「安心」と「驚き」の価値を提供する』という第6次中期経営計画〝ＦＵＫＵＶＩ ＮＥＸＴ〟を策定した。「プラスチックの開発型メーカーとして、フクビならではの化学のチカラで、新たな価値を生み出したい」と語る八木社長。その基本方針は、「成長分野への積極展開」「収益構造の改革推進による利益の創造」「挑戦と変革を実現する経営基盤の確立」として示されている。

第6次中期計画に連動してＳＤＧｓの取り組みもスタートさせ、４つの基本姿勢、①技術と提案力で安心・快適な暮らしをクリエイトする、②環境と共に生きる社会をクリエイトする、③スマートワークで「一人ひとり」の価値をクリエイトする、④パートナーシップで持続可能な地域社会をクリエイトする、を掲げる。特に、４つ目の基本姿勢の遂行については、２０２１年6月、八木誠一郎社長自らが福井商工会議所会頭に就任し地域社会の活性化に乗り出すなど、身をもって基本姿勢を体現化している。

さらに、創業70周年を迎える２０２３年は、第7次中期経営計画が始動する年でもある。次期計画では、将来に向けて快適な社会を実現するために、新分野、差別化、高収益化、企業価値向上などに挑戦する具体的方針が検討されている。企業の社会的責任がますます重くなる中で、今後もサステナブルな企業であり続けるため、これまで以上にＥＳＧを意識した取り組みを推進することを方向付けている。

▼環境配慮型製品で新ブランド

環境・地域との共生をテーマとする同社では、以前から資源の有効活用を目指す坂井森林組合と連携し「ふくい

ＷＯＯＤバイオマスセンター」を立ち上げ、環境にやさしい製品づくりを実践してきた。福井県は県土の75％が森林だが近年林業離れが進み、間伐が行われてもその半分は山林に放置され有効活用されていない。そのため、同施設では、まず坂井森林組合が地域から出る間伐材の皮をむき木粉にするまでを担当。同社が木粉とリサイクルプラスチックやその他添加剤などを混合して木粉混合プラスチックペレット「フクウッド」を生産。その後、本社工場に持ち帰り、この「フクウッド」をベースに同社の成形加工技術を駆使し完成した製品が建築部材「プラスッド」である。天然の木材は時間とともに腐ったり塗装がはがれたりで耐久性がない。しかし、「プラスッド」は基材部分の樹脂に剛性がある特殊ＡＢＳ樹脂を使用することで耐久性に優れ、さらに火炎源を離すと自然消火する自己消火性も備えている。つまり、同製品は、本物の木材のような風合いと樹脂ならではの機能性、耐久性を併せ持つ新時代のエコ建材といえよう。

このように、同社では前述の「プラスッド」などリサイクル材料やバイオマス材料などを利用した環境配慮型商品の開発と販売を展開してきたが、こうした環境を配慮する同社のポジションを明確にするため、２０２２年８月には環境配慮型商品の新ブランド「Ｆｕｋｕｖａｌｕｅ（フクバリュー）」を立ち上げた。今後は「Ｆｕｋｕｖａｌｕｅ」商品の普及を通じて、カーボンニュートラルや循環型社会実現への貢献度をさらに強めることになる。ただし、この新ブランドの立ち上げにあたっては、自社独自の環境ブランド認証基準を設けており、全ての新商品について企画・開発の段階で環境性能を厳正に評価する仕組みを整えている。

▼環境共生型社会形成を目指して

同社では、２０１７年より福井県工業技術センターとの共同研究で、リサイクルしやすく省エネルギー化に有望な素材を低コストで製造するための工程開発を進めてきた。熱可塑性炭素繊維複合材（ＣＦＲＴＰ）の一貫生産体制による量産化である。熱可塑性炭素繊維複合材（ＣＦＲＴＰ）は原料が高く、成形品を作るまでの工程が多いことから、コストが高いのに対し生産性が低いことが課題となっている。解決を目指し、加熱・冷却作業の短時間化や、自社で全工程を手掛けることで輸送費の削減を図る。２０２１年10月には、新エネルギー・産業技術総合開発機構（ＮＥＤＯ）の脱炭素社会実現に向けた省エネルギー技術研究開発事業にも採択された。熱可塑性炭素繊維複合材（ＣＦＲＴＰ）は、炭素繊維と樹脂からできるプラスチック材料で、アルミニウムの半分ほどの軽さながら鉄以上の強度を持つ。３００度前後の熱で溶けるためリサイクルしやすい。そのため、自動車や航空機部品、家電製品などへの代替部品として需要増加が見込まれる。「企業としては当然、自社の成長が至上命題ですが、現代社会では企業に様々な社会的ニーズが求められています。とりわけ、環境共生型社会形成を目指した企業行動は重要です」と語る八木社長。モノづくり企業として、環境共生型社会形成に向けて技術・製品開発に取り組む企業トップの熱い想いが伝わってきた。

8　株式会社北陸環境サービス

――人と自然に優しい産業廃棄物処理業を目指して――

【企業概要】

設　　立　１９８７（昭和62）年
資 本 金　３０００万円
代 表 者　代表取締役 社長　木下高廣
事業内容　産業廃棄物収集運搬業、産業廃棄物処分業（中間処理：選別、破砕、焼却）（最終処分：埋立）
　　　　　一般建設業（土木、とび・土工、鋼構造物、舗装、しゅんせつ、水道施設、工事業）
売 上 高　40億円（２０２２年６月）
従業員数　78名（２０２２年８月）
本社住所　福井県福井市白滝町67-2

▼福井県内唯一の〔管理型〕産業廃棄物最終処分場を保有

福井市中心部から西部の山あいを車で30～40分ほど走ると、突然、敷地面積2万8000㎡、容量53万7000㎥（処理能力）にも及ぶ巨大な産業廃棄物処理場が姿を現す。株式会社北陸環境サービスの本拠地である。同社に入り最初に驚くことは、敷地周辺および敷地内を走る道路上のどこを見てもゴミ一つ落ちていないこと。「県道も毎日掃除しています。うちのトラックが通る所、広い道路については毎日掃除しています」と語る同社の代表取締役社長木下氏。人に優しい環境づくりにとことん配慮した同社トップの熱い想いが伝わってくる。同社は、企業から排出される産業廃棄物の収集運搬・中間処理・焼却・最終処分を一貫して手掛ける企業。2020年には、福井県内で唯一の〔管理型〕産業廃棄物最終処分場を保有する施設として稼働を始めた。

〔管理型〕産業廃棄物最終処分場とは、埋め立てた廃棄物の中を通った雨水など（浸出水）が周辺の土壌や地下水に影響を与えないよう対策が整えられた最終処分場のことを指す。国から構造基準と維持管理基準、そして埋め立て対象が厳密に定められている。同社の〔管理型〕産業廃棄物最終処分場は、これらの基準を全てクリアした最終処分場なのである。

操業当初は、がれき類、ゴムくず、金属くず、廃プラスチック類、ガラスくず・コンクリートくず・陶磁器くずなど安定5品目と呼ばれる生活環境保全上の支障の恐れが少ない産業廃棄物を扱う処分場を手掛けていたが、環境保全を真剣に考えるのであれば、やはり他の品目も責任をもって処分できる処分能力が必要と考えた木下社長は、基準の高いハードルを飛び越え、〔管理型〕産業廃棄物最終処分場を手掛けることに決めた。現在、同社の処分場では、木くず、紙くず、繊維くずなど安定5品目以外の有毒でない残り15品目の処分が行われている。また、処分場からの浸出水を水処理施設できれいにするだけでなく、焼却炉冷却などに使用して敷地外へ出さないシステムもつくった。焼却プラントから出る燃え殻も敷地内で処分できるため、搬出時のCO_2を削減することにもつながる。環境負荷を極力抑えた、地域の人も安心できる珍しい取り組みだという。さらに、同社では、業界でいち早く創エネにも取り組み、グループ会社と協力して太陽光発電の電力を事業に活用。発電出力236kWで、これまでに累計発電量320・95MWh、杉の木に換算すると約8000本余りに相当するCO_2を削減したことになる。

また、2023年の完成を目処に焼却熱を利用した発電システムを備える新焼却施設の建設にも着手している。完成すれば新焼却炉は一日約6000世帯分に相当する8万2800kWhの電力供給を可能とする。これにより、同社の新焼却施設（能力200t）は、産業廃棄物を扱う焼却施設として、福井県内最大級となる。

▼環境最優先に地域とともに生きる

同社では、2020年6月に環境保全活動・地域貢献の一環としてSDGsに取り組むことを宣言した。前述した20年以上続ける清掃活動や3年前からは地域内での稲作も始めた。中山間地の休耕田対策、焼却炉で出すCO_2を少しでも削減すると同時に、休耕田の荒廃した土地を生き返らせる、その想いがきっかけとなった。初年度は、目標の50俵を超える55俵を収穫。参加した地域の人々や社員に一部配布し、残りは日本赤十字社を通じて福井県内でフードバンク、子ども食堂などに取り組む団体に寄付した。さらに、2021年にも、生活困窮家庭への支援として、同社が栽培したハナエチゼンとコシヒカリ計1200kgを県共同募金会に寄付している。「こういう活動もSDGsにつながりますし、CO_2対策にもなります。どうせのことなら地域社会やそこで暮らす人々のためになれば最高です」と、木下社長は語る。

また、コロナ禍前まで、小中学生向けの工場見学会も実施しており、時には選別と焼却の実作業を経験してもらうこともあったという。「子どもたちに廃棄物処理業の仕事内容を実感してもらうことにより、持続可能な社会形成の重要性や、次世代にこの地球環境を残していくためのきっかけにもなる」と木下社長は豪語する。

その他、ライメックス素材を使った名刺の採用も行っている。ライメックスとは、紙・プラスチックの代替となる石灰石から生まれた日本初の新素材。普通紙で作られた名刺に比べ、1箱100枚で約10Lの水資源を守ることができる。同社の地球環境保全に対するきめ細やかな気遣いを感じることができた。また、木下社長は、地区の寄り合いにもこまめに参加し、地域の人々と一体となった地域貢献活動、もっと言えば地域の暮らし向上や地球環境保護活動のために行動しているトップでもある。

▼水と大地、人を大切にする環境創造企業を目指して

木下社長に「今の悩みは何ですか」と尋ねると、〝人づくり〟という言葉が返ってきた。「どんどん施設をつくっても施設を動かす人、管理する人のスキル、能力がなければエラーが起こります」、「それを克服するには、自然を大切にする、環境保全に努めるといった環境最優先の考え方を社員自らが持つことが必要です」と木下社長は話す。それもあってか、同社の敷地内には、木々一本一本に社員の名前がついた桜の木20本あまりと芝桜が植えられている。自然環境保護活動を通じて仕事を愛する社員育成を考えてのことであろうか。いずれにせよ、水と大地、人を大切にする環境創造企業ならではの活動なのかもしれない。

▼産業廃棄物処理業に徹する

将来的には他県への進出も視野に入れながら、まずは産業廃棄物処理業でCO_2を排出する分、それを補うために太陽光など再生可能エネルギーに注力し、バランスの取れた経営を目指すと語る木下社長。「最初は、廃棄物から燃料をつくろうとか、バイオマス事業とかも考えたのですが。〝二兎を追う者は一兎をも得ず〟ですね」「だったら私どもは処理事業で、処理道と言うとかっこいいのですが、まず産業廃棄物を適正に安全に運搬をして、お客様のところから回収して、選別分別をして、それから焼却するものは焼却する。リサイクルできるものはリサイクル、原料としてリサイクルできるものは原料として。最終的にリサイクルもできない、不燃物で焼却いわゆる減容もできないモノは管理型最終処分場で埋め立てをして適正に水処理をかけて安全に埋めていく。やるのだったら１００％でないと、この仕事だけは99・９％では通りませんので、１００％を目指して、安全安心を重視して……」と語る木下社長の横顔には、産業廃棄物処理業に生きる自信と誇りがみなぎっていた。

9 山金工業株式会社
――ワークテーブルからパーテーションまで、快適空間を創造する――

【企業概要】

設　　立　１９５８（昭和33）年
資 本 金　９８００万円
代 表 者　代表取締役社長　山下真寛
事業内容　1．事業所用品及び家庭用スチール製品の製造ならびに販売
　　　　　2．建造物の内装、外装、外構、電気工事に関する設計および請負施工ならびにこれらに関する建築用材料の製造販売
　　　　　3．医療機械器具ならびに健康機器および介護機器の製造ならびに販売
　　　　　4．前各号に付帯する一切の事業
売 上 高　57億円（２０２２年７月）
従業員数　２５３名（２０２２年７月）
本社住所　福井県福井市左内町４-15

▼社内一貫生産体制のモノづくりで、快適空間を創造する

福井人には〝山金さん〟の名で親しまれる同社は、〝金庫をつくる会社〟と思う人も多いかもしれない。それもそのはず、同社の創業は１９１２年、初代山下弥吉氏が福井市豊島で山下金庫製作所として創業したのがはじまりと聞く。

その後、昭和に入るとロッカーやキャビネットなどの家具、そして建材へと転身する。1966年には同社のオリジナル商標でたくさん引き出しがついた文書整理棚「アレンジャー」を開発、これが爆発的人気を呼んだ。売れた理由として、「当時は紙の規格はB版が主流で、弊社はB版などのバリエーションをたくさん持っていたんです。引き出しも浅型、深型、仕切り板も全部できるように、お客さんに応えるように本当にバリエーションを増やしました」と語る山下真治専務。これが同社における家具部門の基盤をつくりあげた。その後、ウオール、ワークテーブル、シャトルドアなどへと事業領域が拡大していく。

現在の主力製品はというと、その一つが「学校用間仕切り」。全国シェアトップ3以内に入る売れ筋製品である。無論、福井県内だけで見ればシェアは90％以上を占める。「学校用間仕切り」とは学校の教室と廊下を仕切る製品。はじめは九州地方から売り出して、大阪や東京で販売を始めたのが1982年のこと。社員数で当初3名足らずの東京支店が現在では四十数名を数えるまでに発展した。小中学校は全国で3万2000校を数えるが、その7割が東京、大阪、名古屋などの大都市圏に集中しており、同社の売上もおのずと都心部中心となっている。しかし、始めた頃は既に他社でもパーテーションなど類似品が出ていたが、同社の「学校用間仕切り」が他社製品よりなぜ人気があったのか。その理由は、間仕切りのスチール部分に挟まれた空間を発砲ウレタンで完全に密閉し強度と遮音性を上げたこと。これが市場から高い評価を受けた。その結果、病院や福祉施設で使われるシャトルドアを含めた建材部門の売上は全体の50％を占めるまでに成長している。「要は建材部門のどの製品も安全性を十分確保しながら、設計事務所の意匠に対するこだわりにも応え、社内一貫生産体制での『空間創造』を貫いているんです」と話す藤浪剛一常務。もっと言えば、同社のどの製品も快適な空間につながる特徴を持っていること。「学校用間仕切り」は、元気のよい生徒たちの様々な動きにもちょっとやそっとでは壊れない。ストレッチャー（担架）や車いすを使う病院では、レールのような段差がなく、さらに防火性や遮音性のある上吊引戸が人気だ。工場などで使うワークテーブルは、作業内容や使用者によって最適な高さや天板の広さが違う。つまり、ユーザー各人の要望を読み取りながらモノづくりを行う、使う人の身に寄り添うきめ細かな製品づくり、これが市場から支持される同社の最大の特徴なのであろう。その他、同社では意外なモノもつくっている。ちょっとした郵便局なら必ず設置してあるＡＴＭの間仕切りやサイン（看板）がそれだ。東京と大阪の両支店に特販営業部を設け、全国規模で拡販にあたっている。

▼強みは粉体塗装によるカラーバリエーション

通常、同社が扱う製品の多くは、最終仕上げに塗装して完成品となる製品がほとんど。そこで様々なシーンで威力を発揮する技術が30数年の長いキャリアを持つ同社の粉体塗装技術である。例えば、ＶＯＣ（有害な揮発性有害化合物）を全く含まない「ゼロＶＯＣ不燃粉体焼付塗装」、壁面や扉をホワイトボードのように利用できる「ＷＢＣ粉体焼付塗装」、屋外でも経年劣化をしにくい「高耐候性粉体焼付塗装」など。特に、「ゼロＶＯＣ不燃粉体焼付塗装」は流行の色をラインナップしその中から好きな色を選択することが可能。無論、塗装で繊細な木目調や絵柄を再現することもできる。柄をつけるという技術は、福井の繊維産業にある昇華転写という技術を鉄板に応用したもの。最近は、自由なデザイン表現が可能な「ステンド粉体鋼板」への顧客ニーズも増加している。いずれにせよ、同社の粉体塗装技術は、カラーバリエーションが豊富で、他社では真似のできないオンリーワンの技術なのである。

▼「ヒトを大切にする経営」に徹す

２０１８年、人事評価の在り方を見直した。部署、役職などに合わせて行動基準と評価項目を設けて評価するというもの。年功序列を廃止し、成果と行動に見合った給与にすることでモチベーションのアップにつなげた。

同社のモットーは「ヒトを大切にする経営」に徹していることだ。社員に無理をさせない。特に最近注目を集めるダイバーシティに関連して、従業員の意志を最優先した働き方改革を実践している。例えば、女性従業員の場合であれば、その女性従業員の働きたいように働いてもらう。正社員が嫌なら、パート、アルバイトで、またその逆もありだ。子育てが終わればまた正社員に復活してもらう。

また、同社には役職定年がない。辞めるまで昇給できるシステム。お客様の要望に応え、常にお客様の視点から物事を考えられる仕組みにつながっている。お客様とは、顧客だけでなく、取引先、社内も含めた仕事相手、ステークホルダー全てを含む。製造なら工程に携わる社員もその一人だ。同社の社員重視の経営は極めて繊細ながら、それが同社の人づくりの基本なのである。社員の都合を最優先しフレキシブルに対応する。これぞ福井型経営の人を育てるビジネスモデルなのかもしれない。

▼学校施設の長寿命化に挑む

公立小中学校施設は、その多くが１９７０年代の第2次ベビーブーム世代への対応のために整備されたもの。そのため、現在ではかなり老朽化した施設もある。とはいえ、これら設備を建て替えるには膨大な費用を伴う。そこで、登場した考え方が「学校設備の長寿命化改修」である。これは単なる改修ではない。老朽化した施設を将来にわたり長く使い続ける。そのために単に物理的な不具合を直すだけでなく、建物の機能や性能を現在の学校が求められている水準まで引き上げる。その改修を「学校設備の長寿命化改修」と呼ぶ。既に、同社では長寿命化対策に対応する製品として「可動間仕切り」の開発を終えている。一般の間仕切りは柱や壁などと違って耐震性が低いとされるが、「可動間仕切り」は独自の技術を活かしたユニット枠構造によって強度を高めた。地震で生じる上部と下部の水平方向のずれも抑えることができ公的機関の実験では国が定める基準の約15倍の力を加えてもユニットが倒れたり部材が落下したりしない。衝撃性試験も国の基準の2倍で行ったが引き戸の開閉などに不具合は生じなかった。また、ユニット構造は、年度毎に変わる学級の人数や学習用途に応じ教室の広さを柔軟に変更できるなど機能性も高い。「長寿命化の改修に伴い、間仕切り市場も現在の年間60億~80億市場からもっと伸びていくと思う。そうした中で、将来の子どもたちの安心安全に貢献していきたい」と語る山下真治専務。今後の躍進に期待したい。

いずれにせよ、同社は、時代の変化に敏感に対応しながら、自社のポジションを変えつつ新製品・新技術開発に挑戦し続ける百年企業なのである。

10 山田技研株式会社
——オンリーワンの技術、冬期における道路雪氷対策の最適なソリューションを提供——

【企業概要】
設　　立　1989（昭和62）年
資 本 金　1000万円
代 表 者　代表取締役　山田忠幸
事業内容　コンサルタント：克雪・利雪・環境に関する調査設計
計測機器の開発・製造販売
道路・鉄道　雪氷関連計測機器（冬期気象センサー、路面性状センサー、車載式塩分濃度測定システム、車両画像伝達・位置把握システム、Webカメラシステム、4極道路面熱収支センサー、路面ラフネス測定システム、積雪センサシステム）
道路パトロール支援システム
ピコ水力外灯
河川水位計システム
売 上 高　3億4000万円（2022年6月）
従業員数　10名（2022年6月）

本社住所　福井県福井市花堂南2-5-12

▼子どもの頃からのチャレンジ精神が新製品開発の原動力に

近年、気象変動により、日本国内でも自然災害が発生しやすい状況であることはいうまでもない。特に、冬期間の気象の変化も激しく、東北、北陸などの北にある地域は極めて深刻で、これまで大した降雪のない地域にドカ雪が降り、家屋、体育館などの大型公共施設までもが被害に遭遇するといったケースも散見される。山田技研株式会社は、このような気象変動が激しさを増す中、積雪や凍結対策で消費するエネルギー量の削減を目指した新しいセンサーの開発と実用化を目的に、現社長の山田忠幸氏が1989（平成元）年に設立した会社である。「子どものころからモノづくりが好きで色々つくりましたね」と語る山田社長。小学生時代の開発品を尋ねると、まず手始めは木工玩具、それに興味を持った友人に販売し、初めてのビジネスに成功。その代金を元手にラジオの製作。壊れた真空ラジオの部品を利用し、見様見真似でつくったアマチュア無線の送信機。この送信機は粗悪品で送信すると周りのラジオが使えなくなり近所の住人から叱られた。ジュース缶を利用したボイラーの製作など、挙げればきりがない。始めて就職した電気工事会社では、コンクリート壁に埋もれた鉄製のスイッチボックスの位置を見つけ出す金属探知機の開発。これを、大手メーカーのアイディア募集に提案したところ、商品として販売された。24歳になり新しく就いた道路融雪の作業や上下水道プラント建設現場の作業で、機械・電気・計装・液体を総合的に扱う現場の技術・ノウハウを身に付けた山田社長は、この現場でも多様な新製品を生み出した。特殊な換気装置、重くて太い電線を配管に引き込むウインチ、端末同士の無線連絡装置ならびに自動停止装置を含む総合システムなどの開発がそれである。子どもの頃から挑戦し続けたモノづくりへのチャレンジ精神、情熱が、仕事の面でも大いに役立っていったのである。

▼道路雪氷対策技術の確立

１９７０～80年代、当時の融雪技術を振り返ると、融雪はまだ手動運転から降雪感知による自動運転に切り替わったばかりの時で、降雪や降雨の境目で頻繁に誤作動するのが当たり前であった。例えば、福井だと比較的温暖な地域であるため雨と雪が混在することがあり、正解率は50％程度。この精度の低い降雪感知器の改良を試みるがなかなかうまくいかない。偶然、通勤途中、公園のフェンスに雪が付着して見通しが悪い状態からヒントを得て、３年の歳月をかけ、降雪感知器の改良に成功する。この感知器は「スノーアイ」の名で年間２００台を超えるまでになった。

次なる開発が、降雪を解かす熱量をリアルタイムに測定し融解する装置。降雪融解熱量センサーの開発である。これには約10年の月日を要した。開発に挑んで9年目を迎えた頃、サラリーマンでは開発は無理と判断し独立を決意。１９８７年3月、山田社長39歳の時であった。独立後の開発業務では、１㎡当たりに必要な融雪熱量の継続計測を行い、融雪能力と降雪量の関係が世界で初めて数値化でき、国際特許も取得した。融雪の熱収支制御では、必要熱量に対し供給熱量が一致する制御であるが、融雪設備能力を超える強い降雪が頻繁に発生していることがわかり、設備能力を超える熱量延長運転としてデータ化する制御ソフトを考案、これらのデータを特許化した。その結果、１９９０（平成２）年には、国道融雪のパイロット事業として実用化につながった。

一方、降雪融解熱量センサーの開発を進める傍ら、路面の積雪を直接感知するセンサーが必要と考え、路面積雪センサー（ロードアイ）の開発にも着手。時間は要したものの、同センサーの開発に成功。現在、福井県はもとより新潟県、富山県、石川県でも活躍している。

その後、融雪設備が増えると共に路面凍結による事故の増加が社会問題になり、凍結を計測する技術開発を開始、２年後に降雪融解熱量測定と凍結防止熱量計測を一体化したセンサ、名称ＳＤＡとして完成し、近畿の幹線道路で活躍している。

年月が過ぎ、１９９８年頃に高速道路の関係機関から電熱融雪の省エネに関する要望が有り、高速道路用の技術開発がスタート、3年後に融雪／凍結熱量センサと路面性状センサを組み合わせたシステムが完成、路面性状センサは製品名ｎｅｗロードアイとなった。熱量計測と路面性状観測を組み合せたシステムは、従来の制御に比べ概ね50％の省エネを実現すると共に、降雪凍結の気象変化と路面性状のリアルタイム情報提供機能も実現。この技術は国際特許としても成立し、国際的にも最高の雪氷対策装置である。

高速道路の省エネ制御が完成して１００カ所の現地適用を終え、一服する暇もなく路面に残留する凍結防止剤濃度を測定する技術開発へと進んだ。この技術も概ね2年後に実用化へと展開した。

現地適用試験が終わると共に、第13回ＰＩＡＲＣ冬期道路国際会議（ケベック大会）で技術展示を行いヨーロッパ各国から注目を浴び、同年スペインへの輸出が成立した。

▼雪から幸を創ります！

「冬期の道路雪氷対策の最適なソリューション提供だけでなく、ＳＤＧｓにもつながる広い意味での事業活動にもかかわっていきたい」と語る山田社長。それを裏付けるように、雪氷対策技術の他分野への応用にも余念がない。3・11の東日本大震災に伴う原子力発電所事故発生時、同社では気象観測と放射線測定・カメラの一体装置と情報伝送システムを提案。同年7月には製作の基本構想を描き施策設計を開始、同年の12月ごろに施策を立ち入り限界地域に設置、翌年には観測システムの実用化を実現している。このように道路雪氷センサーで培った要素技術を活かし放射線センサーへの応用は、防災用の河川水位計や崖崩れセンサー開発の基礎となった。

ちなみに、河川水位計システムの開発は、２０１５年ごろから構想を練り、画像付き河川水位計として、同社本社が立地する地域（江端川）の橋梁に設置、現在ボランティアで8カ所に設置し、防災情報の一助として活躍している。そのほか、街中小水力発電機発電状況監視システムの開発、少水量で稼働する防災対応型の水力外灯・水力行灯（ピコ水力外灯）の開発など。

同社では、冬期交通分野から、環境・エネルギー分野および防災分野まで領域を広げることで、地域貢献にも対応した業務運営がなされているわけだ。

社会のニーズを技術と思考で先取りする、モノづくりに如何に応えるか、社会へ何を提案していけるか、同社では「雪から幸を創ります！」をテーマに、企業価値を常に追求しているのである。

▼海外展開も視野に入れて

路面凍結防止剤残留濃度計（車載式塩分濃度測定システム）が東北地方を中心に国内での稼働数が増えると共に、４年毎に開催される冬期道路国際会議で技術発表継続している。

第13回ケベック大会２０１０・第14回アンドラ大会２０１４・第15回グダンスク大会２０１８・第16回カネガリー大会はコロナの影響を受け、リモート大会になり、技術発表は深夜に行われた。このように国際会議に連続参加する中で、山田技研の技術が国際ブランド化してきた。

２０１９年、ＪＩＣＡ北陸の委託事業を受注し実施した。この調査は首都ウランバートルの冬期交通事故の多くが凍結によるスリップ事故であったことから、事故削減技術としての同社の車載式塩分濃度測定システムの適用調査を行うことが目的であった。特に、新空港とウランバートル市間に建設中の高速道路への対応には最大の注力が図られた。このように、同社の技術は、今、国内から海外へと広がりを見せている。そして、こうした試みが具現化するには、「ＪＩＳ規格に認証されることと、国際特許を基にＩＳＯ（国際規格）に認証されることが必要」と語る山田社長。これが叶えば、国内需要は爆発的に拡大するであろうし、海外への展開も夢ではない。益々の発展に期待したいところである。

第6章　地域企業の挑戦

1　新型コロナウイルス感染症の経済への影響

早いものだ。世界中に猛威を振るった新型コロナウイルス感染症の問題も、今年で4年目を迎えた。それに加えて、2022年入り後は、世界的需給ギャップの拡大による供給制約と原材料高、ロシアのウクライナ侵略による資源・穀物価格の高騰などにより、日本国内においても経済活動面や社会活動面で多大な負の影響が露呈し、これに円安が加わって、今のところ、なかなか先の見えない状況が続いている。参考までに、2022年6月7日、世界銀行が発表した世界経済見通しによると、新型コロナウイルス感染症の世界的大流行による経済打撃とロシアによるウクライナ侵略により、世界経済の減速度合が強まり、脆弱な成長とインフレの高進が長引きかねない状況に入りつつあるとの見解を示している。この状況は、中・低所得国に悪影響を及ぼす可能性のあるスタグフレーションのリスクを高めていることは間違いない。そのため、現時点（2022年6月7日時点）での世界銀行の予想によると、世界経済の成長率は2021年の5・7%から2022年は2・9%へと低下する見通しだ。

本章では、こうした様々な世界情勢の変化の中から、その引き金となった新型コロナウイルス感染症の影響に的を絞り、地域経済とりわけその基盤となる産業・企業へ与えた影響や今後の地域産業・企業の方向性などについて整理してみたい。

時計の針を一昨年のいま時分に戻そう。前述のように、世界銀行の情報から２０２２年６月時点での経済見通しを振り返ってみると、あのころ（２０２１年６月）、２０２２年の世界の経済成長率（実質ＧＤＰ伸び率）の見通しは５・６％で、同年１月発表の成長見通しから１・５ポイント上方修正となっている。同様に２０２２年の見通しも４・３％で、１月の見通しに比べ＋０・５ポイント上振れとなっていた。この要因は、新型コロナウイルス感染症による経済的影響の縮小や、多くの先進国での予想以上に速いワクチン接種ペース、米国での追加の財政支援などによるところが大きいことは言うに及ばない[1]。

この間、国内の経済情勢に目を向けると、２０２０年３月入り後、新型コロナウイルス感染症が拡大する中、政府によって打ち出された自粛要請、さらに２０２０年４月７日の緊急事態宣言発令の影響などから、２０２０年４～６月にかけ落ち込み幅が最大となった。ちなみに、２０２０年４～６月期（２次速報）の実質ＧＤＰ成長率は、前期比年率▲28・１％[2]となっている。このマイナス幅は、リーマンショック後の２００９年１～３月期（前期比年率▲17・８％）を上回り、ＧＤＰ統計で遡ることができる１９５５年以降の記録の中では最大の落ち込みであった。

ただ、２０２０年５月下旬の緊急事態宣言解除以降、輸出面では経済活動の正常化が進む中国向けや、減少が続いた欧米向けも経済活動の再開を受け輸送用機械などを中心に下げ止まり感が出始めたほか、生産面でも自動車や生産用機械関連需要などがプラスに転化、消費面でも巣ごもり需要に加えてペントアップ需要の顕在化などから持ち直しの動きが強まった。そのため、２０２０年７～９月期の実質ＧＤＰ成長率（改定値）は、前期比年率22・９％増と、四半期ぶりのプラス成長[3]となっている。ちなみに、２０２０年10～12月期の実質ＧＤＰ成長率（２次速報値）は前期比年率＋11・７％となった。しかし、２０２１年１～３月期実質ＧＤＰ成長率（２次速報値）は、個人消費の落ち込み、とりわけ外食や宿泊、娯楽などのサービス消費の落ち込みなどから、前期比年率▲３・９％とマイナス推移となったほか、２０２１年９月末まで緊急事態宣言などが断続的に発出される中で、力強さを欠く展開が続いた。しかし、全ての都道府県において緊急事態宣言などが解除された２０２１年10月以降は、経済社会活動の段階的引上げに伴い、個人消費が上向き、景気は持ち直しの動きに入っている。

　こうした中、具体的に業種別ではどのような状況となっていたのか。一例として観光業の動向をみると、２０１９年現在、年間３１８８万人が訪れた訪日外国人観光客数は、２０２０年の１年間で前年比87・１％減の４１２万人[4]に減少するなど悲惨な状況となっている。これに伴い観光関連産業の旅客運輸、宿泊施設、旅行代理店、各地の観光地は壊滅的なダメージを受けたことがうかがえる。無論、この負の連鎖は、一般の小売業、飲食サービス業、タクシー業、教育機関などの第三次産業に襲い掛かり、新型コロナウイルス感染症拡大の影響が少ない製造業や建設業などでもその影響が広がっていくことが懸念された。しかし、よくよく考えると、このコロナ禍で多くの産業・企業がビジネス面で新たなチャンスを広げたのも事実である。福井県では、繊維工業におけるマスクや防護服などの生産、眼鏡枠工業におけるフェイスシールドやマスクピンの開発、化学工業における抗ウイルス剤や飛沫防止用アクリル板の開発、旅館[5]、飲食サービス業におけるテイクアウトビジネスの進化など新型コロナウイルス感染症を逆手にとって新製品開発や新サービスの提供を行う企業が増加した。ここでは、そうした動きに着目し、２０２０年、福井県立大学が２回にわたり実施した「福井県企業のコロナ禍での事業活動に関する緊急調査」をベースに、猛威を振るう新型コロナウイルス感染症が地域経済に与えた影響と、その中で地元産業・企業が考える今後の成長産業の方向性、並びに、それを実現するための産業政策の在り方を提示し、将来の地域産業・企業のあるべき姿を探求する。

　なお、ＣＯＶＩＤ―19（新型コロナウイルス感染症）のような感染症と経済との関係にかかわる研究は、Acemoglu and Jonson［2007］とWeil［2007］などが行った感染症と経済の長期的な相互関係にかかわる研究や、久保田［2020］のコロナ危機を需要面、供給面の両側から分析した研究、中田［2020］によるパンデミックの長期的影響にかかわる研究、鎮目［2020］の感染症の社会経済史的考察など多くの研究者が行っている。しかし、ここで扱う研究は、福井地域というローカルで狭小な地域を対象とし、ＣＯＶＩＤ―19が地域の経済やここに根差した産業・企業に与えた影響を把握し、今後の地元産業のあるべき姿や地元企業における未来のマネジメントについて研究したものである。よって、こうした地方圏の一地域を対象としたＣＯＶＩＤ―19にかかわる研究はなく、こうした点から、本研究が他の研究には見られない独自性、先進性を備えた研究であることを申し添えたい。

2　コロナ禍での地域経済

福井県立大学では、新型コロナウイルス感染症が蔓延する中、２０２０年上期（1～6月期）と２０２０年下期（7～12月期）の2回に分け、福井県企業の経営状況や成長産業として期待する分野、或いは新製品・新商品・新技術・サービスの開発動向などについてのアンケート調査を実施した。

ちなみに、1回目の調査では、福井県内の企業３０００社に郵送によるアンケート「福井県企業のコロナ禍での事業活動に関する緊急調査」（調査期間：２０２０年6月26日～２０２０年7月10日）を実施し、これにより得られた１１０１社（有効回答数１０８１社、36・０％）の回答をもとに、a．新型コロナウイルス感染症拡大が地域の産業・企業にどのような影響を与え、b．その中で地元企業が考える成長産業分野とは何か、c．この経験を踏まえ、地域経済を支える産業・企業の事業活動が将来的にどのように変容すべきなのかなどについての把握を行った。また、2回目の調査では、福井県内の企業１５００社に郵送によるアンケート「福井県企業のコロナ禍での事業活動に関する緊急調査」（調査期間：２０２０年12月11日～２０２０年12月25日）を実施し、これにより得られた５１３社（有効回答数５１２社、34・１％）の回答をもとに、第1回目の調査で積み残したa．コロナショック後の福井県の産業構造や企業の具体的な事業活動の在り方・方向性についての把握と、b．産業構造の高度化や企業活動のあるべき姿を具現化するために、求められる支援機関の支援の在り方などについて把握を行った。

これらの調査結果から、ここでは、新型コロナウイルス感染症が地域経済に与えた影響、特に、コロナ禍前後の経営

1～6月期調査結果

(n=1,081人)

回答内容		件数(件)	構成比率(%)
①	良くなった	25	2.3
②	悪くなった	761	70.4
③	変わらない	290	26.8
④	無回答	5	0.5
合計		1,081	100.0

7～12月期調査結果

(n=512人)

回答内容		件数(件)	構成比率(%)
①	良くなった	105	20.5
②	悪くなった	206	40.2
③	変わらない	199	38.9
④	無回答	2	0.4
合計		512	100.0

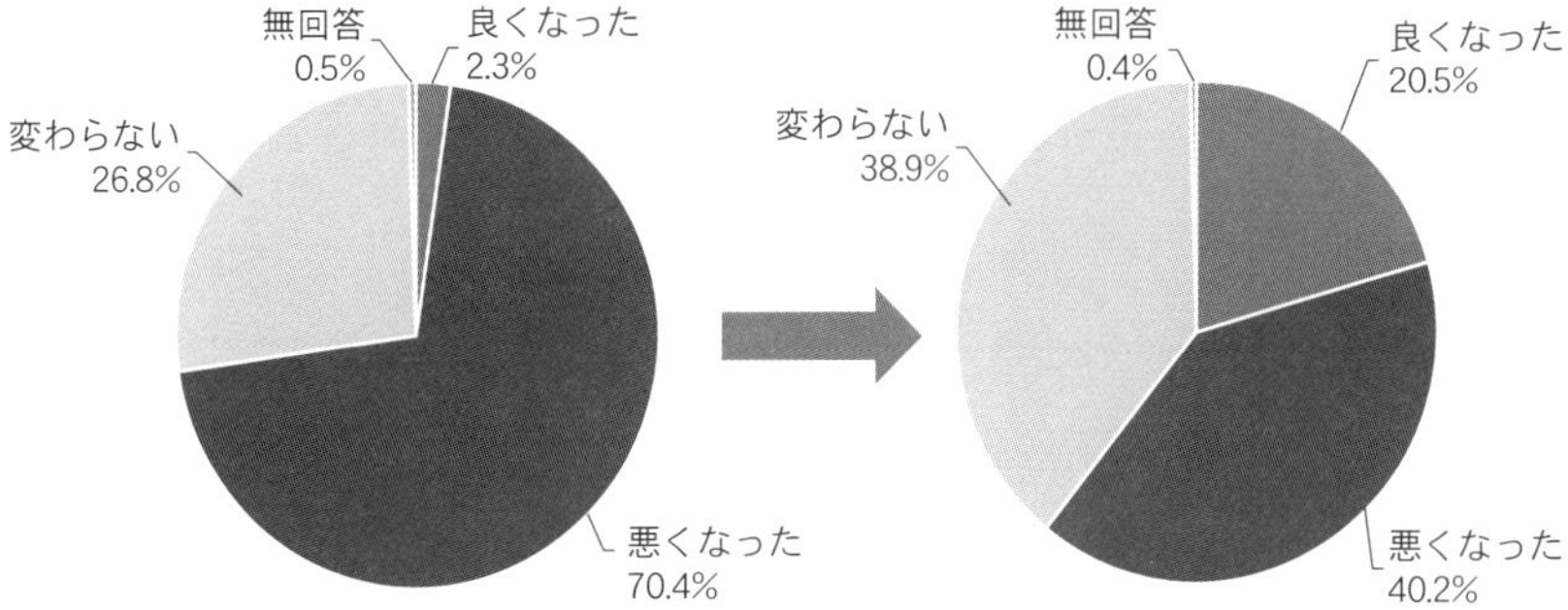

図6-1　福井県内企業のコロナ前と比べた経営状況

資料：福井県立大学地域経済研究所編［2020］.

状況について、その結果を紹介したい。

▼コロナ禍での経営状況

2020年に実施した2回のアンケート調査から、[6] まずは2020年上期（1～6月）から2020年下期（7～12月）にかけての経営環境の変化をみてみよう。

まず経営状況であるが（図6-1）、コロナ禍前と比較し、「悪くなった」と答えた企業の割合は、上期の70・4％から下期では40・2％へと減少していることがわかった。その分、「良くなった」が上期の2・3％から下期20・5％へと増加、「変わらない」も上期の26・8％から下期38・9％に増加しており、県内企業の業況は確実に改善が進んでいることがわかった。特に下期の調査結果からは、農林水産業、電子・デバイス、運輸・郵便、小売などの業種で「良くなった」と答えた割合が多く、これとは逆に、眼鏡、化学、繊維、飲食、不動産、金属・非鉄金属などでは「悪くなった」と答えた割合が目立っている。従業員規模別では、100～199人規模の事業所で「良くなった」ウエイトが41・9％を占めたほか、50～99人規模の事業所（28・0％）でも多い。地域別は、福井県北部の奥越地域で「良くなった」割合が最も低く6・3％にとどまっている。また、福井県の中央にある工業集積地、丹南地域では、「良くなった」企業割合が53・5％と他の地域に比べ最も多い反面、「悪くなった」企業割合も42・6％となっており、地域内の産業間で業況に二極化が進んでいることがうかがえた。これは同地域に、外発型の大手企業と地域の比較的規模が小さい内発型企業が混在しているためであろう。いずれにせよ、福井県の産業界では、総じてみればコロナ禍で一旦落ち込んだ経営環境が、2020年の上期から下期に入るにつれ、徐々に立ち直っていった事実がうかがえる。ただ、ここで考慮すべき点は、業種別でみた場合、三次産業分野の飲食業では「悪くなった」割合が下期でも62・5％を占めたほか、旅館・民宿では回答企業がみられないなど、新型コロナウイルス感染症拡大の直撃を受けた産業では依然として厳しい環境であることがうかがえたことである。

▼売上状況

こうした中、2020年下期（7～12月）の売上高は（図6-2）、前年同期比「変わらない」がもっとも多く25・0％を占めた。また、5割以上減少した企業は全体の13・1％（1回目調査22・4％）にとどまったほか、「増加した」企業も上期（1～6月）の10・1％から下期12・2％へと僅かではあるが増加している。ただ、2020年下期において3分の1の企業はいまだ「1～2割」減少（2割減：19・9％、1割減：13・3％）しており、福井県経済はいまだ予断を許さない状況にあったことがわかる。ちなみに、下期において、「変わらない」のウエイトは金融・保険（85・7％）、不動産（50・0％）、専門・科学技術・業務支援サービス（47・4％）、情報通信（41・7％）などの三次産業部門で多く、土木建設（34・4％）、住宅建設（30・3％）なども比較的多い。従業員規模別では、50～99人規模の事業所で「変わらない」ウエイト（28・0％）がやや高かったが、総じて規模による差異は目立っていない。地域別では、「変わらない」ウエイトが、福井県嶺南地方の二州地域（45・8％）、若狭地域（37・0％）で多くみられている。

1～6月期調査結果

(n=1,081人)

	回答内容	件数(件)	構成比率(%)
①	ゼロ	6	0.6
②	9割減	24	2.2
③	8割減	38	3.5
④	7～6割減	73	6.8
⑤	5割減	100	9.3
⑥	4～3割減	223	20.5
⑦	2割減	193	17.9
⑧	1割減	100	9.3
⑨	変わらない	175	16.2
⑩	1割増	42	3.9
⑪	2割増	31	2.9
⑫	3～4割増	16	1.5
⑬	5割増	11	1.0
⑭	6～7割増	1	0.1
⑮	7割増以上	8	0.7
	無回答	40	3.6
	合計	1,081	100.0

7～12月期調査結果

(n=512人)

	回答内容	件数(件)	構成比率(%)
①	ゼロ	0	0.0
②	9割減	7	1.4
③	8割減	9	1.8
④	7～6割減	15	2.9
⑤	5割減	36	7.0
⑥	4～3割減	73	14.3
⑦	2割減	102	19.9
⑧	1割減	68	13.3
⑨	変わらない	128	25.0
⑩	1割増	30	5.9
⑪	2割増	16	3.1
⑫	3～4割増	8	1.6
⑬	5割増	2	0.4
⑭	6～7割増	1	0.2
⑮	7割増以上	5	1.0
	無回答	12	2.3
	合計	512	100.0

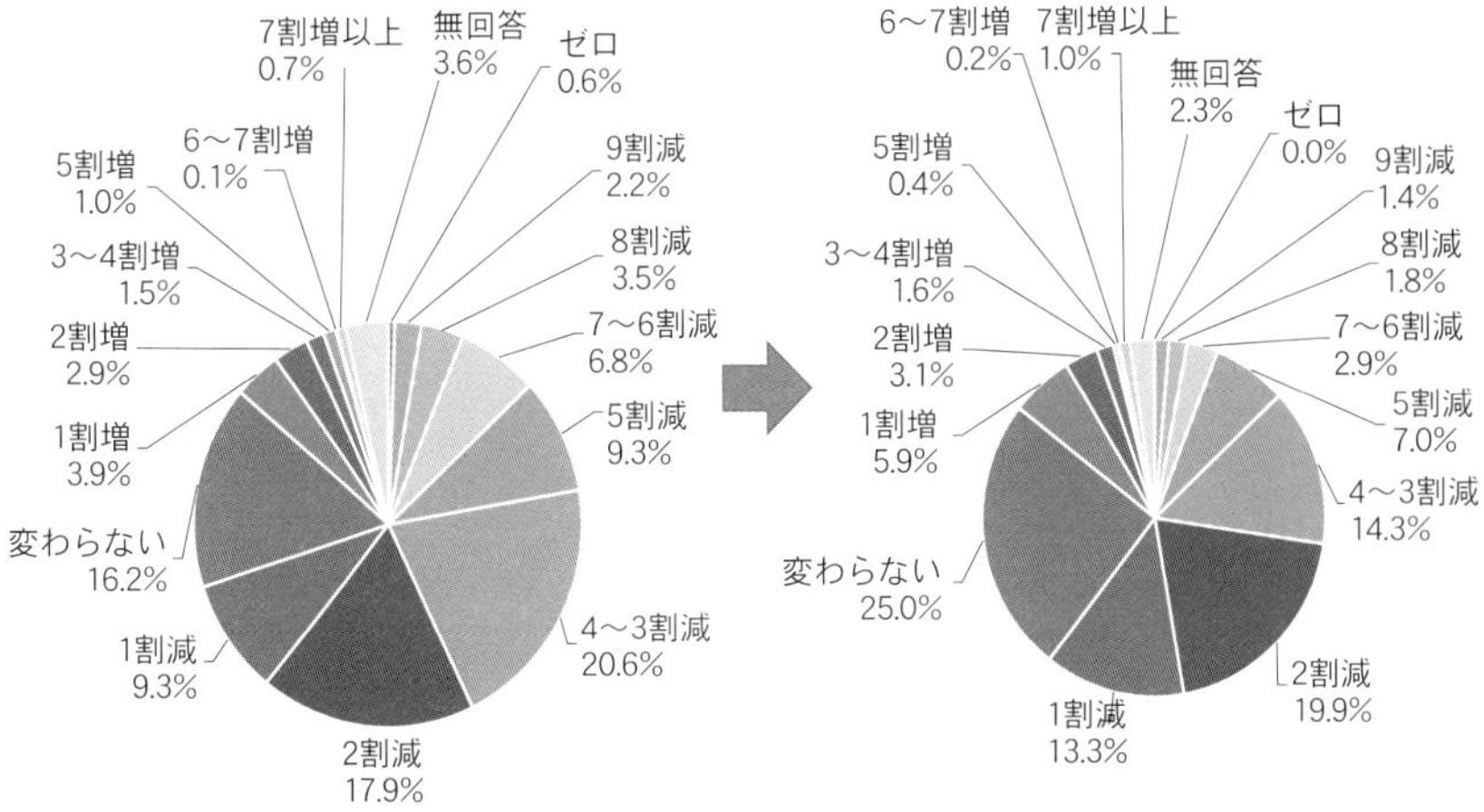

図6-2　前年同期と比較した売上水準

資料：図 6-1 と同じ.

▼資金調達の状況

２０２０年下期（７～12月）における地元企業の資金繰りについては（図６-３）、42・０％の企業が「資金調達なし」（29・９％）や「自己資金」（12・１％）で賄ったと答えており、上期（１～６月）に続き底堅い地元企業の経営状況がうかがえた。ただ、上期の調査に比べ、「資金調達なし」は増加（26・５％→29・９％）したものの、「自己資金」割合は低下（上期18・４％→下期12・１％）しており、手元流動性の減少から、今後、県内企業の資金繰りが厳しさを増す懸念も否めない。下期の結果を業種別でみると、情報通信（25・０％）、不動産（25・０％）、卸売（24・４％）で「自己資金」割合が高く、「資金調達なし」は金融・保険（１００・０％）を除けば、専門・科学技術・業務支援サービス業（47・４％）、情報通信（41・７％）、不動産（37・５％）などで比較的高い。地域別では、「自己資金」割合に大きな差異はなく、「資金調達なし」は福井県丹南地域が30・４％で最も多い。(7)

▼今後の事業展開

以上、述べてきたように新型コロナウイルス感染症の拡大は地元企業に業況悪化、売上高の大幅な低下など多大な影響をもたらした。こうした状況下、今回実施したアンケートでは、今後の事業展開をどうするのかについても尋ねている（図６-４）。それによると、２０２０年下期（７～12月）段階で、今後も事業を「継続」すると答えた企業は97・１％を占め、２０２０年上期（１～６月）の調査結果（93・６％）を上回っていることがわかった。その分、「休業」、「廃業」、「売却」を考える企業は０・８％と少ない。コロナ禍ではあるが、徐々に業況が回復する中、企業の意識も前向きに考える例が増えたのかもしれない。いずれにせよ、この結果から、福井県企業の粘り強い姿が浮き彫りとなった。更に、２０２０年下期（７～12月）において「継続する」と答えた企業に具体的な継続方針を尋ねたところ（図６-５）、「現状維持」と答えた企業が、上期の61・４％から下期51・４％へと低下。その分、「既事業関連の多角化」が16・２％から25・６％へと増加したほか、「既事業の拡大」を考える企業も前回の14・７％から23・６％へと増加している。この結果から、今後、

1～6月期調査結果

(n=1,081人)

回答内容	件数(件)	構成比率(%)
② 銀行融資(①以外)	376	34.8
③ 補助金・助成金(国)	344	31.8
⑭ 資金調達なし	287	26.5
④ 補助金・助成金(県)	259	24.0
⑩ 自己資金	199	18.4
① 日本政策金融公庫	145	13.4
⑫ 売掛金回収	65	6.0
⑮ その他	26	2.4
⑪ 返済猶予	18	1.7
⑨ 親類縁者からの借入	14	1.3
⑬ 買掛金支払延期	10	0.9
⑤ ファクタリング	5	0.5
⑧ カードローン	4	0.4
⑥ オンライン融資	1	0.1
⑦ VC(投資会社)	1	0.1
無回答	22	2.0

※複数回答のため、構成比は100%にならない。

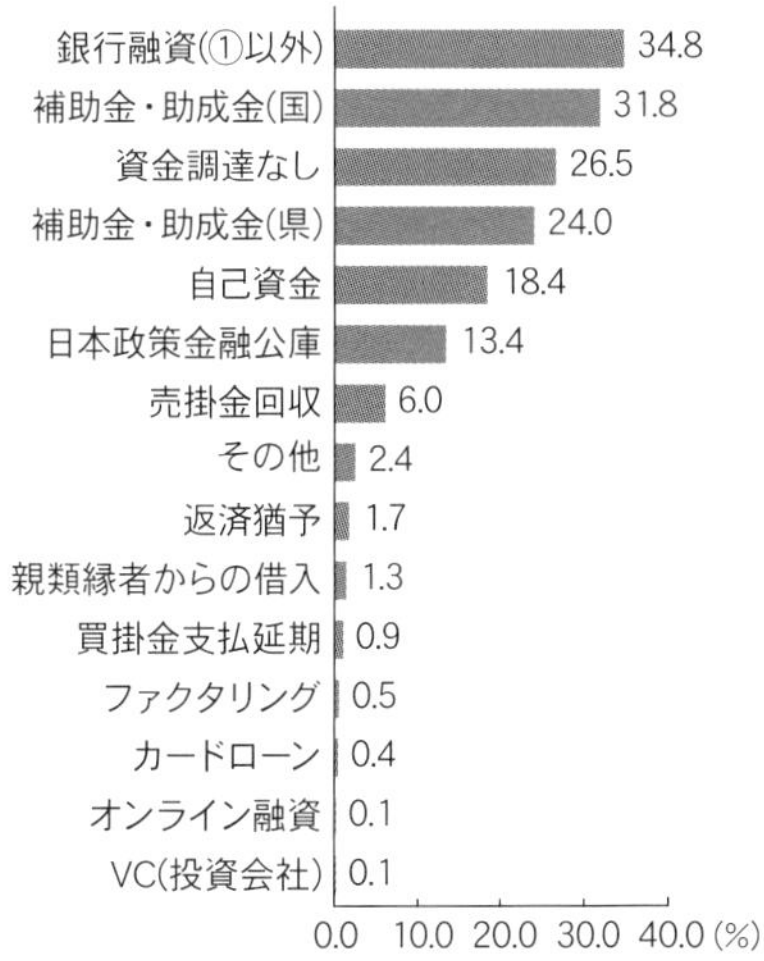

7～12月期調査結果

(n=512人)

回答内容	件数(件)	構成比率(%)
② 銀行融資(①以外)	219	42.8
③ 補助金・助成金(国)	154	30.1
⑭ 資金調達なし	153	29.9
④ 補助金・助成金(県)	121	23.6
① 日本政策金融公庫	83	16.2
⑩ 自己資金	62	12.1
⑫ 売掛金回収	18	3.5
⑮ その他	26	5.1
⑪ 返済猶予	10	2.0
⑨ 親類縁者からの借入	3	0.6
⑬ 買掛金支払延期	0	0.0
⑤ ファクタリング	1	0.2
⑧ カードローン	1	0.2
⑥ オンライン融資	0	0.0
⑦ VC(投資会社)	0	0.0

※複数回答のため、構成比は100%にならない。

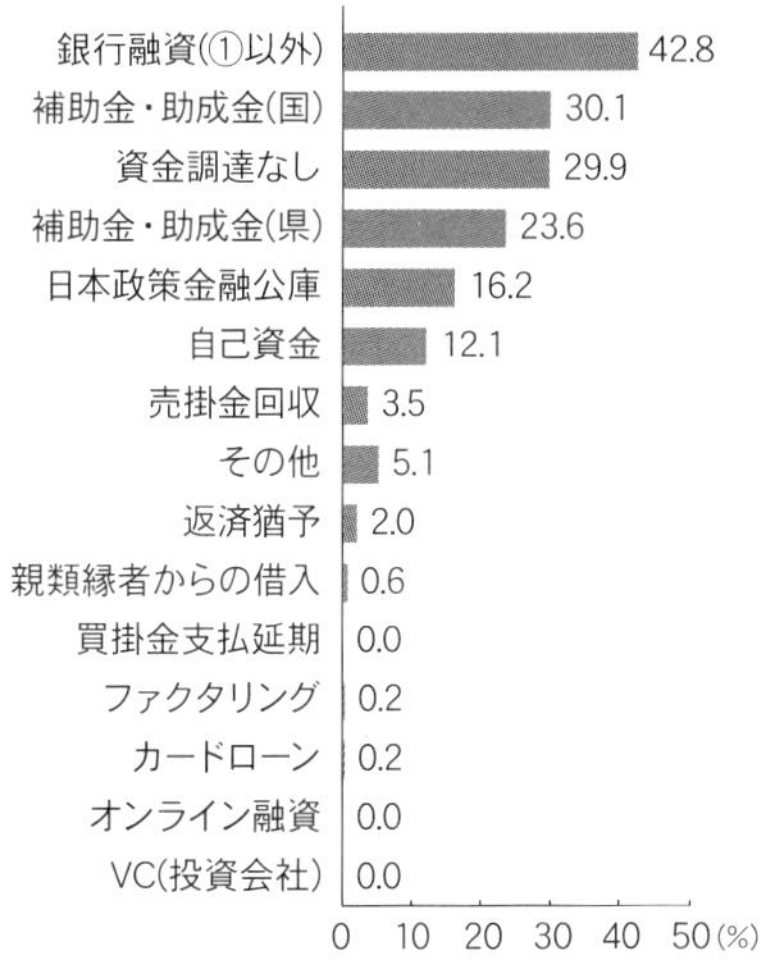

図6-3　資金調達の状況

資料：図6-1と同じ.

1～6月期調査結果

(n=1,081人)

	回答内容	件数(件)	構成比率(%)
①	継続	1,012	93.6
②	売却	1	0.1
③	休業	9	0.8
④	廃業	5	0.5
⑤	未定	24	2.2
⑥	無回答	30	2.8
	合計	1,081	100.0

7～12月期調査結果

(n=512人)

	回答内容	件数(件)	構成比率(%)
①	継続	497	97.1
②	売却	1	0.2
③	休業	0	0.0
④	廃業	3	0.6
⑤	未定	7	1.4
⑥	無回答	4	0.8
	合計	512	100.0

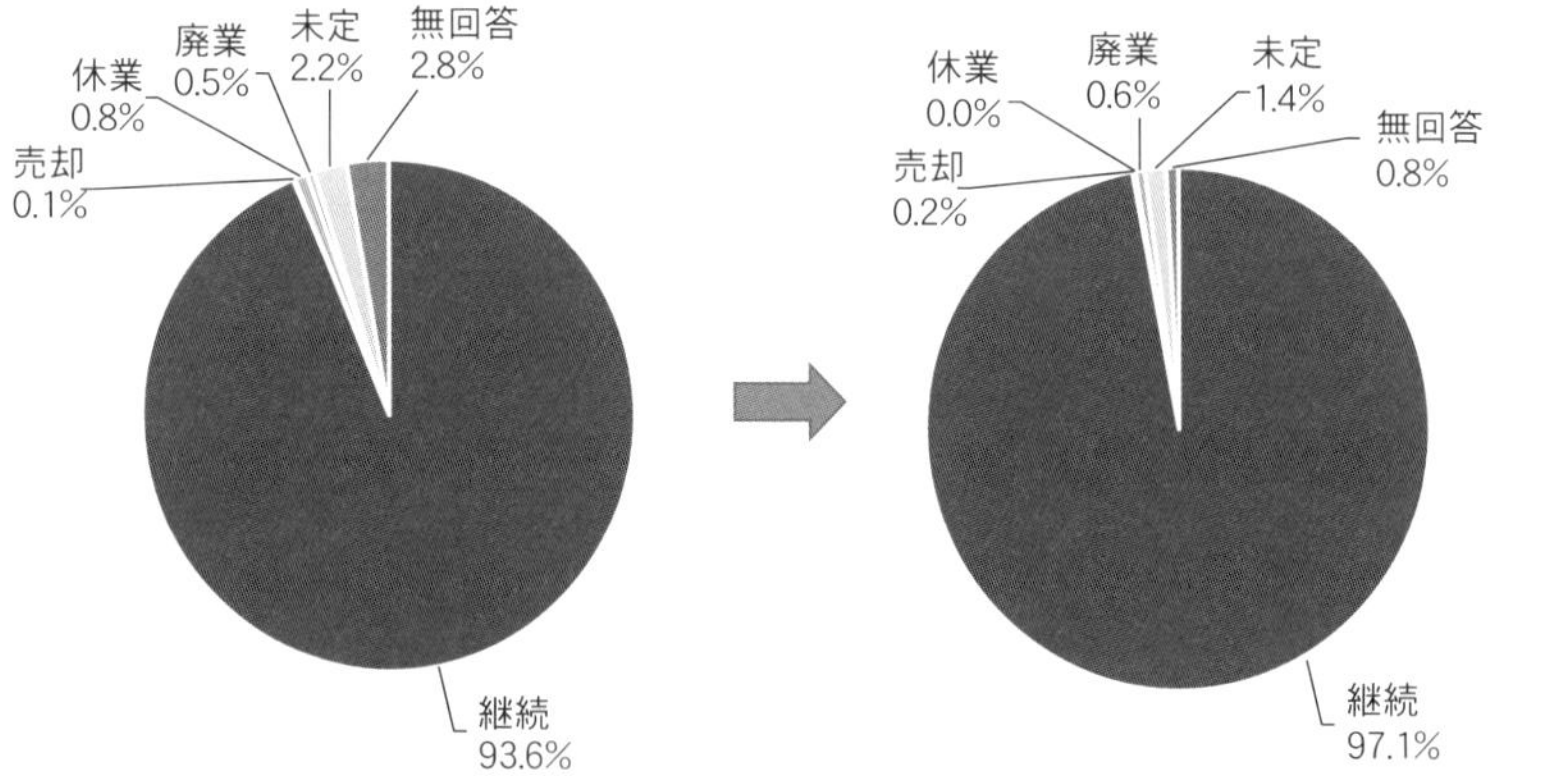

図6-4　今後の事業展開

資料：図 6-1 と同じ．

福井県の企業では新製品・新商品・新技術、新サービスの提供など、既存事業を軸としながらもアグレッシブな事業活動を展開する企業が増加することが期待できそうである。

3　地域産業・企業が考える今後の成長分野

▼期待する成長分野

地元企業が考える今後の成長分野については（図6-6）、AI（人工知能）（77・9%）、運転支援・自動運転（51・8%）、IoT（51・0%）、5Gなどのデジタル分野（46・2%）など、Society5・0の時代を反映した分野が多くの支持を集めている[8]。次いで、自然災害対策（39・4%）、予防医療（37・9%）、遠隔医療・遠隔施術（36・2%）など、災害とそれを守る医療関連産業分野。言い換えれば、「命を守る産業分野[9]」での開発が多くみられた。これに対し、成長分野としての支持

1〜6月期調査結果

(n=1,081人)

回答内容	件数(件)	構成比率(%)
① 既存事業の拡大	621	61.4
② 現状維持	149	14.7
③ 既存事業の特化	102	10.1
④ 既存事業の縮小	38	3.8
⑤ 既存事業の見直し	150	14.8
⑥ 既存事業の撤退	4	0.4
⑦ 既事業関連の多角化	164	16.2
⑧ 既事業非関連の多角化	34	3.4
⑨ 同業と連携強化	79	7.8
⑩ 異業種との連携強化	63	6.2
⑪ その他	13	1.3

※複数回答のため、構成比は100%にならない。

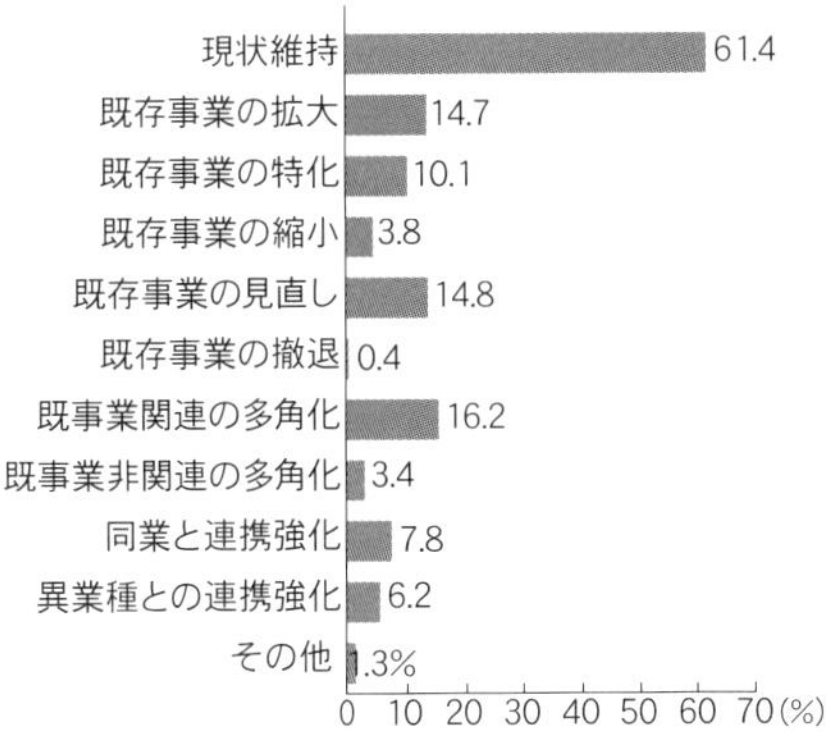

7〜12月期調査結果

(n=512人)

回答内容	件数(件)	構成比率(%)
① 現状維持	263	51.4
② 既事業関連の多角化	131	25.6
③ 既存事業の拡大	121	23.6
④ 既存事業の特化	81	15.8
⑤ 既存事業の見直し	70	13.7
⑥ 同業と連携強化	64	12.5
⑦ 異業種との連携強化	36	7.0
⑧ 既事業非関連の多角化	18	3.5
⑨ 既存事業の縮小	16	3.1
⑩ 既存事業の撤退	6	1.2
⑪ その他	5	1.0

※複数回答のため、構成比は100%にならない。

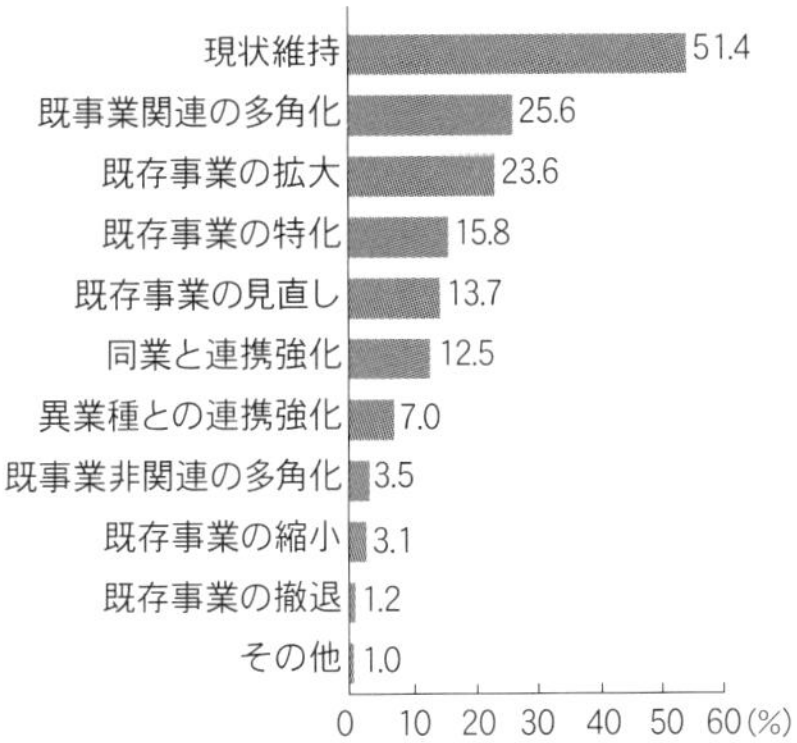

図6-5　事業継続の具体的方針

資料：図 6-1 と同じ .

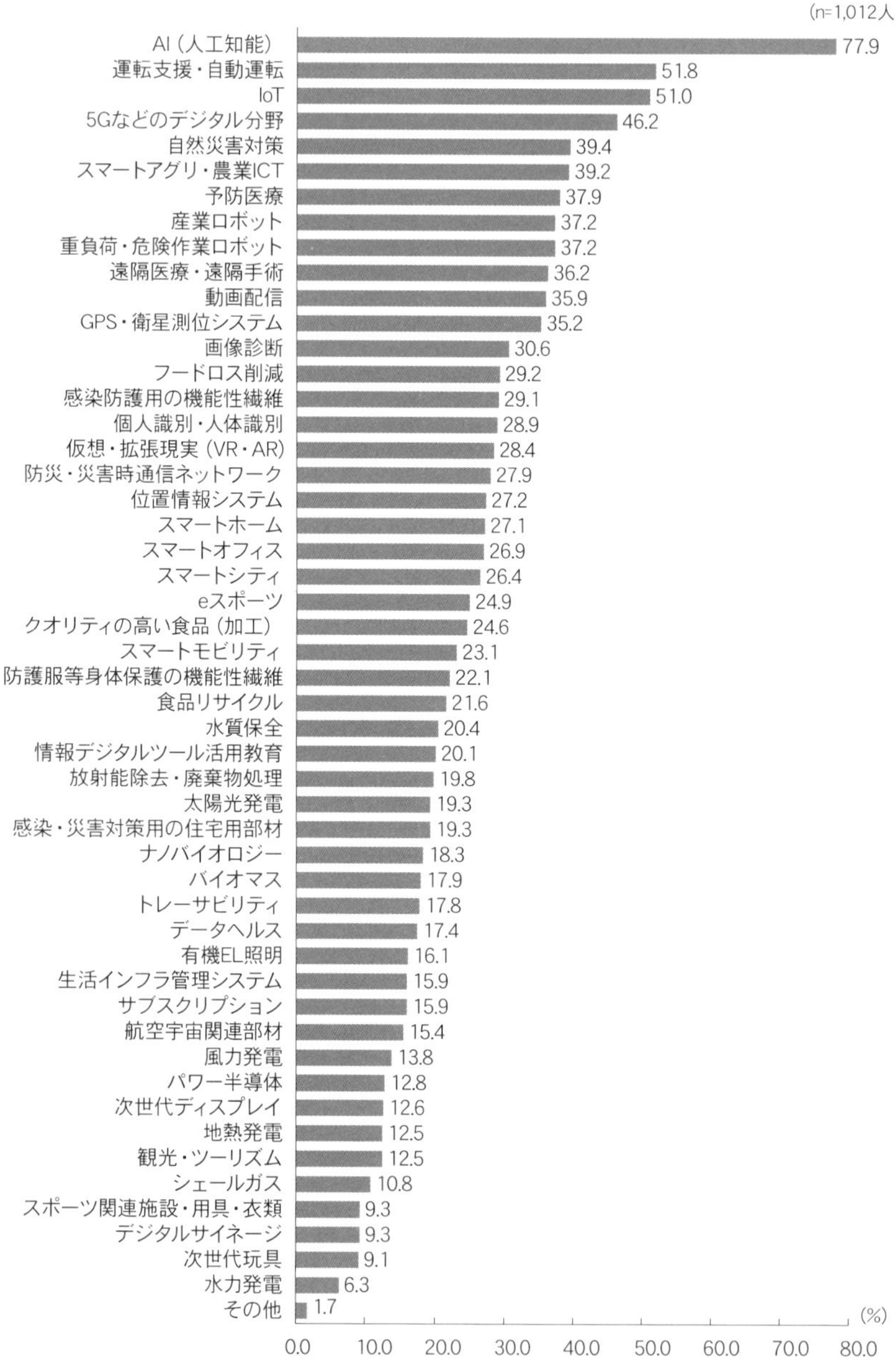

図6-6　地元企業が期待する今後の成長分野

資料：図 6-1 と同じ．

が少ない産業は、水力発電（6・3％）、次世代玩具（9・1％）、デジタルサイネージ（9・3％）、スポーツ関連施設・用具・衣類（9・3％）、シェールガス（10・8％）などで、今回コロナ禍で大きなダメージを受けた観光・ツーリズム（12・5％）も低いウエイトにとどまっている。いずれにせよ、地元企業が考える今後の成長分野は、ニューノーマルを見据えたデジタル社会到来というシナリオの中で意識されていることがわかる。以上のように、地元企業はニューノーマルを見据えたデジタル社会を意識したうえで成長産業を予想しているが、こうした成長分野に地元企業の実際の参入或いはデジタルツールなどの導入はあり得るのか。

まず、指摘した成長分野について、既に参入済み（或いは導入済み）と答えた企業のウエイトをみると、最多となった太陽光発電でも9・5％のウエイトにとどまっている。その他、IoTで3・3％などであった。また、今回ダメージを受けた観光・ツーリズムについて、参入済み（或いは導入済み）の企業ウエイトは2・8％と少ないことがわかった。[10]

次に、現時点で参入（或いは導入）はみられないものの、今後、地元企業では成長分野への参入（或いは導入）はどれほどあるのか。これについては低調な結果となっている。回答状況をみると、「参入（或いは導入）予定」はIoTで最も多くそれでも9・1％と2桁に達していない。次いで、AI（人工知能）の7・2％、動画配信の6・2％と続いている。その結果、将来的にも「参入無し（或いは導入無し）」と答えた企業のウエイトは高く、AI（人工知能）が58・0％を占めたほか、その他の成長分野も30～40％の企業が「参入無し（或いは導入無し）」と答えている。

このように、地元企業では、将来的に成長は予想されるものの、参入（或いは導入）意欲はあまりないことがわかった。その理由として、中小企業の占める割合が多い福井県の場合、おそらくヒト、モノ、カネ、情報、ノウハウなどの取得などの面で困難であること、つまり経営資源に限りあることを地元企業自らが理解しているためであろう。福井県の企業は、コロナ禍、既存事業の延長線上で関連多角化戦略としてマスク、防護服、フェイスシールドなどの生産を素早く実現した。しかし、こうした行動は自社の経営資源を理解し身の丈に合った企業行動を採ろうとする地元企業の特性であり、決して冒険は好まない堅実経営がもたらした技ともいえる。

ただ、福井県産業の今後の方向性を考えれば、ニューノーマル（新しい日常）と呼ばれる新しい時代に相応しい新たなビジネス展開が必要となろう。したがって、身の丈に合った企業行動を採る地元企業の特性を十分踏まえたうえで、時代に乗り遅れない企業を一社でも多く創り出す仕組みを考えなければならない。例えば、企業内資源のみならず、他社や大学、公的研究機関など、広く社外から技術やアイデアを集め、革新的なビジネスモデルや製品・サービスの創出へとつなげるオープンイノベーションにも着目した支援を地域政策として打ち出すことを検討してはどうか。さらに一歩進めて、事業性評価のプロ集団である地域金融の力をうまく活用して、その技術・ノウハウの良し悪し、市場性をも判断し得る仕組み・仕掛けを構築すれば、そのビジネスモデルの成功確率、精度を上げる働きを持った政策となるのではないか。

▼コロナ禍での開発動向

一方、福井県企業が考える将来の成長分野は別にして、コロナ禍の1年（２０２０年の1年間）、地元企業の開発動向はどのような状況であったか（図6-7）。

これについて、２０２０年下期（7～12月）の調査でその状況を尋ねている。その結果によると、コロナ禍の1年を通じ製品・商品・技術・顧客サービスなど何らかの開発を実施した企業数は、回答企業５１２社中99社、率にして19・3％に及んだことがわかった。全国に研究開発型企業は1割程度といわれるが、それを考えると、今回、福井県はコロナ禍で新たな事業分野の開拓を目指す企業が増加したことがわかる。この事実は、福井県産業界にとって地域における産業革命的な変革・取り組みがなされていたことをうかがわせるものである。

また、開発分野も上期調査で指摘した「命を守る産業分野」が多く、現在の技術ノウハウや事業分野を活かしつつ現有の生産設備を活用した開発が主流であることがわかる。

具体的に開発製品・商品・技術・サービスをみると、繊維、その他製造業、眼鏡産業でのマスク、防護服、アクリ

(n=512)

業種別開発状況	実数（件）	構成比（%）
農林水産業	2	2.0
繊維	20	20.2
電子・デバイス	1	1.0
化学	2	2.0
金属・非鉄金属	3	3.0
眼鏡関連	8	8.1
その他の製造	17	17.2
土木建設	5	5.1
住宅建築	5	5.1
卸売	9	9.1
飲食	0	0.0
運輸・郵便	3	3.0
ビジネスホテル	0	0.0
旅館・民宿	0	0.0
情報通信	6	6.1
金融・保険	0	0.0
不動産	1	1.0
専門・科学技術、業務支援サービス	5	5.1
教育	0	0.0
その他	8	8.1
合計	99	19.3

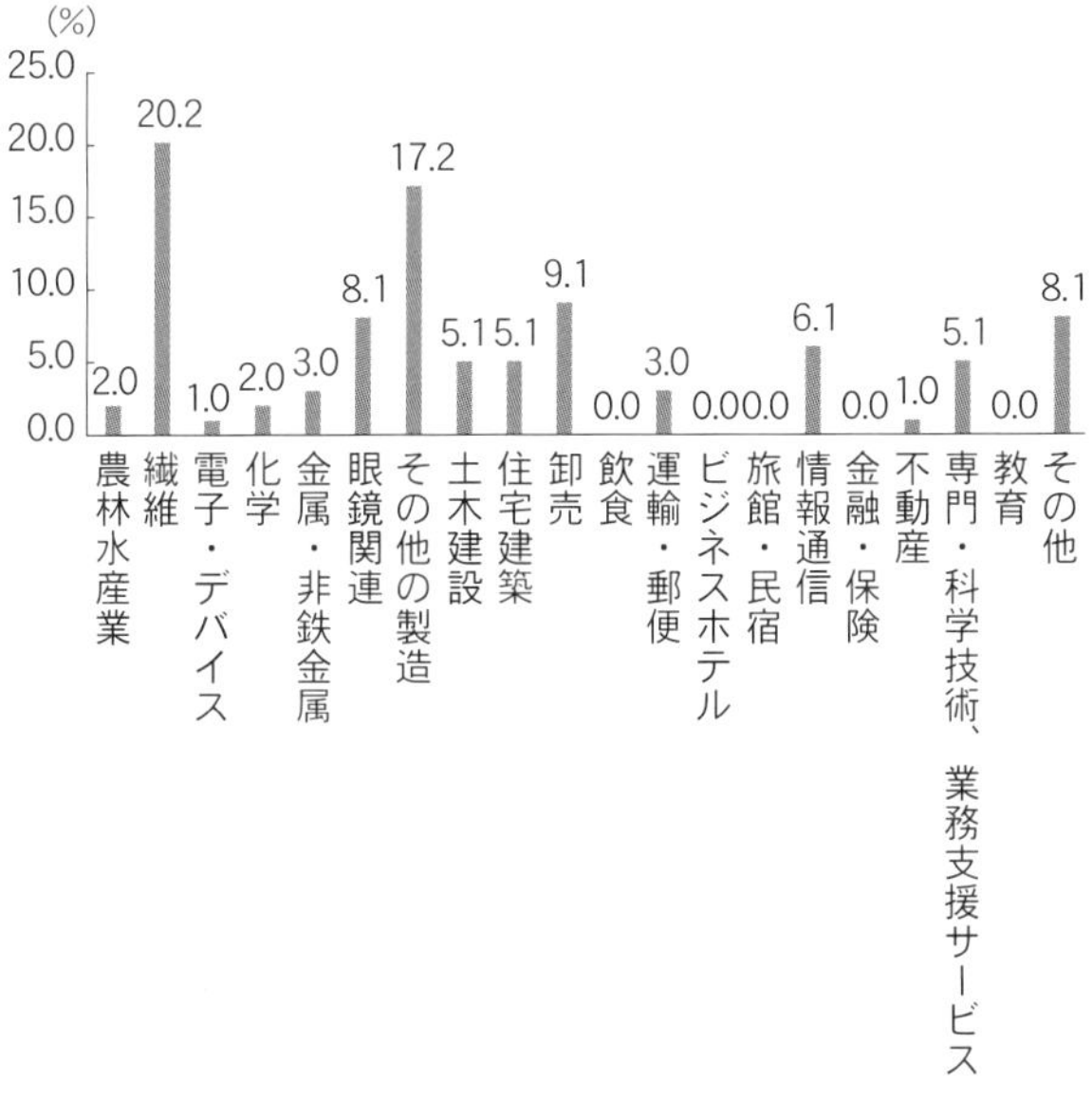

図6-7　業種別開発状況

資料：図 6-1 と同じ．

表6-1　行政、支援機関等に期待する支援

(n=311 人)

期待する支援分野		期待する支援分野		融資・リース・保証に関する支援		補助金・税制・出資に関する支援		情報提供・相談業務に関する支援		セミナー・研修・イベントに関する支援	
		実数(件)	構成比(%)	実数(件)	構成比(%)	実数(件)	構成比(%)	実数(件)	構成比(%)	実数(件)	構成比(%)
1	ものづくり・技術の高度化支援	45	14.5	5	11.1	33	73.3	11	24.4	9	20.0
2	新たな事業活動支援	43	13.8	5	11.6	30	69.8	13	30.2	6	14.0
3	創業・ベンチャー支援	3	1.0	0	0.0	2	66.7	2	66.7	3	100.0
4	経営革新の支援	10	3.2	2	20.0	4	40.0	8	80.0	3	30.0
5	経営力強化支援法に基づく支援	14	4.5	3	21.4	9	64.3	7	50.0	3	21.4
6	海外展開支援	18	5.8	1	5.6	7	38.9	14	77.8	9	50.0
7	技術革新・IT 化支援	35	11.3	5	14.3	20	57.1	17	48.6	10	28.6
8	中小企業の再生支援	11	3.5	3	27.3	4	36.4	6	54.5	2	18.2
9	雇用・人材支援	43	13.8	1	2.3	15	34.9	24	55.8	15	34.9
10	下請中小企業の振興	2	0.6	0	0.0	1	50.0	1	50.0	0	0.0
11	経営安定支援	17	5.5	5	29.4	9	52.9	4	23.5	2	11.8
12	小規模企業支援	9	2.9	3	33.3	7	77.8	1	11.1	0	0.0
13	連携・グループ化の支援	6	1.9	0	0.0	3	50.0	4	66.7	0	0.0
14	エネルギー・環境対策支援	9	2.9	1	11.1	9	100.0	3	33.3	2	22.2
15	資金供給の円滑化・多様化支援	8	2.6	5	62.5	5	62.5	2	25.0	0	0.0
16	財務・税制支援	16	5.1	3	18.8	10	62.5	6	37.5	1	6.3
17	中小企業の事業承継支援	14	4.5	2	14.3	9	64.3	5	35.7	3	21.4
18	商業・物流支援	7	2.3	1	14.3	2	28.6	5	71.4	2	28.6
19	その他（具体的に　　　　）	1	0.3	0	0.0	1	100.0	0	0.0	0	0.0
	合計	311	100.0	45	14.5	180	57.9	133	42.8	70	22.5

資料：図 6-1 と同じ.

ルパネル、消毒用アルコール、フェイスシールドなどコロナ関連対策製品が多い。そのほか、情報通信産業を中心にSNSクラウドサービス、iPadアプリ、設計図書照査システム、リモートエンハンスなどデジタル関連ツールの導入・開発が目立っている。

このことから、県内企業では、コロナ関連、防災関連などの分野で「命を守る」製品開発やニューノーマルで働き方が変わる中、それに関連したデジタルツール関連の開発も行われていたことがわかる。

▼求められる支援の在り方

では、こうした地元企業の動きをさらに強めるには、一体どのような支援の在り方が望まれるのか。これについては、回答企業から以下のような結果が得られている（表6-1）。

例えば、下期の調査で尋ねた「行政や金融、支援機関に、回答企業が期待する支援（期待する支援分野）は何ですか」という質問に対しては、「ものづくり・技術の高度化支援」が最も多く14・5％を占めた。次いで、「新たな事業活動支援」、「雇用・人材支援」の13・8％が続いている。また、

「技術革新・IT化支援」も比較的多く11・3％を占めた。その他支援メニューについては、どれも5％台以下であり、県内企業の要望としてはあまり高くないことがうかがえる。

また、期待する支援内容の上位4項目について、企業が求める具体的な支援内容を見ると、「ものづくり・技術の高度化支援」、「新たな事業活動支援」、「技術革新・IT化支援」の3項目では「補助金・税制・出資に関する支援」が最も多く、「雇用・人材支援」では、「情報提供・相談業務に関する支援」を望む企業が多いことがわかった。ただ、いずれの支援メニューも「補助金・税制・出資に関する支援」や「情報提供・相談業務に関する支援」への期待が高く、支援機関が一般に行う「セミナー・研修・イベントに関する支援」や「融資・リース・保障に関する支援」への期待度はさほど高くないことがわかった。

こうした結果を踏まえ、今後の支援の在り方を考えると、前述した県内企業の多角化戦略、新製品・商品・サービスの開発動向から、今後必要とする支援は、新たな事業活動、ハイブリッド化を目指して「命を守る」産業分野参入に向けて頑張る企業へのものづくり・技術の高度化支援や、そのための金融支援、製品・商品・技術・サービス開発にまつわる情報提供・相談業務のさらなる充実が必要であり、合わせて昨今のデジタル化に向けた企業行動にも着目した支援が必要と考えられる。

参考までに、具体的な意見・要望をみると、「Go Toするよりも、飲食・ホテルへの財産財政支援を強化。コロナ抑制への財政支援の集中。コロナ制圧なくして、経済ナシ」、「出張者のPCR検査費用の負担」などコロナ対策についての意見・要望や、「海外に比べて遅いと言われる支援実行のスピードを上げてもらいたい」、「申込から決定までのスピードを速くしてほしい」など行政支援のスピード化、「売り上げの低迷が続くと思われるため、補助金・助成金の支援をお願いしたい」、「コロナ融資（無利子・無担保）は期間延長を。コロナの影響による経営悪化はこれからです」、「無利子無担保融資の期間延長と規模拡大」など助成金・補助金などに関するものなどを中心に、多くの貴重な意見・要望が寄せられている(11)。

4　地域産業・企業の今後の方向性を考える

▼地域産業の方向性

これまで述べてきたように、地元企業が考える今後の成長分野については、ＡＩ（人工知能）（77・９％）、運転支援・自動運転（51・８％）、ＩｏＴ（51・０％）、５Ｇなどのデジタル分野（46・２％）などで、ニューノーマルを見据えたデジタル社会到来というシナリオの中で意識されていることがわかった。次いで、自然災害対策（39・４％）、予防医療（37・９％）、遠隔医療・遠隔施術（36・２％）など、災害とそれを守る医療関連産業分野であった。

しかし、デジタル分野については、実際に「参入（或いは導入）」を予定する企業は少なく、最も多いＩｏＴ分野でも９・１％と２桁に達していない。ＡＩ（人工知能）や運転支援・自動運転、５Ｇなどについても同様である。その結果、将来的にもこの分野への「参入無し（或いは導入無し）」と答えた企業のウエイトは高く、ＡＩ（人工知能）が58・０％を占めた。その他の成長分野でも30～40％の企業が「参入無し（或いは導入無し）」と答えており、地元企業の参入或いは導入意欲は意外と低い事実がわかった。その理由は、前述した福井県の企業特性[12]が大きく影響しているのかもしれない。こうして考えると、地元企業に最も適した分野は、既存の人材、技術ノウハウ、既存の設備などを最大限活用してできる「命を守る」産業分野ということになろう。福井県製造業の特性、いわゆる軽工業に特化した地域であること、さらに多様な分野で高い技術を保有する企業が多いこと、加えて既存分野を軸にした関連多角化であればリスクが低いことなどを考えれば、この分野の参入が最も理にかなった分野ではないか。

▼地域企業の方向性

では、地元企業はどのような経営スタイルが考えられるか。これについては、以下の５つのあるべき姿を提示した。

①〝ニューノーマル〟時代を意識したつながるビジネスの構築

1つ目であるが、今回の新型コロナウイルス感染症の拡大は、産業のみならず暮らしの面でもインターネットを通じて物事を行う動きを促した。すなわち、医療、教育、スポーツ、消費活動など様々な分野で、ネット上に広がるバーチャルな空間でオンラインビジネスばかりが活況を呈する姿を確認できたのである。それは、まさに非接触型社会への移行を意味する。在宅勤務の浸透、通学からオンライン学習へ、店舗に足を運んだ買い物からオンラインショッピングへ、対面による会議からオンライン会議へ、オンライン飲み会、オンラインによるライブ配信やスポーツ観戦など、挙げればきりがない。ただ一方で、従来型の対面による活動、言い換えればアナログな活動を重視する意識が存在することも忘れてはならない。先ごろ実施された日本世論調査会による全国郵送世論調査でも、感染対策として利用が目立つインターネットを今後も継続することについて「特にない」への回答が38％を占めている。しかし、時代は着実にデジタル社会へと切り替わっている。将来的に考えて、仕事や暮らしの面で一端取り込まれた仕組みが元の姿に戻ることはないであろう。したがって、地域の産業・企業は、従来型の社会を意識しつつ、こうしたニューノーマル（新しい日常）の時代の中で支持を集める新しいビジネスモデル[13]の構築、すなわち、繋がるビジネスを考えなければならない。

②社内におけるデジタル化の推進

もう1つのデジタル化の推進は、デジタルツールを使った仕事のやり方に切り替えること。すなわち、企業内部での効率性をさらに高めるために、デジタルツールの活用による働き方改革を実践することである。2020年6月、北陸経済連合会が実施した新型コロナウイルス感染症拡大に伴う緊急アンケートによれば、コロナウイルス終息後の社会構造の変革に必要なこととして、デジタル化の推進を挙げる企業が73％を占めた。本アンケートでも、リモート会議システムの導入（21・2％）やテレワーク（14・2％）を導入した企業がみられたほか、これら企業ではコロナ終息後も、こうした働き方を続ける、働き方を元に戻さない企業行動が読み取れた[14]。

日本の産業社会では、１９７０年代、初めてＰＣが導入された。あれから50年の時を経て、時代はまさにコンドラチェフの波（技術革新の波）が押し寄せている。企業にも暮らしにも、社会全体の仕組みづくりにもデジタル化の時代がやってきた。地元の産業・企業は、この流れをうまくキャッチし、ビジネスに活かしていかなければならない。

③〝命を守る〟ビジネス活動、産業構造への転換

今回のアンケート調査では、デジタル社会の到来を意識して、今後の成長産業にＡＩ（人口知能）や運転支援・自動運転、ＩｏＴなどを挙げる例が多くみられた。その一方で、スマートアグリ・農業ＩＣＴ、予防医学、感染防護用の機能性繊維、防災・災害時通信ネットワーク、クオリティの高い食品（加工）など命に係わる分野を成長産業と指摘する声も多く聞かれた。

フランスの経済学者・思想家のジャック・アタリは、２０１４年の著書『危機とサバイバル』の中でパンデミックの発生を予測し、今回の新型コロナウイルス感染症が、１９２９（昭和４）年の世界恐慌、２００８（平成20）年のリーマンショックよりも甚大な被害を及ぼすこと、そして、これを回避するために、世界の経済を全く新しい方向に設定しなおす必要があると述べている。世界は、爆弾や武器ではなく医療機器や病院、住宅、水、良質な食糧などの生産を長期的に行うべきであり、そのためには多くの産業で大規模な転換が求められることを示唆している。すなわち、人類が生きるために必要な食糧、医療、教育、文化、情報、イノベーションなどの提供を意識した産業、生きるために本当に必要なものの生産に集中することこそが今求められているということであろう。福井の産業で例を挙げれば、農産物・食品加工分野ではクオリティの高い農産物や食品加工物の生産、製造業の分野ではウイルスをシャットアウトする住宅部材の生産や、繊維産業では防護服などの繊維衣料の生産ということになろう。

コロナ禍での福井の産業に目を転じると、既に、繊維産業では二十数社の企業でマスクの生産が始まっているほか、防護服の生産もみられる。和紙業界でも和紙を素材にマスクの生産が始まっている。また、眼鏡枠産業では７～８社の

企業でチタン素材のフェイスシールドの生産、部品メーカーでも即効性があり長時間効き目がある抗ウイルスコート（抗菌剤）の開発や各種マスクピンなどの命を守る製品・商品・技術・サービスの開発・生産が始まっている。変わり身の早い福井県企業ならではの転換の速さといえよう。こうした中で、繊維産業では脱衣料の動きが、眼鏡枠産業でも脱フレームの動きが着実に広がっており、その結果が福井県の産業構造を変えていくことになるのではないか。

④ ハイブリッド型ビジネスの展開

今回のコロナウイルス感染症の拡大で大きな打撃を受けた産業は、観光・レジャー、飲食・サービス業であった。しかし、これら産業はコロナ終息後どこまで需要が復活するのであろうか。戻るとしてもかなりの時間を要することは間違いない。本アンケートでも、今後の成長産業として観光・ツーリズムを挙げた企業ウエイトは全体の12・5％にとどまっている。観光・飲食など幅広い意味でのサービス業の特徴は、生産と消費の同時性、すなわち客が来て初めて生産が始まること。これら産業が従来型の対面による活動、言い換えればアナログな活動に留まることは、もはや得策ではない。待ちのビジネスから攻めのビジネスへと転換するためにも、既存のビジネスモデルに一味付けてハイブリッド化することが必要ではないか。福井県唯一の温泉地あわら温泉旅館の中には、夕食や源泉、浴衣のセットを提供し、自宅で温泉旅館を味わえる新プランを開発、家庭に居ながら温泉旅館の雰囲気を味わってもらおうという戦略を打ち出した。いわば、温泉旅館のテイクアウトである。また、福井市にある文具店では、オンラインで店内の様子を見ながら買い物ができるバーチャルショップに切り替え反響を呼んでいる。また、ショッピングセンター勝山サンプラザでは店内に出店する14店舗が集まりテイクアウト用弁当や総菜を集めた販売会社を企画、運営に乗りだしている。その他、各種飲食店でのテイクアウトは無論のこと、県内のタクシー会社が買物代行や宅配業務に注力し、消費者ニーズに沿ったサービスで地域の足から便利屋へと業務の幅を広げている。

既存のビジネスに新たな価値を付け多様化することは、新たな顧客ニーズを創造することにもつながっていく。今後は、そんなハイブリッド型のビジネスモデルが求められる時代ではなかろうか。

⑤ スマート社会を意識する

最後に、昨今の時代変革をもう1つ挙げ、そこから今後の地元産業・企業の在り方を考えよう。それは、Ｓｏｃｉｅｔｙ５・０の時代を意識した事業領域への参入であろう。例えば、国土交通省が進めるスマートシティ構想は、情報通信技術など最先端技術を活用した暮らしやすい未来型の都市をつくろうというものである。自動車や街頭に設置されているセンサーなど、あらゆるモノをインターネットでつないで、より安全で便利なまちづくりを目指す（２０２０年4月14日、日本放送協会「世界で進む〝スマートシティ〟構想」より）。この動きに乗じ、トヨタ自動車では静岡県裾野市でモノやサービスがつながる実証都市「コネクティッド・シティ」のプロジェクト概要を発表した。

福井県内でも既に永平寺町がスマートシティモデル事業に取り組んでいるほか、本アンケートでも、今後の成長産業として、運転支援・自動運転が2位にランクされており、福井県の地元企業の中でも少なからず、スマート社会の到来にビジネスチャンスの機会を見出そうという期待が出現している。

いずれにせよ、日本ではスマートシティの中核となる「MaaS＝Mobility as a Service」、自動運転の技術を使った効率的なバスの運用計画など、公共交通機関での試験的な取り組みが始まったばかりである。また、これに参入するには、大きな資金、広い空間など膨大な投資を要する。そのため、本事業に参入するには官民一体となった取り組みが必要となろう。少子高齢化、人口減少がすすむ中で、このテーマへの挑戦は、地域にとって必要不可欠な構想であり、スマートシティのための仕組み・仕掛けが構築できれば、次世代型の地域振興へと大きなチャンスにつながることは間違いない。

今後、新型コロナウイルス感染症をきっかけに、元々進んで来たＳｏｃｉｅｔｙ５・０の時代が一気に加速することが予想される。そこで、例えば、前述のスマートシティに関連して、ＩｏＴ、ＡＩ、自動走行など、地元企業においては、ここに新たなビジネスチャンスを見出すことはできないか。

注

(1) JETRO「ビジネス短信」(https://www.jetro.go.jp/biznews/2022/06/6f3e57780c93aedc.html) ２０２０年6月9日より。

(2) 内閣府が２０２０年9月9日に公表した結果によると、同年4~6月期の国内総生産（ＧＤＰ）の2次速報は、物価の影響を除いた実質（季節調整値）で前期（1~3月）比7・9％減、年率換算では28・1％減だった。

(3) 内閣府が12月8日に公表した２０２０年7~9月期の国内総生産（ＧＤＰ）改定値は物価変動の影響を除いた実質で前期比5・3％増、年率換算で22・9％増だった。企業の設備投資や個人消費など内需が上振れし、11月に公表した速報値から上方修正した。

(4) 日本政府観光局（JNTO：Japan National Tourism Organization、正式名称：独立行政法人 国際観光振興機構）調べ。

(5) 福井県あわら市の温泉旅館では、夕食や源泉、浴衣のセットを提供し、自宅で温泉旅館を味わえる新プランを開発、家庭に居ながら温泉旅館の雰囲気を味わってもらおうという戦略を打ち出した。いわば、温泉旅館のテイクアウトである。

(6) 福井県立大学では、上期と下期に分け、「福井県企業のコロナ禍での事業活動に関する緊急調査」を2回実施した。

(7) 上期（1~6月）の調査では、約5割の企業が「資金調達なし」(26・5％) 或いは「自己資金」(18・4％) で賄ったと答えている。

(8) この調査は、第1回目の上期調査（1~6月）で実施したもので、図6-6で示している50の産業分野に複数回答で答えた結果である。

(9) 「命を守る産業分野」とは、今回の新型コロナウイルス感染症や自然災害などの発生を予測し、直接、間接的に人の身体を守る製品・サービスを開発する分野。例えば、医療行為をはじめマスク、フェイスシールド、防護服、ドローンを使った監視システムなど、産業横断的な新しい分野を指す。

(10) 詳細は、福井県立大学地域経済研究所編［2020：19-23］を参考にされたい。

(11) 詳細は、福井県立大学地域経済研究所編［2021：52-56］を参考にされたい。

(12) 18―19頁で示したように、福井県の企業の場合、中小企業の占める割合が高く、ヒト、モノ、カネ、情報、ノウハウなどの取得などの面で困難であることのほか、冒険は望まない堅実経営を目指す企業が多いこと。また、労働集約型産業で成長した地元産業では、デジタル産業分野は合わないといった要因が考えられる。

(13) ここでいう「つながるビジネス」とは、ＩＣＴ、ＩｏＴなど情報技術を駆使して、人と人とが時間、空間を越えて五感で感じとることが可能なビジネスを指す。例えば、リモート会議、ｗｅｂコンサート、リモート学習、バーチャルストアなど。

(14) 詳細は、福井県立大学地域経済研究所編［2020：17-18］を参考にされたい。

第Ⅲ部　これからの地域振興策

第7章　地域の振興策を考える

1　地元自治体における地域振興に向けた取り組み

２０２０年7月、福井県では、これから20年先の福井県のあるべき姿を見据え、それを達成するための長期ビジョンを策定した。杉本知事の「20年先を見据えた長期ビジョンを、県民を含めた全員でつくり上げよう。そして、そのビジョンに向けて、今何をすべきか、一つ一つの政策・施策に落とし込んでいこう」という言葉が発端となり、ビジョンが作成されたと聞いている。確かに、福井県では全国同様、人口の減少傾向が続き、国立社会保障・人口問題研究所の試算によると、２０４０年には現在の76万人から61万人程度まで減少する。人口動態からすれば地域の経済環境が一段と厳しくなるのは必定だ。ただ、福井には明るいニュースもある。２０２４年春に北陸新幹線が敦賀まで延伸する予定であることや、機を同じくして中部縦貫道も県内開通が予定されていること。かつての東北地方のように、東北新幹線の開業と東北自動車道の開通によって、農業や製造業をはじめ多くの産業が高速交通体系の整備により生き返った。高速体系の整備は地元にプラスの大きな経済的インパクトを与え、それを無駄にしないためにもこのビジョンの必要性は大きい。まさに１００年に1度のチャンスなのかもしれない。長期ビジョンのコンセプトは、「みんなで描こう『福井の未来地図』」となっており、このビジョン作成には５０００人を超える多くの人々が作成にかかわったようだ。同長期ビジョンの基本理念として、「安心のふくいを未来につなぎ、もっと挑戦！　もっとおもしろく！」「長い福井県の歴史の中で、先人たちが培った安心と信頼のふくいをみんなで守り、それを基盤として、誰もが自分らしくチャレンジできる、ワクワク・ドキドキするふくいを目指したいと思います」と担当者は語る。(1)

同長期ビジョンでは、基本理念として「〝安心のふくい〟を未来につなぎ、もっと挑戦！　もっとおもしろく！」をテーマに、ＳＤＧｓの理念にも沿いながら、目指す将来像として、「自信と誇りのふくい」、「誰もが主役のふくい」、「飛躍するふくい」の3つを提示しており、これら3つの将来像のうち、新幹線の県内開業を迎える最初の5年間は、特に「飛躍するふくい」に力を入れる。そのためのコンセプトは「とんがろう、ふくい」という、行政が作るビジョンとしては大変ユニークなキャッチフレーズを挙げている。

いずれにせよ、そこにビジョンがあり、ビジョンを達成するためにはそのベースとなる経済性の追求、すなわち地域活性化、産業活性化など、すなわち戦略、戦術となる地域振興策が必要である。これら無くして、地域の再生・発展はありえない。こうした観点から、本章では前述した福井県が掲げる施策を活かしながらも独自の工夫を凝らし地域振興に取り組む地元自治体の施策について紹介した後、地域が目指すべき地域振興策の中から産業振興に関連する地域活性化の方向性について、若干のコメントを付け加えたい。

▼ふくい嶺北連携中枢都市圏事業承継推進プロジェクト

2019（平成31）年4月1日、福井県嶺北地方にある7市4町（福井市、大野市、勝山市、鯖江市、あわら市、越前市、坂井市、永平寺町、池田町、南越前町、越前町）の市町長が一同に介し、ふくい嶺北連携中枢都市圏の形成に係る連携協約締結式を開催、福井市は各市町との間で1対1の連携協約を締結した。いわゆる「ふくい連携中枢都市圏」の発足である（図7-1）。これを受けて、都市圏の目指す将来像や具体的取り組みなどを示すふくい嶺北連携中枢都市圏ビジョンの策定・推進などについて、学識経験者や産業、福祉などの有識者から幅広く意見や助言を集約するため、ふくい嶺北連携中枢都市圏ビジョン懇談会を設置した。

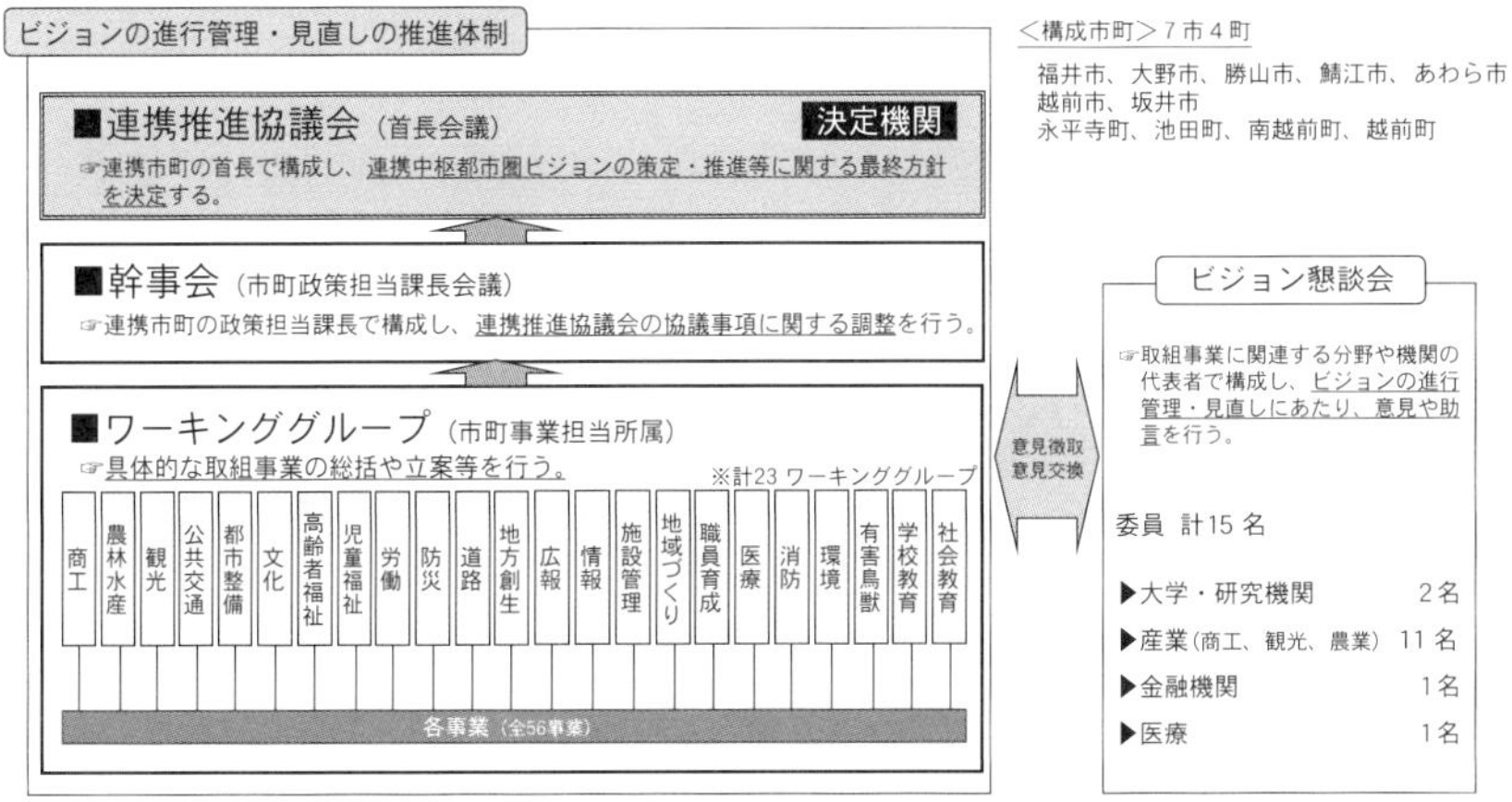

図7-1　ふくい嶺北連携中枢都市圏のフレームワーク

資料：福井市.

その下部組織に23のワーキンググループがあるが、その中の1つ商工部門では、商工業の振興を検討する「ふくい嶺北連携中枢都市圏商工業施策検討協議会」での議論のうえ、2021年7月29日、「ふくい嶺北連携中枢都市圏事業承継推進プロジェクト」を立ち上げた。近年の国内中小企業の大きな悩みの1つでもある円滑な事業承継を実践するためのものだ。具体的には、ふくい嶺北連携中枢都市圏内の11市町・商工会議所・商工会と福井県事業承継・引継ぎ支援センター、信用保証協会（オブザーバー）が連携し、ふくい嶺北連携中枢都市圏での事業承継を後押しするプロジェクトである。事業承継のための支援機関として福井県嶺北にある11市町が中心的な存在として動くことに意義があり、新しい形の自治体連携の姿でもある。無論、事業引継ぎ役として効果的なUターン、Iターン、Jターンなどの引き込みなども行うが、今は掘り起こし段階で、どちらかと言えば、セミナーやフォーラムによる支援機関のレベルアップが事業活動の中心となっている。初年度から連携都市圏内における相談会も実施しており、地元企業からかなりの反響もあるようだ。福井県事業承継・引継ぎ支援センターの令和3年度事業報告をみると、同年の支援目標として、事業承継診断件数は目標の2倍以上となる1520件に達し、事業の売買に関する相談のほか、親族内での承継相談、第三者承継など多様な相談内容となっている。傾向として、事業承継にまつわる相談会を実施した地域での相談掘り起こしが多く、本事業の総括担当者でもある福井市商工労働部商工振興課の見附祐輔氏は「地元中小企業、小規模事業所が事業承継で悩む中、今後も率先して本事業に取り組んでいく」とその意気込みを見せる。２０２５年までに、70歳（平均引退年齢）を超える中小企業・小規模事業者の経営者は約２４５万人となり、うち約半数の１２７万（日本企業全体の3分の1）が後継者未定。現状を放置すると、中小企業・小規模事業者廃業の急増により、２０２５年までの累計で約６５０万人の雇用、約22兆円のＧＤＰが失われる可能性もあるという予想も出ており、その意味で地域が一丸となって同事業に取り組む意義は大きい。「ふくい嶺北連携中枢都市圏事業承継推進プロジェクト」の今後の事業展開に期待したい。

▼越前おおの産業ブランド力向上戦略

福井県大野市では、大野市が誇る地域資源を磨き、市内外の人々に大野市のすばらしさを知ってもらおうと、２０１３（平成25）年にブランド化への取り組みの基本的な方向性を明らかにした「越前おおのブランド戦略」を策定し、越前おおのブランドの磨き上げと魅力の発信に努めてきた。しかし、策定後の地域の状況をみると、越前おおののブランド・キャッチコピー「結の故郷　越前おおの」の認知度は順調に向上しているものの、期待する観光入込客数や観光消費額は引き続き低調で、来訪者の増加を促すことは無論、観光消費額の増加を狙った魅力的な土産品の開発や観光サービスの充実を図ることが急務であることがわかった。また、ブランド総合研究所が実施する「地域ブランド調査」による認知度および魅力度も地域が目指す目標達成にはなかなか至っていない。つまり、多くの分野で課題が山積している事実が確認されたのである。そのため、大野市では、産業戦略の目指す姿である「稼げる」越前おおののブランドの活用を通じて、さらなる市内事業者の稼ぐ力と企業価値の向上を目指すため、２０２２年2月、「越前おおの産業ブランド力向上戦略」を取りまとめた。大野市としては、いま中部縦貫自動車道の県内全線開通や北陸新幹線敦賀開業を前に、域内企業のマネジメント力をさらに高めることは必要不可欠な要素でもある。

今回の「越前おおのブランド力向上戦略」では、域内の事業所が現状分析をもとに「稼げる」越前おおのブランドを活用した実践的な取り組みを行い、それを行政や関係機関が支援していくことにより、『域内事業者の「稼ぐ力」と企業価値』(=産業ブランド力)の向上を図り、地域経済の自立化と好循環の実現を目指しているわけだが、この目的達成のために、戦略の内容もよりリアリティのあるサポートプランが盛り込まれている。その1つが「結の故郷ビジネスサポートチーム」が行う事業診断、通称「結サポ」による事業者支援メニューである。既に、2020年5月から毎月1回程度相談会を実施、新商品の開発、異業種連携、創業、売上増進など多様な相談があり、「結サポ」による事業診断を希望する域内事業者も増加しているという。「結サポ」の特徴としては、中小企業診断士、税理士、支援機関などの事業者を支援する専門家チームのメンバーが主に地元(主に市内)の専門家により構成されている点である。これらメンバーが「稼ぐ力」の向上を目指す事業者の課題解決に向けて伴走支援することで、より事業者に沿った支援を可能としている。「結サポ」メンバーの1人、福井県中小企業団体中央会の芹澤利幸企画課長は、「支援するメンバーが地域内に精通した専門家だけに、他の地域から来た専門家には見えない地域事業者の課題、例えば市場性や競合他社との関係、地元の顧客ニーズといった動きが手に取るようにわかるんですよ」と話す。「結サポ」では、既に地元のショッピングモールについて定例の検討会を催し、事業の財務シミュレーションは無論、顧客の流出入分析や高齢化に備えて10年シミュレーションなどを作成。「今は組合員でも、どんどん高齢化して近い将来抜けてしまう方もいらっしゃいますし、そんな細やかな気遣いを大切に事業者の分析を行っています」と話す芹澤利幸企画課長。単なるコンサルではなく、事業者の身になったサポートを実践している姿が確認できた。

いずれにせよ、「結サポ」は、これからの産業支援のスキームとして、重要なスタイルであり、地域にとっても「結サポ」を実践することで、この支援を受けた事業者同士のネットワークも期待でき、益々「結サポ」ニーズは高まっていくことがうかがえた。

▼あわら市での地域ブランドづくり

あわら市では、北陸新幹線の県内延伸が迫る中で、観光地としての知名度と魅力向上をはかるために、地域ブランドづくりに取り組んでいる。ただ、その場合の重要なポイントは、自治体が主導してプランを策定するのではなく、あくまで地域の住民や企業が主体となってブランドづくりに取り組むこと。つまり、地域のブランドづくりを民間主導で行うという取り組みを優先していることだ。この取り組みに当たっては、既に「あわら市地域ブランド戦略会議」を立ち上げ、当会議に「ブランド専門部会」と「芦原温泉駅まちづくりデザイン部会」を置いて活動を始めている。

その具体的取り組み内容を見ると、「ブランド専門部会」では、「あわら市の誇り・宝」や「あわら市の未来の姿」を象徴する地域ブランド確立を目的に、市民アンケートなどを参考としてブランドメッセージ（スローガン、ステートメント）とロゴマークを決定。ブランドメッセージは、〝あわら〞が自然や温泉、おいしい食べ物が豊富であり、それをイメージした「あぁ、あわら贅沢」。ロゴマークは、ブランドイメージの「あぁ、」という感動詞を強調することが〝あわら〞のこれからの地域ブランドとしてのアイデンティティにもなるという考え方からデザインされた。「あぁ、」を優美的に連鎖させることで、〝あわら〞の雅さや名物の温泉を印象付けているのが特徴で、ロゴマーク選定にあたっては全国から561点の作品が寄せられた。ブランドイメージやロゴマークは、今後、〝あわら〞の認知度とイメージアップに役立てられる予定である。

一方、「芦原温泉駅まちづくりデザイン部会」も、地域ブランド確立事業で設定した「都会にはない贅沢があるまち」をコンセプトに、北陸新幹線の県内延伸に向けた芦原温泉駅周辺の将来デザインづくりが着々と進められている。既に、2016年には、全国的に著名な3組のデザイナーに市民の声を反映したデザインを描いてもらい、公開プレゼンテーションにより将来デザインが決定。現在、芦原温泉駅周辺整備基本計画書（2017年3月改定）などとの整合性を図りながら、駅周辺のインフラ整備とまちづくりが推進されている。

いずれにせよ、あわら市は、福井県にとって北陸新幹線の玄関口であり、当地の魅力が福井県全体の魅力にもつながることを考えると、十分な議論、それに伴う整備が推進されることを期待したい。

2　これからの地域振興策を考える

▼自由に議論できる〝場〟、〝空間〟の創造

かつて、全国の産業振興策の成功事例の1つとして、岩手県を研究対象に選んだことがある。同県はバブル期、工業振興で成功した地域として全国から知られ、北上市や花巻市などの振興策が研究者から注目を集めていた。私も、その岩手県を産業振興策の成功事例として注目したが、その中でも産業振興を下支えする組織として、INSと呼ばれる大変ユニークなグループがあったことを覚えている。このINSとは岩手ネットワークシステムの略称で、岩手県内の科学技術および研究開発に関わる産学官民のボランタリーなネットワークで、それら人々の交流の場を提供しているグループであった。

このグループが誕生したのは1987（昭和62）年と言われるが、当初は地域の産業振興や中小企業への支援、地域貢献について熱い思いのある大学教官、行政マン、企業経営者などの有志が集まり議論しながら親交を深め合ったのが始まりとされる。その後、交流の輪を徐々に広げ、現在の会員数は個人会員649名、法人会員63団体にも及ぶ大規模な組織に変身してしまったのである。内訳は産関係者が347名、学関係者が150名、官関係者が215名、計712名（2020年12月）である。

では、なぜここまでにINSが成長したのか。これにはいくつか理由が考えられる。その1つは、通常の会としての形式にとらわれることなく非常にフランクな組織で、産業振興や地域貢献などに興味を持つ者なら誰でも気軽に集える会だったことであろう。ちなみに、INSは、1992年3月に会則を定め正式な会として発足したが、その規定をみると、第1条から第10までの簡単なものであり、その内容も会員個人の自主性を最大限尊重したものとなっている。ま

た、ＩＮＳのリーフレットの冒頭には、「ＩＮＳとは、いつも飲んで騒ぐ会？　人と人との交流が目的です。いつかノーベル賞をさらう会？　飲むだけではありません。まじめにいい仕事もします」と記述されている。ちょっとした遊び心すら感じさせる会なのである。

さて、こうした会ではあるが、その事業内容をみると、市民や企業を対象とする公開講義、講演会、シンポジウムの開催や県内外での産学官交流会を実施。さらには研究成果などの展示会を開催しているほか、会員の研究成果やデータベースともなる会員名簿の刊行を行っている。また、特筆すべきこととして、現在、ＩＮＳはその傘下に現在47の研究会を組織しており、光学系、農学系、人文科学系に至る幅広い分野での研究活動が実施されていることであろう。ＩＮＳそのものの性格が産学官民の組織を超えた連携、交流の場であるとすれば、研究会は地域中小企業の具体的な問題解決を担う場としての役割を果たしていることになる。

ＩＮＳの事務局が岩手大学工学部にあることからもわかるように、ＩＮＳと岩手大学、とりわけ岩手大学地域連携推進センターや研究支援・産学連携センターと深い関わりを持っている。かつて、ＩＮＳの会長は歴代の岩手大学地域連携推進センター長$^{(2)}$であるほか、専任教官や職員もＩＮＳのメンバーである。また、ＩＮＳの運営委員会にはセンター長と専任教官が入っており、センターの企画専門委員会にはＩＮＳ事務局が入っている。つまり、ＩＮＳと岩手大学研究支援・産学連携センターとは切っても切れない関係にあり、ＩＮＳの各研究会活動がセンターとの共同研究への道筋をつけているのである。

こうした事例から言えることは、第1に取り組むべきこととして、「産」、「学」或いは「官」が主導して積極的に出会いの場を創出し、規模の大小、業種を問わず誰もが気軽に集える〝場〟、〝空間〟を提供する仕掛けをつくることであろう。それは、岩手県の連携グループＩＮＳの生成時期にみられたように、遊び心さえ感じさせるような〝場〟、〝空間〟の提供につながる組織である。異業種交流という言葉が、はやり言葉のようにもてはやされた時期があったが、今必要なのは、現代版の異業種交流のできる〝場〟、〝空間〟の想像が必要に思える。企業は、産学官連携により得られるメリットを、技術・製品開発分野でのメリット以上に、アイディアや人脈・情報といったソフトな面でのメリットと考える例も多い。そして、こうした期待に応えるためには、それを可能とする多様な人的ネットワークの形成が必要なのである。言い換えれば、ここで言う〝場〟、〝空間〟は、本格的な連携へと進む前段階のステージ、ソフトな形の産学官連携とでも言える姿である。そして、その〝場〟、〝空間〟から生まれる多様な考え方により結合したセクター或いは個人間連携がやがて地域振興のベースとして機能する地域力となっていくのではないか。

▼オープンイノベーションの推進

オープンイノベーションとは、組織内部のイノベーション促進のため、外部の資源を活用して自前主義から脱却すること。もっと言えば、自社の事業運営を強化するため、自社の弱みを他社の技術・ノウハウを活用して、補完機能を高めることでもある。

地域の各産業界に目を転じると、持ち直しに入った国内景気とは裏腹に、依然厳しい経営環境にある企業も多く、一刻も早い現状打開が望まれるところである。しかし、今回の不況を考えると、コロナ禍、需給ギャップによる備品・部材の供給制限、これに円安も加わった企業物価の高騰、ロシアのウクライナ侵攻など、これまでの景気循環論では到底解き明かせない側面があり、それが不況克服の足かせとなっていることは言うまでもない。すなわち、多様な経済課題、社会課題、政治課題の浮上による様々な構造変化が地域産業にのしかかり、その結果として事業の縮小、衰退を余儀なくされる企業が増加しているということである。

確かに、企業の倒産や工場の移転、失業者の存在は今に始まった問題ではない。時代の流れに応じた産業・企業の盛衰は、避けて通れない現象と言えよう。しかし、現在最も懸念されることは、衰退する産業に代わって新しい産業が芽生え、或いは既存の企業が周辺分野、異分野へと転換していく方向性が見え難いといった点にある。そして、こうした現実から離脱するには、目先の不況対策にとらわれることなく、確固たるビジョンにのっとった地域産業活性化のシナリオを早急に構築することが求められる。

では、地域産業の活性化を考える場合、どのような視点で取り組むべきなのか。第1に考えられることは、1つの手段として、地域内への企業誘致など外発型による活性化を目指す道である。それは確かに即効性があり評価できるものの、昨今の経済情勢から判断すると実現性に乏しい。それゆえ、地域の産業が地域に根ざしたものである以上、やはり地域にある固有の資源を活かした内発型の活性化を前提としていくべきであろう。地域ならではの資源を最大限活用した、ほかでは真似のできない活性化策を構築しなければならない。

このための方策を検討するうえで参考となる事例は、十数年前、注目を集めた大企業間における包括提携の動きを挙げることができる。例えば、家電メーカー間での技術開発分野での提携や、鉄鋼メーカー間における製品の相互供給体制整備のための提携など。企業間の関係には、競争がある一方で連携があり、連携の極端な形としてM&Aや合併が存在する。競争と連携の中間にあるグレーゾーンで企業同士が手を結びながら独自資源を融通し合い、最大限の競争力を引き出そうとする動きに注目すべきである。地域産業活性化の道筋を、こうした流れを参考とすることで、見つけ出すことができないか。つまり、域内にある個々の企業がそれぞれ保有する独自資源を持ち寄り、相互に補完しながら、地域産業活性化に向けてスタートを切るといった方向である。それは、業種、業態の垣根を越えた川上から川下までの集団であり、もちろん支援機関としての行政や研究機関である大学なども重要な役割を演じることになる。これらが総合的に結びついた地域内ネットワークが動き出すことで、地域の固有資源が地域の共通資産へと発展し、さらには地域産業活性化のための大きな原動力となっていくものと思われる。地域産業振興策で今重要なことは、補完機能を高め合うオープンイノベーションに着目した仕組み・仕掛けを構築することではなかろうか。

▼次の100社を創造、育成する

福井県には、世界や国内でのシェアが上位の製品や、オンリーワンの技術を有する企業が数多く存在する。福井県ではこうした企業の情報を『「実は福井」の技』としてとりまとめ、その企業数は、１４５社が保有し１９７の技術に及ぶ。福井県は、こうした県内企業の実力・魅力を発信するとともに、企業の販路開拓や共同研究を応援しているわけだ。

前述のように、産業支援策として最もオーソドックスなやり方は、無から有を生み出す産業立地、いわゆる企業誘致の促進を図ることであろう。地域活性化における究極の目的は地域内での雇用の場創出であり、そのための即効性といった面では企業誘致が最もインパクトが大きいためである。確かに、１９９０年には全国で３７７５件を数えた工場立地件数が、２００５年には１５４４件（財団法人産業立地センター調べ）へと減少し、２０２１年には前年より27件増加し８５８件となったものの、ピーク時に比べれば５分の１程度に過ぎない。しかも、関東、東海、関西地域を除く地方圏への立地は僅かなものとなっている。特に、北陸地方への立地をみると、２０２１年現在で８５８件中27件に過ぎない。しかし、ここで重要なことは、地域の雇用創出のために企業誘致が地域の産業政策における永久のテーマであることを再確認し、誘致活動を恒常的な施策として位置づけ努力することであろう。

では今、産業支援策として最も注力すべき施策は何か。それは、やはり時流にあった産業構造への転換、言い換えれば、工業構造の高度化を促進することである。ちなみに、地域の業種構造を眺めてみると、電子部品・デバイス、一般機械、化学工業などがそれぞれ高いウエイトを占めているものの、構造不況に悩む繊維のウエイトが高く、また元気印の輸送機械はその構成比がまだまだ低い。要は、付加価値が高く、かつ繊維、雑貨など労働集約型で海外との競合にさらされる工業構造からの離脱、さらに基盤技術を担う下請中小企業の高度化を図るための施策が望まれるところである。それに関して、まず考えられることは、地域内での新産業の創出といえるが、これまで地域に存在しないものを新たに創造することは、容易なことではない。それよりもむしろ、既存の地域企業が保有する経営資源を活用しながら地域のイノベーションを高める方法を検討することが肝要ではないか。つまり、新産業の創出を志向するよりも既存産業の周辺分野の育成、ベンチャー企業の育成よりも既存企業の第二創業への支援を充実するやり方が現実的と考える。それと、もう１つ、地域製造業の多数を占める下請中小企業の存在を忘れてはならない。基盤技術を支えるこれら中小企業の進化なくして、工業構造の高度化はありえない。地域には、かつては繊維産業のように垂直連携システムの下請構造の中で半製品の生産に特化するあまり、将来の方向性に迷う企業も多くみられた。これら企業に対して、地域にある各種支援機関は無論のこと行政機関においてもサービス体制の強化が望まれる。具体的には「何をつくればよいか」「つくったものをどう売るか」の指導・支援のほか、資金繰りに苦しい中小企業に向けた高度化のための金融支援が必要である。また、公設試験研究機関においては、研究機能の充実もさることながら、設備資源の乏しい中小企業に対する研究開発支援として、試験機能を充実させることも重要となろう。

そのために、まずは地域内の企業から、成長分野への参入や、そのための技術・ノウハウを保有する企業など、将来性のある企業を１００社程度選び、ヒト・モノ・金・情報、流通、販売支援など経営にまつわる様々な支援をこれらに集中し、次の１００社を創造、支援してはどうか。

▼ＤＸ（デジタルトランスフォーメーション）化に向けた人財育成支援の充実

経済産業省が「デジタルトランスフォーメーションを推進するためのガイドライン」の中で示すＤＸの定義は、「企業がビジネス環境の激しい変化に対応し、データとデジタル技術を活用して、顧客や社会のニーズを基に、製品やサービス、ビジネスモデルを変革するとともに、業務そのものや、組織、プロセス、企業文化・風土を変革し、競争上の優位性を確立すること」となっている。つまり、ＤＸをわかりやすく説明すると、ＩＴツールやデジタルテクノロジーなどを活用して、まったく新しいビジネスやサービスを創出したり、新たな顧客価値を提供するなど企業の成長を促す経済活動の一つということができる。

ＤＸ化については、近年、少子・高齢社会の到来に伴う生産年齢人口の減少や新型コロナウイルス感染症蔓延などを背景として、暮らし、仕事、自治体運営など様々な分野でＤＸの重要性が高まっていることは周知の事実である。こうした状況下、地域においても域内の産業・企業、行政や農の分野などでＤＸへの取り組みが見られるようになった。

ちなみに、地域の産業・企業に的を絞り、ＤＸへの取り組み状況をみると、地域の産業・企業では、業務の効率化・省力化や高付加価値化を実現する新たなビジネスへの転換を求めて、これまでのリアル一辺倒のスタイルからデジタルツールを導入した新たなビジネスのやり方へと変化する企業が見られるようになっている。

例えば、福井市を拠点とする飲食業の「ぼんたグループ」では、コロナウイルス感染症が蔓延する中、非接触と省人化による生産性の向上を目指しネコ型配膳ロボットを導入。人手不足解消とエンターテインメント性の向上により顧客獲得につながっている。また、坂井市丸岡町で靴のインターネット通販事業を展開する「ザカモア」では、商品の発注作業にＲＰＡ（Robotic Process Automation）を活用し、無駄な業務の排除による発注業務の時間短縮に成功している。その他、創業３００有余年の老舗菓子店である「御素麺屋」では、同店が２０１２（平成24）年に販売開始したヒット商品「かりんとう饅頭」の生産個数を管理する売上予測システムを開発。同システムの中核となる来客予測ＡＩの導入は廃棄ロスと販売機会ロスの削減につながっている。一方、福井県初のＣＶＳ「オレンジＢＯＸ」を運営する「大津屋」では、惣菜・弁当のスマホ事前注文&決済サービス、セルフレジ、ＡＩ計りの導入を行ったほか、「ホテルまつや」での客室インジケータシステムの導入、オーダーカーテンの企画・製造・販売を行っている「カズマ」では、ＩoＴをベースとしたＤＸ人財の育成に取り組むなど、地域の産業・企業においてもＤＸに向けた動きが散見されるようになった。

しかし、地域の産業・企業全体としてみれば、いまだＤＸに取り組む企業数には限りがあるのが実情と考えられる。参考までに、２０２１年6月、福井商工会議所情報イノベーション委員会[3]がまとめた報告書によると、福井県内企業におけるＩＴの導入状況についてはパソコンやワード、エクセルなど、基本的なものの導入率は高いが、グループウエアソフトや社内業務管理が一体となったソフトなど、機能性の高いものについては導入率が低いことがわかった。さらに、ＩoＴ、ＲＰＡなどのツールやシステムについては、いずれも半数以上が「導入する予定がない」と回答しており、「導入を検討中である」と回答した企業は全体の20%程度にとどまっている。

また、第6章でも述べた通り、福井県立大学地域経済研究所が、２０２０年に実施した2回の「コロナ禍での事業活動に関する緊急調査」(4)では地域企業が考える今後の成長分野を尋ねているが、その回答状況をみると、コロナ禍の終息或いはウィズコロナの中でのニューノーマル時代或いはデジタル社会に適する成長産業として、ＡＩ、運転支援・自動運転、ＩoＴ、５Ｇなどのデジタル分野と答えた企業が多くみられた。しかし、実際の参入（或いは導入）となると、大半の企業が検討していない事実がわかった。

このように、地域の産業・企業では、ＤＸに対して、既存事業の効率化・生産性の向上や新たなビジネス活動として一定の必要性を認めてはいるが、現状では、具体的に実践している企業例には限りがあるといえよう。

前述のように、地域の産業・企業においては、ａ．業務の効率化・省力化、ｂ．新しいビジネスモデルの開発という２つの側面から、ＤＸを図る企業が散見されるものの、その動向は限定的である。では、ＤＸを進めるうえでの課題は何か。これについては、「導入コストが高い」と「デジタル化に強い人材、専門のシステム部門がない」といった点が指摘されている。特に、前述した福井商工会議所情報イノベーション委員会では、「ＤＸやデジタル化を進める必要性を漫然と理解しているものの、どの部分から着手すべきか、どのように進めるべきかがわからない」といった意見や、「経営者自身の意識改革」、「どの業務がデジタル化できるかを見極めることが必要」といった意見が多く見られた。こうした中で、地域の産業・企業において、早急にＤＸに向けた動きを加速させるために、産業・企業においてはその課題となるコミュニケーションのデジタル化、品質のデジタル化、サービスのデジタル化、キャッシュフローのデジタル化、保安・リスクのデジタル化、決済のデジタル化などの課題、視点を変えれば、マインド面、人財面、ツール面、コスト面の分野での課題を整理するとともに、地域の産業支援機関、教育機関などでは、ａ．データ分析のやり方や分析ツールの使いこなしなどにたけた人財の育成、ｂ．産業情勢、経営センスのたけた人財の育成、ｃ．ＤＸツールの使いこなしに対し専門性を有するスペシャリストを束ねるゼネラリストの育成といった観点を重視した人財育成支援の充実が必要不可欠ではないか。

▼地域資源の有効活用を考える

地域の中小企業が地域産業資源を活用して行う新事業展開を支援するため、福井県では、「中小企業による地域産業資源を活用した事業活動の促進に関する法律」に基づき、農林水産物１０２件、鉱工業品84件、観光資源１５８件、合計３４４件[5]を福井県の地域産業資源として指定している[6]。

地元の中小企業では、この地域産業資源を活用した具体的な事業計画を策定し、国の認定を受けると、試作品開発や販路開拓に対する補助金に加え、政府系金融機関による低利融資や信用保証の特例などの支援を受けることができる。

参考までに、指定された地域産業資源とは違うが、主な地域資源と考えられるものをピックアップし、その戦略を考えてみた（表７－１）[7]。各地域資源の戦略を考えることは容易ではないが、該当する農林水産物や鉱工業品、観光資源を保有する地域では、それぞれに地域産業資源の有効活用を考えてほしい。福井県が生んだ歴史、文化、伝統、食、暮らしなどにも地域資源として経済性を持たせることができる資源が数多くあるように思える。

地域の強みとなる資源とは何か。かつて明海大学の森巌夫名誉教授が地域資源について、こんなことを言っていた。「地域資源とは、ナンバーワンではなく、オンリーワン」だと。つまり、「日本一」ではなく、「日本唯一」のもの。だから、全国どこにでもあるものは、地域資源とは呼ばない。自然、景観、歴史・文化遺産、特産品のようにその所在が地域に限定されるか、利活用が特定地域と結び付き地域個性の形成に役立っている場合に限られる。地域固有の資源だからこそ、あえて地域資源という。また、森巌夫名誉教授は、こんなことも言っていた。地域資源とは単に有形の物的な素材ばかりでなく、気象、風景、民俗、芸能、伝説、歴史、人物といった無形ないし人文的な要素をも指すと。ということは、いかなる地域にもなんらかの地域資源が包蔵されているはずだ。だから、地域資源に立脚する限り、全国どこでもビジネスとしての成功の可能性を秘めているといえる。ただし、それらをビジネスに活かしうるか否かは、これに取り組む主体の能力如何にかかっている。どんなに美しい玉でも、磨かなければ光らない。反対に、砂を金に化すこともできる。

では、福井に地域資源はあるのか。第一番に、産地の工業技術が挙げられる。原子力発電技術の可能性、機械金属工

26	伝統的工芸品	越前打ち刃物	デザイン性，優れた質感	銘入れ．贈答品仕様	
27	伝統的工芸品	越前漆器	品質，生産量，種類ともに全国1位．		
28	伝統的工芸品	越前箪笥			
29	伝統的工芸品	越前焼	日本六古窯の1つ．	万古焼のようにレンジ対応商品 二重蓋ご飯炊土鍋	
30	伝統的工芸品	越前和紙	品質，生産量，種類ともに全国1位．		https://www.pref.fukui.lg.jp/doc/chisangi/dentoukougeihin.html
31	伝統的工芸品	若狭塗	若狭漆器，若狭塗箸など．現在は漆の生産量が少なく，仕上げの身に国産品を使用している場合も少なくない．		https://www.pref.fukui.lg.jp/doc/chisangi/dentoukougeihin.html
32	伝統的工芸品	若狭瑪瑙			
33	インフラ	えちぜん鉄道	女性乗務員．映画『えちてつ物語』．車窓．ロケ地聖地巡礼．		http://www.echizen-tetudo.co.jp/
34	観光	温泉	あわら温泉郷など．	温泉宿巡り手形 温泉卵	https://awara.ooedoonsen.jp/
35	観光	東尋坊			
36	観光	三国湊町	景観		
37	施設	湧水	越前大野など．	湧水パスポート・手形の発行 近在でのお店との連携	
38	施設	原子力研究施設			
39	施設	恐竜博物館			
40	寺社	永平寺			
41	寺社	平泉寺			
42	寺社	敦賀清明神社			
43	観光	養浩館庭園		庭園巡り手形・パスポート 御朱印巡りをアレンジ ネーミング「ガーデン・パスポート」など．	https://oniwa.garden/
44	観光	越前水仙	日本水仙三大群生地の1つ．		
45	観光	モノづくり	観光産業化	蔵元や製造企業の案内ルートを確立	
46	自然環境	九頭竜川		鮎，サクラマス，アラレガコの3つの生態系が共存する一級河川	
47	自然環境	三方五湖			
48	自然環境	若狭湾（リアス式海岸）			
49	風習（民俗）	勝山左義長			
50	風習（民俗）	水海の田楽能舞	重要無形文化財		
51	歴史遺産	朝倉遺跡			
52	歴史遺産	熊川宿	重伝地区		http://kumagawa-juku.com/
53	歴史遺産	今庄宿	重伝地区		
54	歴史遺産	福井城址			
55	歴史遺産	丸岡城	現存天守		https://maruoka-castle.jp/
56	歴史遺産	炭鉱跡	本郷地区		

資料：筆者作成．

表7-1　主な地域資源（福井県）と、その活用方法

No.	カテゴリー	項　目	内　容	戦　略　案	参考サイト
1	グルメ	水・湧水	商品化には，保健所での検査・許可が必要．水権利の確定など．	ペットボトルなど商品化氷としての商品も良い．	https://www.town-echizen.jp/about/feature.php?id=1
2	グルメ	越前がに	福井で水揚げされたズワイガニのみのブランド．とりわけ，三国ブランドが別格．		https://www.town-echizen.jp/about/feature.php?id=1
3	グルメ	日本酒	多くの蔵元．米どころ，水どころの恵み．	・仕込み水の商品化　・酒粕 ・グラス，枡などのグッズ（黒龍など） ・限定醸造を生産し，市販をせず，限られた飲食店のみに卸す．	https://www.fukuisake.jp/
4	グルメ	ボルガライス	B級グルメ		
5	グルメ	くずまんじゅう	小浜の名水「雲城水」と日本三大葛の「熊川葛」を使用．	本葛，湧水を使用することで付加価値を上げる．	
6	グルメ	水ようかん	水ようかんの由来と歴史を紹介．	福井産の原材料を使用してブランド化．	
7	グルメ	若狭牛	生産頭数：500-600頭／年	ブランドネーム：くちどけ牛の誘（いざな）いなど． cf.「牛喰い絶叫大会」（由布院）などの開催． 卸す店を限定する． cf. 坂井市アンテナショップの縁で三香苑（戸越）などへのアプローチ．ほかホテルなどのステーキ・鉄板焼きなど．	
8	グルメ	若狭ふぐ	「若狭ふぐの宿」認定制度を利用．	燻製などの加工品なども商品化．	
9	グルメ	越前そば	越前そばの発祥をPR．	切れ端などを揚げてつまみに．	
10	グルメ	らっきょう	畑の薬「らっきょう」の効能を紹介．	スパイスカレーに合うように，刻んだものを商品化．	
11	グルメ	鮎（九頭竜川）	甘露煮等（通年）	燻製など，新商品開発	
12	グルメ	若狭ぐじ	若狭焼		
13	グルメ	若狭のかき		卸す店を限定（限定取引） ブランドネームの検討，わかさオイスターなど． cf. くにさきオイスター 燻製などの新商品開発．	
14	グルメ	鯖へしこ	郷土料理としての「鯖へしこ」	魚種のヴァリエーション	
15	グルメ	浜焼き鯖			
16	グルメ	焼き鯖寿司			
17	グルメ	油揚げ			
18	農業	米	コシヒカリ，いちほまれ，越のリゾットなど．	地元農産物を使った「越前リゾット」「越前パエリア」などを飲食店で使用してもらう．	https://www.pref.fukui.lg.jp/doc/noushi/
19	農業	蕎麦	主に嶺北で生産．「越前そば」として提供．	そば粉クレープ そば茶	
20	農業	上庄里芋		ポタージュ	
21	農業	越のルビー		パスタソース クレープソース	
22	農業	とみつ金時		ポタージュ	
23	農業	若狭葛			
24	漁業	さわら		柑橘などを与えてブランド化． cf. みかんぶり cf さわらしゃぶ cf. 伊根のぶりしゃぶ	
25	製品	眼鏡（鯖江）		made in SABAE	

業のモノづくり技術、繊維、眼鏡枠、7つの伝統的工芸品産業が保有する国内有数の技術・開発力、バラエティに富むモノづくり地域、そのものが地域資源なのである。

では、このような産業技術をどのように地域資源として発掘、育成するのか。これにはポジティブな発想が大切である。地域振興の現場をみても、せっかくの宝物を見逃している例もあれば、逆に従来なんの価値もないと見捨てられ、ときには邪魔扱いにされていたモノが思わぬ成果を上げている例に出合うこともある。要は地域の主体的条件が決め手になる。森巖夫名誉教授は一例として気象としての「雪」を挙げた。降り積もる雪は生活や生産活動に様々な障害をもたらす一方、いろんな恩恵をも与えてくれる。つまり、悪魔の顔と仏の顔の二面性をもつ。前者を重視すれば雪害とか克雪の課題が生まれ、後者からは利雪、和雪、親雪などの視点が出てくる。これまでの雪対策は前者に偏り、後者が弱かった。自然現象としての雪を呪ったり、恨んだり、嘆いたりしているのは、今日流にいえば「自然との共生」に逆行する。プラス思考に立って雪を見直せば、雪は「天の幸」となる。雪はスポーツやイベントはもとより、農業（抑制・促成栽培、低温作物の導入、保冷、貯蔵等）、林業（山菜、きのこ、根曲がり工芸等）、漁業（冷温淡水魚の養殖等）、観光（雪の造形美、食文化、祭り、体験ツアー等）、教育（忍耐力の育成等）、地域社会（連帯と相互扶助等）といった広範な分野で活かすことができる。

森巖夫名誉教授はさらにこう続ける。同じことは風や雨をはじめとして他の「天の幸」にも当てはまる。かの有名なフランクリンの「雷の電気」のような画期的発見さえ期待できるかもしれない。次に、地勢としての「山地」や「傾斜」。一般通念ではおしなべて平地が好まれ、山地は嫌われがちだったが、傾斜とそれに伴う標高差は温度差など多彩な自然環境をもたらし、それに適応した独自の営みを成立させてくれる。これらの諸機能に着目して山地・森林の利活用方策を探れば、森林浴・森林体験・教育・保健・余暇活動をはじめとして枚挙にいとまがないほどの用途が浮かび上がってくる。まさに「山の幸」は限りなく地域づくりに役立つ。もう1つ付け加えておこう。たまたまある物語の舞台とされたことから地域の知名度が高まり、それに因《ちな》んだ特産品が開発されたり、記念のイベントが催されたり、さらに文化活動が盛んになったりして、地域が活性化している例もある。また、地域が輩出した先人の功績を顕彰したことから始まって、似たような展開をとげている地域もある。

全国どこの地域も「天の幸」「山の幸」「野の幸」「川の幸」「海の幸」「地下の幸」「文化の幸」「人の幸」などの宝庫といってよい。それらを効果的に活かすことによって全国ワンパターンではない、オンリーワンの地域づくりができると。

では、具体的な地域資源の活かし方を考えよう。その地域にある歴史や景観、自然、文化、風土、素材などの地域イメージを地域の工業製品・特産品・サービスなどに関連性を持たせて、開発・高付加価値化を地域全体で取り組むことで、差別化された価値を生み出して、その価値を広く認知させることで形成することができる。一般にはブランドと呼ばれるもの。これには様々なパターンがある。例えば、１つの例として、京都や湯布院のように、歴史・文化・自然を活用した観光地としてのブランド形成。また、シリコンバレーのように、地域企業（地場産業）の集積、或いはＩＴ・バイオなどの新規成長分野が多数集積することによる産業イメージを活用したブランド形成も考えられる。十勝ワインをはじめとする北海道の特産物のように地域の特定製品や産品、サービスに地域特性を付加することにより価値を生み出すブランド形成も考えられる。

その場合、地域や地域の産品の名前そのものが価値を高め、市場で競争力を高めていくという地域ブランド戦略は、地域の産品、商品開発も重要だが、地域のイメージ、魅力を高めて観光戦略に結びつけていくという方策も重要である。それらを密接に連携させながら、相乗効果を高めていく。地域が発展していくためには、産品の付加価値を高めていくことと、観光という形で地域を訪れてもらうという２つの形がある。この２つは、ばらばらなものではなく、セットで考え互いに連携しながら発展していくものだ。それによって、大消費市場である関西圏との結びつきが更に強まる。また、北陸新幹線敦賀開業や中部縦貫自動車道の開業により、信州、北関東とのつながりもできてこよう。そして、最後に、こうした戦略を実行していくには、地域がばらばらであってはできない。オリジナリティを持った地域、異質な地域がそれぞれ独立独歩でいくのではなく、点から線、線から面へと広げて行くためにもネットワーク、連携を強めて行くことが必要だと思う。オリジナリティ・アンド・ネットワーク、これが地域振興のキーワードともいえる。

注

（1）本文は、２０２２年1月の「２０４０年のふくい」を描く長期ビジョンについて、福井県未来戦略アドバイザーの瀬戸久美子氏が、福井県未来戦略課副部長の藤丸伸和氏にインタビューした時の言葉である。https://www.pref.fukui.lg.jp/doc/seiki/vision_fujimaru1.htmlより。

（2）現在は、ＩＮＳの会長は岩手大学長が兼任している。

（3）福井商工会議所情報イノベーション委員会「中小企業のためのデジタル技術活用研究会報告書」令和3年6月より。

（4）「コロナ禍での事業活動に関する緊急調査」は、福井県立大学地域経済研究所が、２０２０年に、地域企業約４５００社を対象に2回実施した調査で、成長産業に関する質問は、第1回目の調査で約１１００社から回答を得た結果である。

（5）農林水産物（１０２件）とは、らっきょ、サトイモ、福井梅、サクラマス、若狭のかきなど。鉱工業品（84件）とは、鉱工業品又は鉱工業品の生産に係る技術のことで、へしこ、越前そば、焼さば、繊維製品、眼鏡など。観光資源（１５８件）とは、文化財、自然の風景地、温泉その他の地域の観光資源のことで、永平寺、平泉寺白山神社、越前海岸、芦原温泉など。

（6）詳しくは、「地域産業資源活用事業の促進に関する地域産業資源の内容の指定（福井県）」を参照されたい。https://www.pref.fukui.lg.jp/doc/sinsan/chiikisigen_d/fil/020323tiikishigen.pdf（２０２２年9月30日閲覧）。

（7）ここに記した地域資源とその有効活用については、あくまで著者の試案であり、全てを網羅するものではない。参考資料であることに留意。

おわりに

そろそろまとめに入ろう。本書では、第1章で福井県特に越前を中心とした地域特性を整理した。その中で、特に注目したのは地域の自然・気候、方言など地域特有の風土が、ややマイナーな内向きのイメージを生み出したものの、それは産業面で、地域内で自立化、完結化する産業特性の創出につながり、繊維産業や眼鏡枠産業などの地域完結型産業を産み出すきっかけになったことを述べた。もちろん、それには福井人のクオリティの高い労働力やつつましやかな暮らし向きも、一定の役割を果たしたことは言うに及ばない。それを「閉鎖的産業空間」と定義したが、それは決して悪い意味ではない。そうした地域独特の産業空間を保有したがゆえに、地域の中で頑張る企業を育て、多くの産業で高い技術水準を保有する背景となったと考えるからである。また、この傾向は、第4章の「地域産業の特質」の中でも述べた。繊維産業の生産における産地内垂直連携システム、眼鏡枠産業の産地内分業一貫生産体制の構築、伝統的工芸品産業におけるそれぞれの産地形成のために「閉鎖的産業空間」はおおいに役立ち、新規性、独創性、効率性、技術の高度化などにつながったに違いない。特に、近年のコロナ禍においては、「閉鎖的産業空間」が本領を発揮し、多数の企業で新製品・新技術・新サービスの開発をもたらした[1]。日本における研究開発企業のウエイトは、一般には全体のおおよそ1割程度であるといわれている。その中で、今回、福井県立大学が実施したコロナ緊急調査では、この1年で、アンケート回答企業の約2割の企業が何らかの新製品・商品・技術・サービスを開発したという事実がわかった。

もともと福井県の産業特性として、例えば、繊維産業では、明治以降、シルクライク、ウールライクの名のもとに素材開発が進展した。明治の羽二重開発、大正・昭和時代に入っての化合繊織物の開発、近年も新合繊、新新合繊、そして炭素繊維の開発などがそれである。一方、眼鏡枠産業でも、真鍮《しんちゅう》→金・銀・銅・セルロイド→洋白・ハイニッケル→チタン・NT合金・マグネシウム亜鉛からチタン、マグネシウムまで素材の加工技術の開発が産地の発展を支えた。また、近年は、産業機械、金属工業、化学工業など業種の垣根を越えた中小製造業の技術力の高さは言うに及ばない。今回発生した新型コロナウイルス感染症は、ここで述べた本県製造業の産業特性、越前が保有する持ち前の開発力に火をつけた気がする。

そして、今回の福井県立大学が実施した調査では、その技術・開発・サービス分野として「命を守る」産業分野での活躍が目立った。(2)「命を守る」産業分野とは、「今回のコロナ感染症や自然災害などの発生を予測し、間接、直接的に人の身体を守る製品開発・サービス開発を行う分野。例えば、医療行為をはじめ、マスク、フェイスシールド、防護服、ドローンを使った監視システムなどの研究・開発を行う産業分野」を指す。さらに言えば、「命を守る」産業分野とは、フランスの経済学者・思想家、ジャック・アタリの利他主義がベースであり、「命を守る」をキーワードに、人類が生きるために必要な食糧、衣料、文化、情報、イノベーションなどの提供を意識した産業分野、産業横断的な新しい領域でもある。福井県産業界は、将来の発展のために、今後の製商品開発・技術開発にこの方向性を重視したビジネス行動をとってもらいたい。

そして、福井県産業界は、今述べた「命を守る」産業分野の振興により、付加価値の向上、労働生産性のアップを図り、最終的には、産業構造の転換・高度化につなげていってもらいたい。無論、そのためには支援機関における技術・情報・金融面での支援や第7章で述べた新しい支援・施策の手法が欠かせないことは言うに及ばない。

一方、モノづくりの現場では「閉鎖的産業空間」が本領を発揮したものの、川下の販売面においては、マイナスの要素として機能したことも否定できない。やや控えめな福井人はモノを売ることが苦手だ。そのため、生産工程の一部分にとどまり差別化戦略として極めて高い技術力をつけ生き残ることを目的としたのであろう。そのため地域の企業は中間品のモノづくりに専念する企業が多い。つまり、「閉鎖的産業空間」という地域特性は、技術アップには機能したものの、拡販にはあまり良い成果を上げげない。そんな地域産業・企業の特徴が見て取れた。

ただ、これからの産業振興には、多様化、高度化、複雑化、短サイクル化する市場のニーズ・ウオンツを即座につかみフレキシブルに対応する川下からのモノづくり戦略が重要となろう。福井地域、特にモノづくり企業が多い越前に集積する企業はその重要性を素早くキャッチし、グローバル化、SDGs、ゼロカーボン、DX化など時代変化に即した戦法で、地域の産業・企業が生き抜く術としての川下戦略に注力してもらいたいものだ。その場合、新たな支援として注目されるオープンイノベーションやアウトソーシングにも着目し、自社の弱点を補完、或いはさらに強化する機能も備えてもらいたいものだ。

第2章では、福井県の今ある産業のいくつかが太古の昔から存在し、現代につながっていることを述べた。第5章では、地域を引っ張る素晴らしい企業10社を紹介した。地域の産業・企業は、そうした地域の産業環境を理解したうえで、新しいビジネスモデルを構築し未来につなげ輝いてもらいたい。その場合、第3章で紹介した地元17の自治体が保有する地域資源にも着目し、活用できるものは使いながら、地域の産業・企業をベースとした新しい未来地域、越前を創り上げてもらいたい。

結局、地域振興の最大の目的は、地域に存する産業・企業の価値を高揚し地域の経済性を高めることであり、それが結果として、本書のテーマでもある「地域再生の未来像」につながる姿でもあるような気がする。そして、地域の特徴でもある「閉鎖的産業空間」を一刻も早く打ち破り、さらなる可能性を追求する産業・企業が溢れんばかりに増加していくことに期待したい。そして、これまで述べてきてことは越前からのメッセージでもある。

注

（1）詳しくは、本書の「第6章　地域企業の挑戦」から、208頁「コロナ禍での開発動向」を参考にされたい。

（2）注1に同じ。

索　　引

さ

た

な

は

ま

や

ら

わ

参考文献

〈邦文献〉

朝倉喜祐［1989］『蓮如　吉崎御坊と門徒』金津町観光協会.

アタリ, J.［2014］『危機とサバイバル——21世紀を生き抜くための「7つの原則」——』（林昌宏訳），作品社.

池田町［2021］『ikeda あたりまえをたやさない池田町』.

池田町役場総務政策課［2018］『池田町勢要覧』.

池田町歴史資料館編［2001］『池田町歴史資料館』.

いけだ農村観光協会編［2021］『池田のきほん』.

井上武史［2009］『地方港湾からの都市再生』晃洋書房.

————［2014］『原子力発電と地域政策——「国策への協力」と「自治の実践」の展開——』晃洋書房.

越前市［2016］『越前市工芸の里構想』.

越前市教育委員会文化課市史編さん室編［2016］『文化財からみる越前市の歴史文化図鑑』.

越前市教育委員会編［2016］『越前市の歴史文化図鑑』越前市教育委員会.

越前町教育委員会編［2006］『越前町織田史　古代・中世編』.

おおい町立郷土史料館編［2010］『若狭の塩づくり——おおい町発掘50年史：平成20年度特別展——』.

大野市［2021］『第六次大野市総合計画』.

大野市歴史博物館［2011］『山と海の殖産興業——大野藩の構造改革　土井利忠生誕200年記念特別展』.

織田町歴史資料館編［2001］『織田　こころの里　わざの里——織田町歴史資料館常設展示図録——』.

小浜市・若桜町日本遺産活用推進協議会［2020］『海と都をつなぐ若狭の往来文化遺産——御食国若狭と鯖街道——』.

小浜市箸産業活性化ビジョン策定委員会［1995］『小浜市箸産業活性化ビジョン』.

小浜市史編纂委員会編［1998a］『小浜市史 通史編 上巻』.

————［1998b］『小浜市史 通史編 下巻』.

加藤和夫ほか［2020］『やさしい日本語のしくみ——日本語学の基本——』改訂版，くろしお出版.

関西大学地理学教室［2001］「福井県 小浜市・高浜町の地理」.

久保田荘［2020］「コロナ危機は需要ショックなのか供給ショックなのか？——新型コロナウイルス感染に関する経済学研究の概説——」（早稲田大学ソーシャル&ヒューマン・キャピタル研究所）(https://www.waseda.jp/prj-wishproject/covid-19.html, 2022年10月7日閲覧).

経済産業省［2020］『工業統計表（品目別統計表）』.

国立社会保障･人口問題研究所「日本の地域別将来推計人口（平成30年（2018年）推計）」.
坂本光司・南保勝編［2005］『地域産業発達史——歴史に学ぶ新産業起こし——』同友館.
鯖江市［2005］『市制施行50周年記念誌』.
————［2020，2021］『商工業･労働･観光・交通の概要』.
芝田寿朗［1984］『若狭塗の技法と歴史』.
下平尾勲［1996］『地場産業——地域からみた戦後日本経済分析——』新評論.
白石晴義［2000］『俵田光蔵——漆へのこだわり——』.
杉本伊佐美［1970］「越前漆器物語」『越前漆器』越前漆器協同組合.
総務省［2018］『平成28年経済センサス活動調査』.
総務省統計局［2018a］『国民経済計算』.
————［2018b］『平成29年就業構造基本調査』.
————［2021a］『令和2年国勢調査』
————［2021b］『家計調査報告（貯蓄・負債編）—2021年（令和3年）平均結果—（二人以上の世帯）』.
————［2021c］『家計調査年報』.
————［2021d］『令和2年経済センサス活動調査』.
————［2022a］『統計でみる都道府県のすがた』.
————［2022b］『労働力調査』.
————［2022c］『統計でみる都道府県のすがた』.
————［2022d］『労働力調査』.
高橋済［2020］『感染症と経済学』財務総合政策研究所.
高浜町企画情報課［2005］『和の記憶』.
高浜町郷土資料館編［2000］『戦乱の高浜城主逸見昌経展——郷土の中世と逸見一族：平成12年度企画展——』.
————［2001］『福井県指定無形民俗文化財　高浜七年祭』.
————［2002］『掘り出された古代の高浜——平城京跡出土木簡から：平成14年度企画展——』.
田中光子［1981］『若狭箸と西津の女達②』.
玉村文郎編［1992］『日本語学を学ぶ人のために』世界思想社.
俵田光蔵［1995］『若狭塗箸に生きて』.
土田誠［1985］『織物福井戦後史』.
敦賀市立博物館編［2006］『敦賀長浜鉄道物語——敦賀みなとと鉄道文化：平成18年度企画展——』.
————［2010］『近世敦賀の幕開け——吉継の治めた湊町：平成22年度特別展——』.
鉄道建設・運輸施設整備機構［2019］『北陸新幹線喜納沢・敦賀間　地域に合い避ける駅をめざして』.
伝統的工芸品産業振興会編［2003］『全国伝統的工芸品総覧——受け継がれる日本のものづくり——』ぎょうせい.
————［2009］『全国伝統的工芸品総覧』ぎょうせい.

東京都歴史文化財団［2016］『江戸東京博物館常設展示総合図録』日本写真コミュニケーションズ.
――――［2017］『江戸東京博物館常設展示総合図録［図表編］』ライブアートブックス.
内閣統計局［1930］「明治5年以降の我が国の人口」.
内閣府［2011］「月例経済報告」.
――――［2022］『県民経済計算（平成18年度―平成30年度）(2008SNA，平成23年基準計数)』.
内閣府経済社会総合研究所［2021］『国民経済計算』.
永江寿夫［2015］「地の記憶をたどりながら，ここに生きていくこと　若狭鯖街道熊川宿の逸見勘兵衛家の試みから」公益社団法人日本建築士会連合会編『建築士』.
中川辰夫［2014］『福井県の誕生』文芸社.
長崎市広報課企画・編集［2001］『出島生活――恋も仕事も事件もあった――』長崎市.
長崎市経済局文化観光部復元整備室［2016］『出島』長崎市.
中田大悟［2020］「パンデミックは収束すれば「終わり」ではない――長期的影響にどう備えるか――」(経済産業研究所)(https://www.rieti.go.jp/jp/columns/a01_0570.html, 2022年10月7日閲覧).
縄田康光［2006］「歴史的に見た日本の人口と家族」『立法と調査』No. 260.
南保勝［2000］「越前和紙産業――市場ニーズ対応のための一考察――」『地域公共政策研究』.
――――［2008］『地場産業と地域経済――地域産業再生のメカニズム――』晃洋書房.
――――［2016a］「地域経済の発展を担うローカル企業群の特性とは」『OMNI-MANAGEMENT』.
――――［2016b］『福井地域学――地域創成に向けて――』晃洋書房.
――――［2019a］「地域中小企業の新展開――福井モデルから，地域中小企業の未来像を考える――」『商工金融』69（11）.
――――［2019b］『地域経営分析――地域の持続的発展に向けて――』晃洋書房.
西崎雅仁・坂田桂子［2014］「継体天皇の地域文化的・歴史的価値と産業形成の起点に関する考察」『大同大学紀要　第50巻』.
日刊県民福井［2005］『折れたバットからカップ・プロ野球の廃品再利用第二弾』.
日本化学繊維協会編［2021］『繊維ハンドブック』日本化学繊維協会資料頒布会.
日本工芸産地協会［2018］『地域サプライチェーンと小規模事業者の関係』.
日本漆工協会［2004］『漆工制作への誘（いざな）い』.
日本政策投資銀行編［2000］「これからの地域政策を考える」『ＲＰレビュー』1（1）.
福井県編［1993］『福井県史通史編1 原始・古代』「第二章 若越地域の形成 第四節 ヤマト勢力の浸透」.
――――［1994a］『福井県史通史編2 中世』「第五章 中世後期の経済と都市　第一節　産業・交通の発展」.
――――［1994b］『福井県史通史編5　近現代一』.
――――［1996］『福井県史通史編4　近世二』.

―――― [1998]『図説福井県史』(http://www.archives.pref.fukui.jp/fukui/07/zusetsu/index.htm)(2022年6月30日閲覧).
――― [2018]『平成28年経済センサス―活動調査』.
――― [2020a]『工業統計調査』.
――― [2020b]『福井県工業統計調査』.
――― [2022]『福井県就業実態調査』.
福井県教育委員会 [1993]『福井県の諸職』.
福井県交流文化部観光誘客課 [2021]『令和2年 福井県観光客入込数 (推計)』.
福井県繊維協会 [2022]『ふくい織協ニュース』.
福井県鋳工業協同組合編 [1969]『福井県鋳物史誌』.
福井県中小企業団体中央会 [2015]『ふくいのものづくり企業たち』
福井県統計調査課 [2022]『福井県の人口と世帯 (推計)』.
福井県立大学地域経済研究所編 [2020]『福井県企業のコロナ禍での事業活動に関する緊急調査結果報告』.
―――― [2021]『第二回福井県企業のコロナ禍での事業活動に関する緊急調査結果報告』.
福井県立若狭歴史博物館編 [2015]『福井県立若狭歴史博物館常設展示図録』.
福井県立若狭歴史民族資料館編 [1983]『わかさのうるしぬり』福井県立若狭歴史民俗資料館.
福井県和紙工業協同組合 [2000]『越前和紙産地の活路を求めて――新商品, 新用途開発による販路開拓のために――』.
福井産業情報センター編 [1997]『福井県の経済』.
福井市 [2022]『第八次福井市総合計画』.
福井商工会議所情報イノベーション委員会 [2021]『中小企業のためのデジタル技術活用研究会報告書』.
福井労働局 [2022]『雇用失業情勢』.
fuプロダクション [2020a]「福井弁を徹底解剖 前編」(https://fupo.jp/article/fukuiben-part1/, 2022年10月7日閲覧).
―――― [2020b]「福井弁を徹底解剖 後編」(https://fupo.jp/article/fukuiben-part2/, 2022年10月7日閲覧).
藤居正規 [1994]『朝倉始末記』勉誠社.
古島敏雄 [1985]『体系日本史叢書12 産業史Ⅲ』山川出版社.
北陸経済連合会, 北陸電力 [2018]『北陸企業のシェアトップ企業150』.
星貴子 [2016]「地域産業振興策の現状と課題――推進組織からみた地域産業振興の在り方――」『JRIレビュー』7 (37).
輔仁会編 [2015]『輔仁会・明倫学舎の歴史と意義――公益財団法人輔仁会・明倫学舎70周年記念――』輔仁会.
松島茂 [2014]「中小企業政策の変遷と今後の課題」『日本労働研究雑誌』56 (8).
みくに龍翔館 [1992]『みくに龍翔館』.
南越前町・南越前町今庄観光協会 [2021]『北国街道今庄宿』.

南越前町［2018］『九代目右近権左衛門一代記　萬両往来』.
宮下史郎［1973］『越前・若狭の鋳物業』.
山内孝紀［2014］「手仕事文化圏復興へ――越前焼を新しい時代のモノづくりへと進化させる――」『ふくい地域経済研究』(福井県立大学), 19.
山田雄造［2013］『城下絵図に見る勝山町の変遷』.
若狭観光連盟［2018］『ふれあい体験若狭路』ウララコミュニケーションズ.
若狭町熊川区［2018］『第三次　熊川まちづくりマスタープラン』.
若桜町歴史文化課［2015］『熊川宿』.

〈欧文献〉

Acemoglu, and Johnsonm S.［2007］"Disease and Development: The Effect of Lige Expectancy on Economic Grawth," Journal of Political Economy, Vol.115 (6), pp.925-985.
Weil, D. N.［2007］"Accounting for the Effect of Health on Economic Growth," Quarterly Journal of Economics, Vol.122, pp.1265-1306.

〈ウェブサイト〉

あわら市ＨＰ (http://www.city.awara.lg.jp/)
池田町ＨＰ (https://www.town.ikeda.fukui.jp/)
永平寺町ＨＰ (https://www.town.eiheiji.lg.jp/)
越前市ＨＰ (https://www.city.echizen.lg.jp/index3.html)
越前町ＨＰ (https://www.town.echizen.fukui.jp/)
おおい町ＨＰ (https://www.town.ohi.fukui.jp/)
大野市ＨＰ (https://www.city.ono.fukui.jp/)
小浜市ＨＰ (https://www1.city.obama.fukui.jp/)
坂井市ＨＰ (https://www.city.fukui-sakai.lg.jp/shisei/koho/homepage/index.html)
鯖江市ＨＰ (https://www.city.sabae.fukui.jp/)
高浜町ＨＰ (https://www.town.takahama.fukui.jp/)
敦賀市ＨＰ (https://www.city.tsuruga.lg.jp/)
南越前町ＨＰ (https://www.town.minamiechizen.lg.jp/)
福井市ＨＰ (http://www.city.fukui.lg.jp/sub2.html)
美浜町ＨＰ (https://www.town.fukui-mihama.lg.jp/)
若狭町ＨＰ (https://www.town.fukui-wakasa.lg.jp/)
福井県ＨＰ (https://www.pref.fukui.lg.jp/)
伝統的工芸品産業振興協会ＨＰ (https://kyokai.kougeihin.jp/traditional-crafts)

《著者紹介》

南保　勝（なんぽ　まさる）

1953年　福井県生まれ

立命館大学卒業

福井県立大学大学院経済・経営学研究科地域経済経営政策専攻博士前期課程修了
地方銀行系シンクタンクを経て，2001年より福井県立大学へ

現在，福井県立大学地域経済研究所長・教授，経済経営学研究科 教授，博士（経済学）

主な著書

『地域経営分析――地域の持続的発展に向けて――』（晃洋書房，2019年），『福井地域学――地方創生に向けて――』（晃洋書房，2016年），『地方圏の時代――産業・企業・地域づくりの課題を問う――』（晃洋書房，2013年），『地場産業と地域経済――地域産業再生のメカニズム――』（晃洋書房，2008年），『地域産業発達史――歴史に学ぶ新産業起こし――』（共編著，同友館，2005年），『超優良企業の経営戦略――快進撃企業はここが違う――』（共著，同友館，2003年）ほか多数．

専門分野

地域経済論，地場産業論，地域研究

地域再生の未来像
――越前からのメッセージ――

2023年3月30日　初版第1刷発行　　＊定価はカバーに表示してあります

著　者　南保　勝©
発行者　萩原淳平
印刷者　出口隆弘

発行所　株式会社　晃洋書房
〒615-0026　京都市右京区西院北矢掛町7番地
電　話　075(312)0788番(代)
振替口座　01040-6-32280

装丁　クオリアデザイン事務所㈱　　印刷・製本　㈱エクシート
ISBN978-4-7710-3718-2